历·史·的·节·点

罗平汉 著

走出困境

生活·讀書·新知 三联书店

Copyright © 2025 by SDX Joint Publishing Company.
All Rights Reserved.

本作品版权由生活・读书・新知三联书店所有。
未经许可，不得翻印。

图书在版编目（CIP）数据

走出困境 / 罗平汉著. -- 北京：生活・读书・新知三联书店，2025.3. (2025.7 重印) -- ISBN 978-7-108-08005-9

Ⅰ. D651.9；F325

中国国家版本馆 CIP 数据核字第 20259GW778 号

策划编辑　唐明星
责任编辑　柯琳芳
装帧设计　康　健
责任印制　董　欢

出版发行　生活・讀書・新知 三联书店
　　　　　（北京市东城区美术馆东街 22 号 100010）

网　　址　www.sdxjpc.com
经　　销　新华书店
印　　刷　北京隆昌伟业印刷有限公司
版　　次　2025 年 3 月北京第 1 版
　　　　　2025 年 7 月北京第 2 次印刷
开　　本　635 毫米 × 965 毫米　1/16　印张 18.5
字　　数　207 千字
印　　数　06,001-10,000 册
定　　价　60.00 元

（印装查询：01064002715；邮购查询：01084010542）

目 录

1958—1962年粮食产销的几个问题　1
  一、1958—1962年的粮食产量　1
  二、1958—1962年的粮食购销　13
  三、克服粮食危机的紧急措施　21

1960年底至1961年初的农村整风整社　31
  一、庐山会议后农村"五风"泛滥成灾　31
  二、由"三反"运动到整风整社　36
  三、对于农村的阶级斗争形势作了过于严重的估计　41
  四、整风整社未能从根本上解决人民公社问题　46

1961年广州中央工作会议述论　53
  一、毛泽东决定起草一个人民公社工作条例　53
  二、"三南"会议和"三北"会议　57
  三、如何克服两个平均主义　61
  四、"要下决心搞调查"　65
  五、形成"农业六十条"草案　72
  六、促使农村形势逐步好转　77

周恩来邯郸农村调查　82
　　一、"群众给我们泼冷水，叫我们清醒清醒"　82
　　二、"一个农民能把我们看作他自己的人，才会说这样的话"　86
　　三、"食堂和社会主义没有关系，只是一种伙食形式"　91
　　四、"我们搞了四十年的革命，就是讲的'信'"　94

刘少奇在天华大队的十八天调查　98
　　一、"这次就来征求你们的意见"　98
　　二、"我看食堂的缺点不少"　104
　　三、"从前政策上有问题"　109
　　四、"调查真实情况是多么不容易"　113
　　五、"房屋问题要彻底解决"　118

朱德与农村公共食堂的解散　122
　　一、办公共食堂"不要强迫命令"　122
　　二、公共食堂"全垮掉不见得是坏事"　128
　　三、再次反映农民呼声，促成公共食堂的解散　132

农村人民公社基本核算单位的下放　138
　　一、"农业六十条"草案没有解决生产队之间的平均主义问题　138
　　二、农民创造的"分配大包干"引起了毛泽东的重视　141
　　三、下放基本核算单位成为全党的共识　148
　　四、以生产队为基本核算单位被规定为至少三十年不变　155

20世纪60年代初包产到户的兴起 160
    一、安徽"责任田" 160
    二、各种形式的包产到户 172
    三、邓小平等人的主张 177
    四、毛泽东的态度 189
    五、包产到户的夭折 195

国民经济调整时期的城镇人口精减 203
    一、"大跃进",大招工 203
    二、共和国进入非常时期 210
    三、只有走压缩城市人口这条路 219
    四、2600万城镇人口大下乡 224

麻雀从蒙冤到平反的曲折历程 232
    一、麻雀成为"四害"之一被限期消灭 232
    二、关于麻雀利害的学术讨论 237
    三、大打一场消灭麻雀的人民战争 244
    四、麻雀终于获准平反 250

七千人大会与反分散主义 254
    一、反分散主义为何成为会议的主题 254
    二、"工作中的分散主义是相当厉害的" 259
    三、必须坚持民主与集中的辩证统一 264

农业学大寨运动始末　269
　　一、农业学大寨运动的兴起　269
　　二、农业学大寨运动的政治化　273
　　三、"普及大寨县"　280
　　四、农业学大寨运动的终结　285

1958—1962年粮食产销的几个问题

1958年至1962年是我国实施第二个五年计划的时期，也是国民经济大起大落的几年。1958年起连续三年的"大跃进"运动，造成了国民经济比例的严重失调，非但没有达到"跃进"的目的，反而大大迟缓了我国经济发展的进程，出现了共和国历史上著名的"三年困难时期"。1959年至1961的"三年困难时期"，其最直接的表现就是粮食短缺。以下对"二五"计划期间粮食产销中的几个问题作一点简要的分析。

一、1958—1962年的粮食产量

1949年以来，我国的粮食产量是逐年稳步上升的。1949年全国粮食总产量为2264亿斤，1950年增加到2643亿斤。至1957年，则上升为3910亿斤，比1949年增加了1646亿斤，增长了72.7%。1949年全国人口54167万，人均粮食418斤；1957年全国人口64653万，人均粮食605斤，比1949年增长44.7%。[1]这就是说，经过几年的努力，新中国基本上解决了6亿多人口的吃饭问题。

---

[1] 人口数据来源于国家统计局编《中国统计年鉴（1989）》（中国统计出版社1989年版）第87页。

1958年1月，中共中央在广西南宁召开工作会议，总结"一五"计划执行情况，讨论"二五"计划。南宁会议是发动"大跃进"的一次重要会议。会上，毛泽东对1956年经济建设中提出的反冒进方针作了严厉批评，强调今后不要再提反冒进的口号，并发出了"苦战三年"基本改变落后面貌的号召。

南宁会议后，各省纷纷提出要提前实现1957年10月通过的《1956年到1967年全国农业发展纲要（修正草案）》规定的粮食亩产指标（即到1967年，粮食平均每亩产量黄河、秦岭、白龙江以北地区400斤，黄河以南、淮河以北地区500斤，秦岭、淮河、白龙江以南地区800斤）。受此影响，1958年2月召开的一届全国人大五次会议批准了国务院《关于1958年度国民经济计划（草案）的报告》。这个报告规定：1958年的农业总产值为688.3亿元，比1957年增长6.1%；1958年粮食产量将达到3920亿斤，比上一年增加220亿斤，增长5.9%。[1] 接着，在1958年3月中共中央在成都召开的工作会议上，再次对反冒进作了批评，并批准了国家经委提出的《关于1958年度计划第二本账的报告》。这个报告将1958年农业总产值的增长幅度调整为16.2%；粮食总产量比原计划的3920亿斤增加396亿斤，达到4316亿斤，比1957年增长约16.6%。

---

[1] 薄一波：《关于1958年度国民经济计划（草案）的报告》（1958年2月3日），中共中央文献研究室编：《建国以来重要文献选编》第11册，中央文献出版社1995年版，第108页。该报告中，1957年的粮食产量为3700亿斤，而后来农业部和国家统计局编写的有关统计资料中，1957年的粮食产量为3910亿斤。参见农业部计划司编：《中国农村经济统计大全（1949—1986）》，农业出版社1989年版，第410页；国家统计局编：《中国统计年鉴（1989）》，中国统计出版社1989年版，第198页。

经过南宁会议和成都会议对反冒进的批评，以高指标为特征的"大跃进"在农业生产领域全面启动。一些所谓高产典型也不断涌现，时称放"卫星"。1958年6月7日，新华社报道了河南省遂平县卫星农业社第二大队五亩小麦每亩平均实产2105斤的消息。同年12月，《人民日报》再次宣布，该社第一大队又有二亩九分地平均亩产3530斤，超过这块地去年亩产750斤三倍多。自此之后，各种"卫星"争相竞放，并且产量越放越大。

受放"卫星"的影响，农业领域的各种统计数字也被严重夸大。1958年7月23日，农业部发表公报宣布："今年夏收粮食作物空前丰收。播种面积53900余万亩，总产量达到1010亿斤，比1957年夏收粮食作物增产413亿斤，即增长69%，平均亩产187斤，比1957年增长70%。"同一天，《人民日报》发表《今年夏季大丰收说明了什么？》的社论，用"大跃进"时特有的语言表示："我国小麦产量超过美国跃居世界第二位了。我国小麦增产速度是古今中外历史上所没有的，更是资本主义国家所望尘莫及的。""美帝国主义者说我们人口多是'不堪重负的压力'，我们要用更多的事实告诉他们，人口多，生产粮食更多。只要我们需要，要生产多少就可以生产多少粮食出来。"[1]随后，"人有多大的胆，地有多大的产"，"地的产是人的胆决定了的"，这样在今天看来荒唐可笑的话语，还出现在《人民日报》这样具有世界影响的媒体上。[2]

当时，全国上上下下对这年粮食的超正常"增产"深信不

---

[1]《今年夏季大丰收说明了什么？》，《人民日报》1958年7月23日。
[2]《年底算账派输定了》，《人民日报》1958年8月3日。

疑。1958年8月，中央政治局在北戴河召开扩大会议。认为经过"大跃进"，粮食问题甚至整个农业问题都已解决，共产主义的实现已不再是遥远的将来，现在所要着力解决的是工业"大跃进"落后于农业"大跃进"的问题。而要使工业迅速"跃进"，就必须首先大力发展钢铁。因此，会议确定1958年的钢产量要比1957年翻一番，同时决定在农村建立人民公社，以作为向共产主义过渡的形式。会后，新华社发表的新闻稿正式向全世界乐观地宣布：1958年农业生产的"大跃进"，将使中国粮食作物的总产量达到6000亿斤至7000亿斤，比1957年增产60%至90%，全国每人占有粮食的平均数将达到1000斤左右。[1] 9月30日，新华社再次发布消息："小麦、水稻和早秋玉米等夏秋粮食作物已经普遍丰收，不久即将收获的薯类作物和南方晚稻、北方晚秋也呈现一片丰收景象，今年我国粮食获得了全面的大丰收，总产量将达到7000亿斤以上的空前纪录。这比1957年的粮食总产量（3700亿斤），跃进增产了一倍左右。"[2]

1958年11月16日，分管农业工作的中共中央政治局委员谭震林和农业部部长廖鲁言向中共中央报送了《关于农业生产和农村人民公社的主要情况、问题和意见》，提出："根据西安、广州、南京、呼和浩特四个分片农业会议的预计，一九五八年粮食总产量是八千五百亿斤。这是经过各省、市、自治区压缩后的数字，压缩的幅度一般是比地、县委报的数字少百分之十到

---

[1]《中共中央政治局扩大会议提出今年宏伟目标，为生产一千零七十万吨钢而奋斗》，《人民日报》1958年9月1日。
[2]《五亿农民高举粮食帅旗，一年实现十年增产指标》，《人民日报》1958年10月1日。

三十。""下面报产,有浮夸虚报的,也有隐瞒产量的。经过省、地、县三级打了些折扣,八千五百亿斤左右是比较可靠的;退一步讲,总不少于七千五百亿斤,可以照此数公布。这比一九五七年的产量三千七百亿斤翻一番,还稍多一点,这是很大的跃进。这一点必须肯定,不能因为少数的虚报浮夸现象以及某些缺点错误而动摇这个总的估计。"[1] 12月7日,中共中央批转了这个报告。12月18日,《人民日报》发表中共八届六中全会公报:1958年我国国民经济的发展,获得了空前伟大的胜利,粮食将由1957年的3700亿斤增加到7500亿斤左右。[2] 由于这7500亿斤是在虚报浮夸的基础上统计出来的,根据国家统计局后来的核实,1958年的粮食总产量实际只有4000亿斤。

1958年夏收后,由于主观地认为粮食获得了空前的大丰收,长期以来一直困扰中国人的吃饭问题由此解决,甚至认为现在已经不是粮食够不够吃的问题,而是粮食多了怎么办。在这年8月的北戴河会议上,印发了一大堆材料,其中有一份特殊的材料,就是化学工业部党组提供的《粮食多了怎么办?(参考资料)》。这份材料的第一段话就是:"今年粮食大丰收,薯类已经显得过多,今年即使少种薯类,我们的粮食也是吃不完用不尽的。因此,利用多余的农副产品来发展化学工业在我国就具有现实意义和广阔的前途。"

1958年的粮食产量虽然不是当年宣传的那样"空前丰收",但总的来说,收成还是不错的,比上年增加了8.1%。如果不是

---

[1] 谭震林、廖鲁言:《关于农业生产和农村人民公社的主要情况、问题和意见》(1958年11月16日),中共中央文献研究室编:《建国以来重要文献选编》第11册,中央文献出版社1995年版,第585—586页。

[2] 《中国共产党八届六中全会公报》,《人民日报》1958年12月18日。

因为大炼钢铁使大量的粮食烂在地里没有收回（据估计，这年粮食的损失约占总产量的 10%—15%），总产量还会更高些。

在 1958 年所谓粮食大丰收的基础上，1959 年 4 月召开的第二届全国人大第一次会议批准了国务院提交的 1959 年度国民经济计划。该计划提出："一九五九年发展农业的任务，是用最大的努力，争取粮食产量跃进到一万零五百亿斤，棉花产量跃进到一亿担，提前实现全国农业发展纲要关于粮棉增产的要求，并且使各类经济作物和林业、畜牧业、副业、渔业都得到普遍的发展。"[1] 这个计划数字比 1958 年公布的粮食总产量增长约 40%，比 1958 年的实际粮食产量增长一倍多。这自然是一个无法完成的计划。后来有关部门意识到了这一点，对这个过高的计划作了调整。1959 年 8 月，第二届全国人大常委会第五次会议同意了国务院关于调整 1959 年国民经济计划主要指标和开展增产节约运动的报告，批准 1959 年的粮食产量计划为在 1958 年核实产量（即 4000 亿斤）的基础上增产 10%。实际上，1959 年的粮食总产量仅 3400 亿斤，比 1958 年核实的产量减少了 600 亿斤，减幅达 15%。

造成 1959 年粮食大幅度减产的一个重要原因，是粮食播种面积的减少（见表 1）。

---

[1] 中共中央文献研究室编：《建国以来重要文献选编》第 12 册，中央文献出版社 1996 年版，第 245 页。

表1 1958—1962年粮食作物播种面积

年份	总播种面积（万亩）	粮食作物播种面积（万亩）	占总播种面积的百分比（%）	粮食作物播种面积比上年增减面积（万亩）
1958	227992	191420	84.0	-9030
1959	213607	174034	81.5	-17386
1960	225863	183644	81.3	+9610
1961	214821	182165	84.8	-1479
1962	210343	182431	86.7	+266

资料来源：根据中华人民共和国农业部计划司编的《中国农村经济统计大全（1949—1986）》（农业出版社1989年版）第130、147页数据编制。

之所以1959年粮食作物的播种面积比1958年减少了17386万亩，原因就在于1958年高产"卫星"造成了从此可以少种多收的假象。既然一亩地的产量由原来的几百斤变成几千斤甚至上万斤，自然没有必要种那么多的地。毛泽东在北戴河会议上提出，现在全国平均每人三亩地，苦战三年之后，土地的观念要改变，种那样多的地干什么？将来可以拿三分之一的土地种树。[1] 1958年9月，刘少奇视察江苏城乡。在同淮阴地委领导人座谈时，刘少奇说："我在河北、河南视察的时候，有些县委书记认为少种多收比广种薄收要节省的多，应该把丰产田的经验推广，集中使用人力和物力来种好田地。这样再过几年，就可以用三分之一的地种粮食，三分之一植树，三分之一休闲。"[2]

1958年12月召开的八届六中全会为此在决议中郑重表示：

---

[1] 李锐：《大跃进亲历记》（下），南方出版社1999年版，第94页。
[2]《少奇同志视察江苏城乡》，《人民日报》1958年9月30日。

"过去人们经常忧愁我们的人口多，耕地少。但是一九五八年农业大丰产的事实，把这种论断推翻了。只要认真推广深耕细作、分层施肥、合理密植而获得极其大量的高额丰产的经验，耕地就不是少了，而是多了，人口就不是多了，而是感到劳动力不足了。这将是一个极大的变化。应当争取在若干年内，根据地方条件，把现有种农作物的耕地面积逐步缩减到例如三分之一左右，而以其余的一部分土地实行轮休，种牧草、肥田草，另一部分土地植树造林，挖湖蓄水，在平地、山上和水面都可以大种其万紫千红的观赏植物，实行大地园林化。""这是一个可以实现的伟大理想，全国农村中的人民公社都应当为此而努力。"[1]正因为人们认为这个"伟大理想"是可以实现的，在当年"大跃进"的特殊背景下，"少种、高产、多收"成了粮食生产的重要方针，认为实行这种少种、高产、多收的耕作制度之后，不但可以腾出部分土地加速绿化，而且可以节省出部分劳动力投入工业和其他方面的生产建设，并强调这是我国农业发展的方向。[2]所以1959年粮食作物的播种面积比1958年减少了9%，按1959年平均每亩产量186斤计算，1959年减少播种面积17386万亩，等于减少粮食300多亿斤。

1960年4月二届全国人大二次会议批准的1960年粮食生产计划，是在1959年实产的基础上增长10%，即达到3740亿斤。但这个增产计划仍未能实现，1960年粮食产量仅为2870亿

---

[1] 中共中央文献研究室编：《建国以来重要文献选编》第11册，中央文献出版社1995年版，第609页。

[2] 《农业生产上的一个革命措施》，《人民日报》1958年10月24日。

斤。不但未能增产，反而又比上年减少了 15.6%，降到 1958 年至 1962 年间粮食产量的最低点（见表 2）。

表 2　1958—1962 年粮食作物播种面积与产量

年份	总播种面积（万亩）	平均亩产（公斤）	总产量（万吨）	总产量比上年增减百分比（%）
1958	191420	105	20000	2.5
1959	174034	98	17000	−15.0
1960	183644	78	14350	−15.6
1961	182165	81	14750	2.8
1962	182431	88	16000	8.5

资料来源：根据中华人民共和国农业部计划司编的《中国农村经济统计大全（1949—1986）》（农业出版社 1989 年版）第 146—147 页数据编制。

造成这几年粮食总产量下降的另一个原因，是 1959 年至 1961 年连续三年遭受较大面积的自然灾害（见表 3）。

表 3　1958—1962 年农业自然灾害情况

（单位：万亩）

年份	水灾受灾面积	旱灾受灾面积	风灾受灾面积	霜灾受灾面积	受灾总面积	成灾总面积
1958	6419	33541	2845	3639	46444	11732
1959	7219	50710	2896	1373	62198	20682
1960	15232	57187	5884	2071	80374	34495
1961	13307	56770	6667	3602	80346	40038
1962	14715	31212	3562	2561	52050	25008

资料来源：根据中华人民共和国农业部计划司编的《中国农村经济统计大全（1949—1986）》（农业出版社 1989 年版）第 354—355 页数据编制。

有的学者撰文，认为根本不存在所谓"三年自然灾害"。作出这样的论断是没有根据的。中国是一个各种自然灾害频繁的国家，几乎年年都会发生自然灾害，只是受灾的面积和程度有所区别而已。应当说，在"二五"计划期间，1958年和1962年属于比较正常的年份，但受灾面积仍分别达到了总播种面积的24.2%和28.5%。1960年的受灾面积为总播种面积的43.8%。1961年的受灾面积更是达到了总播种面积的44.1%。1960年和1961年全国受灾面积均超过总播种面积的43%，其中成灾面积分别为总播种面积的18.78%和21.97%，这是1949年以来受灾面积和成灾面积最大的两年。

粮食单产的下降也是造成这几年粮食总产量减少的一个原因。1960年比1958年平均每亩减产54斤（见表4），按1960年总播种面积183644万亩计算（见表2），减少产量达约990亿斤。

表4　1958—1962年全国主要粮食作物平均亩产量及其比较

（单位：公斤）

年份	平均亩产	比上年增减	稻谷平均亩产	比上年增减	小麦平均亩产	比上年增减
1958	105	+7	171	−9	59	+2
1959	98	−7	160	−11	63	+4
1960	78	−20	134	−26	54	−9
1961	81	+3	149	+15	41	−13
1962	88	+7	162	+13	46	+5

资料来源：根据中华人民共和国农业部计划司编的《中国农村经济统计大全（1949—1986）》（农业出版社1989年版）第150、152页数据编制。

单产下降的原因,除了自然灾害的因素外,主要在于对土地的投入不够。首先是劳动力的投入不够。1958年的所谓粮食大丰收,给人们造成一种错觉,认为中国的粮食问题已经解决,今后重点是发展工业,提出要大办工业,从中央到地方,一大批的工业和基本建设项目纷纷上马,致使大量的青壮年劳动力脱离农业生产第一线。在1958年至1960年三年间共增加职工2800万人,其中来自农村的有近2000万人。这样一来,人民公社直接用于农业生产特别是粮食生产的劳动力大为减少。根据典型调查,1957年全国农业生产第一线劳动力有1.53亿人,到1960年上半年只有1.2亿人,减少了3300万人。农业第一线的劳动力减少,除了工业部门招工过多外,公社内部非农业战线过长和国家调用民工过多也是重要原因。农村从事非农业第一线的劳动力,1957年为3700万人,1960年上半年增加到8900万人。此外,1958年到1960年的三年间,国家调用民工的数量经常保持在1000万人以上。

其次是耕畜和肥料的减少。1957年末全国耕畜总计为6361.2万头,1958年为5906.9万头,1960年减少到5744.3万头,1961年再减至5500.5万头。[1]虽然耕畜总量较之1957年减少不是很多,但由于粮食的减产致使饲料不足,耕畜掉膘严重,畜力下降。当时农业生产使用的肥料主要是有机肥,化肥施用量不大。据统计,1958年至1962年的化肥施用量分别为270.8万吨、253.3万吨、316.4万吨、224.2万吨、310.5万吨。[2]以化肥施用量最

---

[1] 中华人民共和国农业部计划司编:《中国农村经济统计大全(1949—1986)》,农业出版社1989年版,第246页。
[2] 中华人民共和国农业部计划司编:《中国农村经济统计大全(1949—1986)》,农业出版社1989年版,第340页。

大的1960年为例，这年全国总播种面积为225863万亩，平均每亩化肥施用量为2.8斤。当时，就大多数地方而言，农作物主要施有机肥，而养猪又是农村有机肥的一个重要来源。1958年至1961年，全国的生猪存栏数也是连年下降。1958年末，全国生猪存栏数为13828.9万头，1959年末为12041.6万头，1960年下降到8226.5万头，1961年再降到7552万头。1963年全国粮食产量回升，形势好转，生猪存栏数恢复到13179.8万头。[1]

1959年至1960年粮食产量连年下降，当然更重要的是人民公社化以来"共产风"、浮夸风、生产瞎指挥风、强迫命令风和干部特殊化风等"左"倾错误，给农业生产的发展带来了严重危害。

农村人民公社是在1958年7、8月间出现，9月掀起公社化高潮，10月基本实现的。人民公社的基本特点：一是大，即规模大，小者数千人，大者数万人甚至十数万人。二是公，即公有化程度高，不但生产资料要归公社所有，就连社员原有的自留地、自养的家畜家禽等也都收归公社所有。三是政社合一，人民公社既是农村基层政权组织，也是农村集体经济组织。四是分配上实行供给制与工资制相结合的制度。所谓供给制，通俗的说法就是"吃饭不要钱"，其载体就是公共食堂。全国农村在大办人民公社的同时，还大办公共食堂，不但提出"吃饭不要钱"，还提出要"敞开肚皮吃饭"，理由是反正粮食已多得吃不完。

由于人民公社大都是白手起家，但它又是按照工、农、商、学、兵五位一体，农、林、牧、副、渔样样齐全的模式构建

---

[1] 中华人民共和国农业部计划司编：《中国农村经济统计大全（1949—1986）》，农业出版社1989年版，第244页。

的，公社建立后，要大办工业，要建立红专大学，要兴办公共食堂、托儿所、敬老院等集体福利事业，这一切都只能通过平调原农业生产合作社和社员的财物才能建立起来。办人民公社的过程，也是刮"一平二调"[1]的"共产风"的过程。庐山会议后，又重提要尽早实现人民公社由生产大队所有制向公社所有制、由集体所有制向全民所有制的过渡。为此，再次大办社队工业，大建所谓"万猪场""万鸡场"，将公共食堂作为所谓"社会主义阵地"而勉强维持，又一次大刮"共产风"。加之供给制和工资制的比例中，工资部分过小，供给部分过大，而供给制则是典型的平均主义。所以公社化后，不但未将原来高级农业合作社已存在的平均主义弊端加以克服，反而使之愈演愈烈，严重挫伤了广大农民的生产积极性，出工不出力成为普遍现象，造成农业生产效率低下。

二、1958—1962年的粮食购销

1953年起，我国对粮食和其他重要的农产品实行统购统销制度。既然1958年粮食获得了"大丰收"，这年的粮食征购计划量自然比以往任何一年都大。1958年至1960年连续三年实行的是粮食高征购。由于粮食产量连年下降和城镇人口大幅度增加，这三年的粮食供应情况是一年比一年紧张。

1958年8月，国家粮食部根据各省、自治区、直辖市粮食

---

[1]"一平二调"，指在公社范围内实行贫富拉平、平均分配，对生产队的某些财物无代价地上调。

部门报告的材料,确定了1958—1959年度(即1958年7月至次年6月)的粮食征购计划。8月22日,粮食部党组向中共中央报送了《关于1958—1959年度粮食购销问题的报告》。报告中说:"从夏收作物比去年增长69%,早稻比去年增长一倍,薯类生产发展很大等情况看,只要今后一两个月不发生严重的自然灾害,今年粮食总产量达到6000多亿斤是完全可能的。这样,按全国人口平均计算,每人就将有粮食1000斤,粮食生产水平和消费水平很低的时代即将从此结束,粮食状况将要根本改观。"[1]根据粮食总产量6000亿斤这个当时认为保守的数字,确定了全年粮食购销的所谓三本账(见表5)。[2]

表5 1958年粮食购销的三本账

(单位:亿斤)

	原来安排数	第二本账	第三本账
征购	880	1250	1500
销售	746	950	1150
购销差	134	300	350
军粮	18	18	18
出口	40	60	70
增加库存	76	222	262

资料来源:粮食部党组:《关于1958—1959年度粮食购销问题的报告》,1958年8月22日。

---

[1]粮食部党组:《关于1958—1959年度粮食购销问题的报告》,1958年8月22日。
[2]三本账是"大跃进"中流行的做法,即将原来的计划作为第一本账,现在必须完成的计划为第二本账,争取完成的计划为第三本账。

8月29日，中共中央批转了粮食部党组《关于1958—1959年度粮食购销问题的报告》，也就是认可了这个征购计划。表面上看，这年的征购比例并不大。就算以中共中央正式公布的全年粮食总产量为7500亿斤为征购基数，第二本账的征购率仅16.6%，第三本账的征购率也只有20%，均比实行统购统销制度以来的任何一年都小。1954年全面实行统购统销制度以来，到1957年，这几年的征购率分别为30.6%、27.6%、23.6%、24.6%。[1]但由于当时估计的产量严重不实，第二本账的实际征购率达到31.3%。在此前后，虽然各地不断号称粮食获得大丰收，但这年度的粮食征购和库存情况都不理想。10月4日，粮食部党组在《关于当前粮食购销调运情况的汇报和意见》中这样说："从今年7月1日到9月底，全国征购粮食268亿斤，比去年同期减少49亿斤，销售粮食211亿斤，比去年同期增加22亿斤，其中城市多销10亿斤，农村多销12亿斤。7至9月粮食调拨计划只完成70%。全国9月底的粮食库存418亿斤，比去年同期减少68亿斤，有17个省、市的库存比去年同期减少。"[2]

1958年底，国家粮食部对征购计划数略作调整，将全年的征购计划确定为1150亿斤，为当年正式公布的粮食总产量的18%。但征购任务完成情况仍不好，从1958年7月1日起，截至12月底，全国共征购902亿斤。这个数字仅相当于调整后的征购计划1150亿斤的78.4%。完成了原定任务的只有少数地

---

[1] 中华人民共和国农业部计划司编：《中国农村经济统计大全（1949—1986）》，农业出版社1989年版，第410页。
[2] 粮食部党组：《关于当前粮食购销调运情况的汇报和意见》，1958年10月4日。

区，大部分地区没有完成预计的任务。1958—1959年度征购入库的粮食为992亿斤，仅完成计划数的85.6%，占当年实际产量的29.4%。[1]

相反，粮食的销售却大幅度攀升。从1958年7月1日起，截至12月底，共销售出444亿斤，比上年同期多销98亿斤，其中农村多销58亿斤，城市多销40亿斤。农村多销的主要原因是，当时农村组织所谓大兵团作战，将大量的青壮年劳动力集中起来炼钢炼铁、兴修水利、修筑道路，有许多民工自己没有带粮食，就吃当地的公粮。城市多销的原因：职工人数大量增加，加上城市人口的自然增殖，全国城市人口增加1000万左右；口粮供应标准和食品等用粮也有提高，1958年10月以后全国城市每人每月增加7斤左右。[2] 由于1958—1959年度粮食销售过多，挖了大量的周转库存。据各地的统计报告，1959年6月底全国周转库存只有340亿斤左右，而且有些库存已经被地方临时借用，但并没有统计上来，因而实际库存还不到此数，成为1956年以来库存最少的一年，仅比1955年多4亿斤。而1959年的城镇人口已达到12371万，比1955年的8285万多了4086万。[3]

1958年底至1959年6月庐山会议前，针对"大跃进"和人民公社化运动中出现的问题，在中共中央的领导下进行了一定范

---

[1] 赵发生主编：《当代中国的粮食工作》，中国社会科学出版社1988年版，第108页。

[2] 粮食部党组：《关于粮油购销工作和农村人民公社粮食安排问题的报告》，1959年1月。

[3] 人口数据来源于国家统计局编《中国统计年鉴（1989）》（中国统计出版社1989年版）第87页。

围的纠"左",浮夸风有所遏制,但对于形势的估计仍比较乐观。因此,1959年3月在上海举行的中共中央政治局扩大会议确定1959—1960年度(即1959年7月至次年6月)粮食征购计划为1155亿斤。同年7月召开的庐山会议对计划略作了调整,预计1959年粮食总产量为5000亿斤原粮,在此基础上确定该年度的征购任务为1100亿斤贸易粮。[1]

据当年粮食部门的估算,全国需要4300亿斤原粮才能保证粮食消费的基本需要。这笔账是这样算的(一律以原粮计算):(一)农村口粮,全国平均每人按440斤计算,5.7亿农民需要口粮2508亿斤;(二)种子,每亩平均按20斤计算,20亿亩粮食播种面积需要400亿斤;(三)猪饲料,每头平均按100斤计算,2亿头猪需要饲料200亿斤;(四)大牲畜饲料,每头按300斤计算,1亿头牲畜需要饲料300亿斤;(五)城市销售510亿斤贸易粮,折合原粮600亿斤;(六)出口85亿斤贸易粮,折合原粮100亿斤;(七)增加国家周转库存170亿斤贸易粮,折合原粮200亿斤;(八)军粮15亿斤贸易粮,折合原粮17亿斤。以上8项需要原粮4325亿斤。如果1959年粮食产量能达到5000亿斤,这样计算下来还余675亿斤。这部分粮食留在农村,在完成了全年国家征购任务,并且把产量查实以后,就可以用来增加

---

[1] 原粮一般是没有加工的粮食的统称,如稻谷、小麦、玉米等。贸易粮是国家粮食部门在计算粮食收购、销售、库存数量时所使用的粮食品种的统称。贸易粮分5个品种,即小麦、玉米、大米、大豆、其他。在贸易粮中,既有原粮品种,又有成品粮品种,在计算贸易粮数量时要按照原粮加工成成品粮的出品率分别折合为贸易粮。例如:稻谷(原粮)100斤折合成大米(贸易粮)75斤,谷子100斤折小米85斤。

口粮、饮料和副业用粮,并适当搞一点储备。[1]

然而,1959年的粮食总产量实际只有3400亿斤,比庐山会议预计的5000亿斤少了1600亿斤。结果,这年的征购率高达39.7%。1960年,全国粮食总产量进一步下降,仅为2870亿斤。1960年度全国共征购粮食1021亿斤,虽然征购量比上年度有所减少,但由于粮食总产量的下降,这年的征购率仍达35.6%(见表6)。[2]

表6 1958—1962年的粮食收购量及占产量比重

年份	产量（万吨）	收购量（万吨）	其中净收购量（万吨）	收购量占产量的百分比（%）
1958	20000	5876.0	4172.5	29.4
1959	17000	6740.5	4756.5	39.7
1960	14350	5105.0	3089.5	35.6
1961	14750	4047.0	2580.5	27.4
1962	16000	3814.5	2572.0	23.8

资料来源：根据中华人民共和国农业部计划司编的《中国农村经济统计大全（1949—1986）》（农业出版社1989年版）第410页数据编制。

注：此收购量按年度计算，即从当年4月至次年3月。净收购量是指从总收购量中减去返销给农村的量。

1960年成为这五年间粮食总产量和人均粮食消费量最低的一年。这一年,全国农村共留粮1849亿斤,平均每个农业人口仅有176公斤,比1957年减少37.1%；平均每个城镇居民消费

---

[1]《陈国栋同志关于1959至1960年度粮食分配和粮食收支计划调整意见的报告》,1959年7月4日。

[2] 赵发生主编：《当代中国的粮食工作》,中国社会科学出版社1988年版,第189页。

粮食 193 公斤，比 1957 年下降了 1.5%。当然，如果单纯看这个平均数，似乎人均粮食占有量仍不低，每个农业人口每天有将近 1 市斤的粮食，但这里的农村人均粮食中，包括种子、饲料用粮等；城镇居民的人均粮食中也包括工业用粮。因此，具体到每个城乡居民的粮食消费，自然要远远低于这个数字。例如，据河北省 3.5 万多个生产队 1960 年 4 月的统计，社员一天平均吃粮水平在 1 斤以上的，有 7759 个生产队，占 22.2%；12 两以上 1 斤以下的（当时农村仍以 16 两为一斤），有 21292 个生产队，占 60.8%；半斤以上 12 两以下的，有 5316 个生产队，占 15.2%；不到半斤的有 1346 个生产队，占 3.8%；甚至还有一天平均只吃到 3 至 4 两的生产队。[1]四川的情况也相似（见表 7）。

表 7　1960 年 4 月四川部分地区农村公共食堂人均一天用粮情况

地区	公共食堂总数（个）	6两以下（%）	6两至8两（%）	8两至10两（%）	10两至12两（%）	12两至1斤（%）	1斤以上（%）
达县	55754		29.69	66.96		3.35	
绵阳	73173		23.8	69.6	6.6		
万县	4088136（人）	2.7	45.41	33.75	9.5	8.51	
江津	39668		2.5	96.5		1	
乐山	28901			99.52		0.4	0.08
自贡	2159			98.9	1.1		
南充	64265	10.5	18.8	48.3	11.8	7.6	2.6
泸州	8989	4.7	75.8	14		4.7	0.8

---

[1] 中共河北省委农村工作部：《关于农村人民公社生活安排情况的报告》，1960 年 4 月 29 日。

（续表）

地区	公共食堂总数（个）	6两以下（%）	6两至8两（%）	8两至10两（%）	10两至12两（%）	12两至1斤（%）	1斤以上（%）
宜宾	18111		14.2	76.9		7.6	1.3
温江	4869				6.7	93.3	

资料来源：四川省生活福利委员会办公室：《生活福利简报》第1期，1960年4月4日。

从河北和四川的情况看，绝大多数农民每天的粮食消费在10两以下。按当时1斤为16两计算，10两相当于今天0.625斤，可见当时农民生活的困难程度。

城市居民的情况略好些（见表8），据当时对27个大中城市的调查，当时城镇居民口粮每月平均定量的情况是：广州、福州23斤至25斤，武汉、长沙、宁波、杭州、无锡、银川、兰州、青岛、旅大25斤至27斤，重庆、成都、合肥、西安、郑州、济南、呼和浩特、太原、唐山、保定、天津、本溪和吉林27斤至30斤，洛阳30.2斤，三门峡市33.2斤。需要说明的是，这里的粮食，不全是大米或面粉等细粮，甚至更多的是玉米、高粱、红薯干等粗粮以至各种"代食品"。

表8　1958—1962年全国城乡居民平均粮食消费量

（贸易粮，单位：公斤）

年份	全国城乡居民平均粮食消费量	城镇居民平均粮食消费量	农村居民平均粮食消费量
1958	198	186	201
1959	187	201	183
1960	164	193	156

（续表）

年份	全国城乡居民 平均粮食消费量	城镇居民 平均粮食消费量	农村居民 平均粮食消费量
1961	159	180	154
1962	165	184	161

资料来源：根据中华人民共和国农业部计划司编的《中国农村经济统计大全（1949—1986）》（农业出版社1989年版）第576页数据编制。

不但城乡粮食极度紧张，食用油、肉类的人均消费也极低。1960年平均每个农业人口食用油消费为1.5公斤，猪肉消费1.2公斤。城镇居民人均食用油消费3.6公斤，猪肉2.7公斤。由于粮食的严重不足，1959年至1961年城乡居民生活异常艰难，农村的情况更为严重，浮肿病普遍发生，在一些地区还出现了非正常死亡。在中国这样人口众多而农业基础又很脆弱的国家，什么时候都不能忽视粮食生产的重要性，否则必将造成极为严重的后果。

三、克服粮食危机的紧急措施

1959年以来的粮食紧张情况，是新中国成立以来从未有过的。面对日益严重的粮食问题，从中央到地方都采取了一系列的紧急措施。

一是抓紧粮食的调运。1960年开春以后，针对京、津、沪、辽等地的粮食库存大幅度减少、供应紧张的情况，中共中央决定成立粮、油、棉调运指挥部，由国务院副总理、财政部部长李先念负责，并有国家经委、铁道部、交通部、粮食部主要负责人参加。1960年2月18日，李先念就立即突击调运粮、油、棉问题，向中共中央和毛泽东建议采取如下紧急措施：（一）责成有关省、自治区和铁道、交通部门必须保证按时完成中央确定的粮食调运计划；（二）在突击运粮期间，对粮食的调运应尽量优先安排，即便外贸出口的粮油也应暂时让路；（三）提前拨给各省、自治区按原计划分配的汽车；（四）除人民公社的专业运输队外，组织必要的副业运输队参加突击运输。2月21日，中共中央批转了李先念的报告，要求各地立即研究执行，并且提出"凡是有粮食调出任务的省份，应当紧急动员起来，掀起一个调运粮食的突击运动，坚决保证完成当前的粮食调运任务"[1]。

同年4月19日，中共中央再次批转国务院财贸办公室《关于紧急调运粮食的几项措施的报告》，要求在新粮上市前的50天到两个月内，各省、市、自治区党委，粮食和交通运输部门，必须全力以赴，采取各种措施保证完成第二季度56亿斤粮食的调运任务，各种物资的运输要暂时为调运粮食让路。此后，中共中央几乎每月都要就粮食调运问题发出紧急指示，要求各省、市、自治区党委第一书记亲自检查粮食调运工作，确保每月粮食调运计划的完成。当时，粮食库存很少，只能是夏秋将南方早熟的粮食运往北方，冬春将北方晚熟的粮食运往南方进行调节，以解燃眉之急。

二是压低农村和城市的口粮标准。1960年9月7日，中共中央作出《关于压低农村和城市的口粮标准的指示》，规定农村的

---

[1] 中共中央文献研究室编：《建国以来重要文献选编》第13册，中央文献出版社1996年版，第29页。

口粮标准，淮河以南每人全年原粮360斤。遭灾的地方应更低。丰收的地方，除了完成原定的外调和为支援灾区而增加的外调任务外，还有余粮，可以提高到人均全年原粮380斤，但最多不能超过原粮400斤。淮河以北的农村口粮标准，应当压低到人均全年原粮300斤左右，东北一部分严寒地区可以稍高，而各省的重灾区则压低到300斤以下。

其实，这个时候许多农村的口粮根本不可能达到这个标准。由于1960年粮食减产已成定局，已不可能通过加大征购量来保证城镇居民粮食供应，只能在压低农民留粮指标的同时，相应减少城市居民的粮食供应标准。为此，中共中央《关于压低农村和城市的口粮标准的指示》明确规定："除了高温、高空、井下和担负重体力劳动的职工以外，其余的全部城市人口，每人每月必须压低口粮标准两斤左右（商品粮）。"[1]通过核实城市人口，压缩口粮供应标准，核减不合理的粮食供应，仅北京市每月减少粮食供应530万斤，人均压缩了口粮3斤。[2]

三是提倡"瓜菜代"。"瓜菜"自然不须解释，粮食紧张的情况下，多种瓜菜可以弥补粮食的不足。早在1960年2月，中共中央、国务院就作出了《关于当前蔬菜工作的指示》，要求将蔬菜的生产和供应，不但作为一项经济任务，而且要作为一项政治任务，所有城市和农村的党委与人民委员会，都要抓紧蔬菜的生产。到了1960年夏天，粮食问题的严重性更加凸显出来，中共

---

[1] 中共中央文献研究室编：《建国以来重要文献选编》第13册，中央文献出版社1996年版，第569页。

[2] 赵发生主编：《当代中国的粮食工作》，中国社会科学出版社1988年版，第115页。

中央在这年6月作出的《关于抗旱备荒的指示》中,再次提出要抓紧目前植物生长最强季节,大种瓜菜,以备必要时度荒之用。所谓"代",指的就是代食品。"代食品"是那个年代的专有名词,顾名思义,就是能代替食品的物品。

1960年11月14日,中共中央发出《关于立即开展大规模采集和制造代食品运动的紧急指示》,要求"千方百计地增产各种代食品","大规模地动员群众,抓时机,抢时间,迅速地把那些可以制成代食品的树叶、草叶和野生植物尽可能采集起来(做叶蛋白的要随采集随加工),把那些可以制成代食品的秸秆和植物根尽可能地保存起来,不要都烧掉;并且有计划有步骤地制成各种代食品"。[1] 为了加强代食品运动的领导,中共中央还成立了以周恩来为首,成员有李富春、李先念、谭震林、习仲勋的中央代食品运动五人领导小组,并成立了专门的办公室。各地也照此办理,成立代食品工作领导小组和办公室,以加强对代食品生产的领导。

四是提高粮食收购价格,实行农副产品奖售、换购办法。1958年国家曾提高了东北、内蒙古和南方6个省、自治区的粮食统购价格,相当于全国平均提高粮价3.1%。为鼓励人民公社向国家提供更多的商品粮,1960年3月23日,国务院发出《关于目前几项价格问题的通知》,决定提高四川、贵州、云南、湖北、湖南、江西、广西等7个省、自治区的粮食收购价格,相当于全国粮食平均统购价格提高了2.6%,而销售价格原则上不做

---

[1] 中共中央文献研究室编:《建国以来重要文献选编》第13册,中央文献出版社1996年版,第688页。

变动。1961年1月15日,中共中央又批转了中央粮价问题小组《关于提高粮食收购价格问题的报告》,决定从1961年夏收起,全国粮食收购价格平均提高20%,同时规定1960年已实行的对主要产粮区的加价奖励5%照旧执行,这样全国粮食收购价格平均提高了25%,销售价则仍不提高。

1960年11月8日,中共中央批转了国务院财贸办公室《对于多产粮食和多提供商品粮的人民公社实行奖励办法的方案》,决定从这年的夏粮统购开始,以公社为单位,按人口平均计算,每人向国家缴纳的公粮和卖给国家的粮食,按不同地区分别超过100斤、200斤和300斤以上者,超过部分按统购价加价10%。1961年9月8日,中共中央又作出《关于1961年度到1962年度粮食工作的几项规定》,决定在全国实行统购粮食奖售工业品的办法:凡生产大队向国家出售每1500斤粮食,奖售布15尺、纸烟3条、胶鞋1双;对超产超购的粮食,按粮食价款全额奖售工业品,生产大队每出售100斤粮食,奖售布10尺、胶鞋1双。

五是紧急进口粮食。从1958年起,一连三年超过国家的承受能力,出口了大批的粮食。其中,1958年进出口相抵,净出口65亿斤,比1957年猛增73.1%;1959年净出口94.8亿斤,比1958年又增加45.9%,相当于1957年的2.5倍。1960年在粮食收不抵支的情况下,仍净出口20亿斤。[1] 1960年因农业歉收、征购量减少、城镇居民增加,伴随而来的是商品粮供应量增

---

[1] 赵发生主编:《当代中国的粮食工作》,中国社会科学出版社1988年版,第122—123页。

大而造成的粮食收支逆差，仅靠加强粮食调拨，降低口粮标准，搞"瓜菜代"，难以缓解粮食供应的紧张局面。1960年冬，粮食形势越来越严峻。这年11月，国家上调粮食的任务只完成了64.4%。12月头4天每天运粮比11月平均下降了20%，比中共中央要求的减少了一半，交通沿线粮食库存普遍空虚。然而，问题并不在于运输能力不足，而是在农村已没有多余的粮食可以调出。面对如此严重的形势，周恩来和陈云建议：下决心进口一批粮食以渡过难关。

对为什么要进口粮食，周恩来在1961年1月接见越南一位领导人时解释说：建国十一年来，每年都出口，从未进口过粮食，今年被迫进口粮食了。主要原因是去年和前年受灾大。但是也还有第二条原因，就是我们的工业搞多了。从人民公社到中央都办工业，把很多劳动力搞到城市来，农村的劳动力就少了。[1]陈云也在这年5月的外贸专业会议上对为何要进口粮食作了说明："把粮食拿进来，这是关系全局的一个重大问题。进来粮食，就可以向农民少拿粮食，稳定农民的生产情绪，提高农民的生产积极性。用两三年的时间把农业生产发展起来，国内市场问题也就可以得到解决。农民手头的粮食宽裕了，可以多养鸡、鸭、猪，多生产经济作物和各种农副产品，增加出口。总之，当前只有首先抓好粮食，整个局势才能稳定，同农民的关系才能缓和，而且多种经营也才能好转。没有粮食是最危险的。"[2]

---

[1] 中共中央文献研究室编：《周恩来年谱（1949—1976）》中卷，中央文献出版社1997年版，第388—389页。

[2] 《陈云文选》第3卷，人民出版社1995年版，第157页。

1960年12月底,周恩来、陈云和外贸部部长叶季壮商量后,确定进口粮食数量为120万吨。随后,中共中央决定加大进口,数量增大到50亿斤。1961年3月,中共中央在广州召开的工作会议上,又决定进口100亿斤。从1961年到1965年,我国共进口粮食547亿斤,年均109.4亿斤。同期共出口粮食127亿斤,进出口相抵,净进口粮食420亿斤,年净进口84亿斤。[1](见表9)

表9 1958—1962年粮食进出口情况(外贸部门的统计)

(单位:万吨)

年份	出口总量	进口总量	其中小麦进口总量
1958	288.34	22.35	14.83
1959	415.75	0.20	
1960	272.04	6.63	3.87
1961	135.50	580.97	388.17
1962	103.09	492.30	353.56

资料来源:根据中华人民共和国农业部计划司编的《中国农村经济统计大全(1949—1986)》(农业出版社1989年版)第520、534页数据编制。

六是大幅度精减城镇人口。中国作为一个农业大国,仅靠进口是不能从根本上解决粮食问题的。而且进口粮食需要花去大量的外汇,这几年用在粮食进口上的外汇占去了国家外汇总数的四分之一,共约5亿美元,这必然要压缩其他物资的进口。为了从

---

[1] 赵发生主编:《当代中国的粮食工作》,中国社会科学出版社1988年版,第124页。

根本上解决粮食问题，中共中央决定进行重大的政策调整：一方面想方设法加强农业，恢复和发展农业生产；一方面大量精减城镇人口，增加农村劳动力，减少城镇粮食供应量。

"大跃进"是在农业领域率先发动的，之所以在1960年下半年无力再"跃进"，不得不对国民经济动大手术，进行大调整，也是由于工农业比例关系的严重失调，导致粮食供应的极度紧张。这时，一方面，连年减少的粮食供应，仅靠降低口粮指标，生产代食品，甚至进口粮食，都难以从根本上解决问题。最根本的出路，在于相应减少因"大跃进"而膨胀的职工队伍和城镇人口。另一方面，要使农业生产得以恢复，粮食产量得以回升，除了要纠正农业和农村工作中的"左"倾错误，对农村政策进行调整，提高农民的生产积极性外，还必须加大对农业的投入，其中也包括劳动力的投入，将工业和基本建设中多余的劳动力充实到农业生产第一线去。

据国家统计局公布的数字，1958年底，全国职工人数比1957年底增加了40%，即增加了约990万，职工总数达到了4400万人。新增的职工中，从社会上招收的约650万人，其中来自农村的410多万人，另有合作商店店员和手工业合作社社员转为国营企业职工的250万人，军队转业55万人，毕业学生就业38万人。[1]在1959年上半年的纠"左"过程中，对过度膨胀的职工队伍作了有限度的精减。截至1959年6月底，全部工业和基本建设部门共精减职工605.4万人。扣除这年上半年新增加和1958年统计漏报的人数，实际精减了456万人。

---

[1]《今年职工增加了将近一千万人》，《经济消息》1958年第44期。

1959年庐山会议后在全党范围内"反右倾",再度搞"大跃进",特别是"大办工业",使职工队伍第二次膨胀,城镇人口也大幅度增加。1957年全国职工共计3101万人,1960年达到5969万人,1958年至1960年三年共计增加2868万人;1957年全国城镇人口总计为9949万人,1960年达到13073万人,1958年至1960年共计增加城镇人口3124万人。[1]在新增加的2800多万职工中,来自农村的有近2000万人。

从1961年开始,全国开展大规模的职工和城镇人口的精减工作。1961年4月,中共中央批转了中央精减干部和安排劳动力五人小组《关于调整农村劳动力和精简下放职工问题的报告》,并指出:"安排好城乡各方面的劳动力和精减职工,是当前国家建设工作中的一个突出重要的问题","必须切实安排好劳动力和厉行精简"。[2]6月28日,中共中央又发出《关于精减职工工作若干问题的通知》,规定了精减的对象、被精减人员的待遇、精减人员回乡后的安置、精减人员应注意的事项等。此后,中共中央和国务院又多次就精减职工和城镇人口问题作出指示。从1961年1月至1963年6月,全国共精减职工1887万人,城镇人口共计减少了2600万人。[3]

城镇人口的精减,最直接的效果是减少了粮食销量,缓减

---

[1] 国家统计局编:《中国统计年鉴(1989)》,中国统计出版社1989年版,第87、101页。

[2] 中共中央文献研究室编:《建国以来重要文献选编》第14册,中央文献出版社1997年版,第274页。

[3] 中共中央文献研究室编:《建国以来重要文献选编》第16册,中央文献出版社1997年版,第551页。

了粮食供应的压力。从1961年到1963年10月底,全国非农业人口口粮和食品工业用粮销量共减少了138.4亿斤。同时精减下来的近2000万职工中,有67%的职工回到了农村。农业生产第一线的劳动力,1962年底达到了21373万人,超过了1957年的20566万人,[1]有力地加强了农业生产。

以1961年春《农村人民公社工作条例(草案)》(即"农业六十条")的起草为标志,党的农村政策作了重大调整,如恢复了农民的自留地,允许农民从事家庭副业,解散了公共食堂,取消了平均主义的供给制,缩小了社队规模,将基本核算单位下放到生产小队一级,从而激发了广大农民的生产积极性。农村形势在1962年出现明显好转,农业产值1962年比1961年增长了6.2%,粮食产量1962年达到了3200亿斤,比1960年的2870亿斤增加了330亿斤。1962年,全国城乡人均年消费粮食329斤,其中城镇居民368斤,农业人口322斤。[2]一度极为严重的粮食危机终于缓解,共和国经济也由此走出困境。

---

[1] 国家统计局编:《中国统计年鉴(1989)》,中国统计出版社1989年版,第101页。
[2] 中华人民共和国农业部计划司编:《中国农村经济统计大全(1949—1986)》,农业出版社1989年版,第576页。

1960年底至1961年初的农村整风整社

1960年底至1961年初,为解决当时农村存在的"共产风"等问题,中共中央下发了《关于农村人民公社当前政策问题的紧急指示信》,即"十二条",开始调整农村政策,同时决定在农村开展整风整社运动。这场运动虽然对遏制"共产风"起到了一定的积极作用,但由于将农村出现严重问题的原因简单地归结为阶级斗争的反映,采取对敌斗争的方式开展整风整社,因而并未从根本上解决人民公社的问题,而此次整风整社在方式方法上,成了后来进行的农村社会主义教育运动即"四清"运动的预演。对于此间的整风整社运动,除一些地方史志在述说这段历史时稍有提及外,未见有专题研究成果面世,本书就此作一点简单的回顾。

一、庐山会议后农村"五风"泛滥成灾

1959年的庐山会议中断了纠"左"进程,并由纠"左"转变为反右倾,发动新一轮"大跃进",使1958年底以来有所纠正的"左"的错误再度发展。在农村,人民公社的所谓"优越性"再度大受赞扬,一度散伙的公共食堂重新开办,分给农民的自留地再次被收归集体,刚有起色的家庭副业又被作为"资本主义尾

巴"而割掉，特别是急于实现两个过渡（即从集体所有制过渡到全民所有制、从社会主义过渡到共产主义）的思想再次抬头，在部分农村又开始搞基本队有制到基本（公）社有制的过渡。于是，在各种各样的"大办"中，"共产风"、浮夸风、生产瞎指挥风、强迫命令风、干部特殊化风等"五风"再度泛滥起来。

据中共广西壮族自治区党委办公厅对邕宁县五塘公社的调查，在这个公社范围内的自治区、专区和县直属单位14个及公社直属企事业单位21个，没有一个不到公社刮"共产风"的。被刮走的东西，有土地、劳力、农具、房屋、木料、砖瓦、小镰刀、资金等。五塘公社自己直属的许多单位，也完全靠刮"共产风"起家。这个公社1959年11月建立一个马车站，有马47匹、牛2头、车42架、53个人，全是从16个大队抽调上来的。因为这些家当是"共产风"不费吹灰之力刮来的，所以一点也不加以爱护，不到一年的时间，就只剩下29匹马、21架车，其余的马不是累死就是病死，马车则烂成了废物。[1]

河南许昌市椹涧人民公社自1958年公社化以来，大的"共产风"刮过3次，小的"共产风"刮过28次，群众说："'共产风'年年有，季季有，连续不断小高潮。"据统计，在历次"共产风"中，大队、生产队和社员被平调的物资有150多种，大的如土地、农具、机械、牲口、房屋，小的如铜钱、铜扣、妇女梳头用的铜卡子、老人吸烟用的铜烟袋嘴。平调的单位有省、专、县、公社、大队、生产队六级，从各级党政领导机关、各

---

[1] 黄道霞等主编：《建国以来农业合作化史料汇编》，中共党史出版社1992年版，第690—691页。

级企事业单位，直至农村小学都有平调。[1]

河北安国县博野公社的"共产风"，也是从公社成立起就一直在刮，并从县刮到小队，层层都刮到了。平调的项目有土地、劳力、房屋、机器、工具、耕畜、粮食、树木，甚至盆、勺、碗、筷等。据1960年11月的统计，全社共平调土地6515亩，劳力856个，房屋1018间，粮食99716斤，大牲畜120头，猪14620口，羊161只，机器30台，树木86450根，大小车322辆，砖瓦642729块，款33576元，大缸1767个，小家具9597件。[2]

由于上下都刮"共产风"，社员的房屋被拆毁，家具被拿走，自留地被没收，小杂粮被抄跑，自养的猪、鸡、鸭等，刮进了公社的"万猪场""万鸡场"。与此同时，按劳分配吹了，多劳多得不管用了，农村的超支户越来越多，有的生产队竟户户超支。社员说："一年忙到头，汗水白白流，年终搞决算，落个癞痢头。"

在庐山会议后的新一轮"大跃进"中，农村除了大刮"共产风"外，生产瞎指挥、干部强迫命令等问题也十分严重。

湖南省衡山县沙泉公社1960年为了实现"全部双季稻化"，竟将各小队的中稻种全部收到大队，已经浸了种的也要捞出来，结果使一些不能种双季稻的冷浸田也种上了双季稻。该公社的双全大队有30多亩冷浸田，以前种单季稻，亩产有600斤，改种

---

[1]《许昌市榷涧人民公社关于贯彻中央十二条政策彻底纠正"五风"的初步总结》，1960年12月25日。

[2] 中共保定市委：《关于安国博野公社整风整社试点工作情况向省委的第一次报告》，1960年11月12日。

双季稻，两季一共也只收了56斤，而每亩种子则花去了42斤。[1]

据中共吉林省委农村工作部的调查，吉林海龙县曙光公社"在1960年从春到秋，特别是夏锄阶段，对生产的瞎指挥达到十分严重的程度"。在夏锄中，这个公社搞大兵团作战，有的管理区将几个生产队的劳动力集中在一起，有的把全管理区劳动力集中起来，这样互相调来调去。为了适应所谓大兵团作战，这个公社的李炉管理区把八个生产队的食堂全部集中到田间，几百个人一起吃饭，每顿饭吃三四个小时也吃不完。连山管理区有十多公顷地种上了玉米，但公社要求非改种水稻不可，结果减产2万多斤。宝山管理区只有三四公顷的水田，公社提出"旱田要给水田让路"，晴天也不让铲旱田，等水田的草拔完了，旱田也荒了。[2]

吉林省吉林市郊区的九站公社大红土管理区，1960年夏将一百多名男劳力集中在一起吃饭、睡觉、干活，家家户户都号上男女宿舍，搞吃饭一条龙，一顿饭就得花两个多小时，一百多个劳动力一天却只能铲30亩地。这个公社搞什么都强调统一行动，如要求水田插秧时旱田不见人，铲旱地时不让下菜田。秋收时要割哪块庄稼，一律平推，很多未成熟的插花地也被割倒了。播种也不是因地制宜，而是由公社统一安排。该公社的下洼子管理区地势低洼，却被分配种了840亩洋葱，光种子就花了10800元，而收入仅700元。群众说："这样干，连老婆孩子都得

---

[1] 湖南省委衡山重点县工作队：《衡山县沙泉公社整风、整社的情况（第三次报告）》，1960年12月。
[2] 吉林省委农村工作部工作组：《关于海龙县曙光人民公社党委整风情况的报告》，1961年3月25日。

赔进去。"[1]

"一平二调"的"共产风"和生产的瞎指挥,必然是通过强迫命令才能进行。有些素质不高的社队干部,动辄对社员加以停止吃饭、打骂等处罚。河北安国县博野公社50名管理区以上脱产干部,有打骂社员行为的34人,占68%,小队长以上干部1165人,打骂社员的388人,占33%。[2]湖南宁乡县1958年以来非法吊打群众的作业组长以上干部9545人,占干部总数的29.7%,受害人达31768人。[3]湖南湘潭县作业组长以上干部18097人,打人的4021人,占22.2%,被打群众344662人。[4]河南长葛县和尚桥公社从1957年社会主义教育运动开始后,公社生产队以上的干部1018人中有257人打人骂人,占干部总数的25.2%。[5]

干部的特殊化风也严重存在。河南济源县城关公社群众反映干部有"五不同":一是吃不同,群众有定量,干部随便吃;二是住不同,群众住得挤,干部住得宽;三是穿不同,群众穿得差,干部穿得好;四是做不同,干部劳动少且干轻活,群众劳动多且干重活;五是用不同,干部能随便向集体借钱,社员借钱非常困难。[6]河南许昌县榆林桥公社高庄大队5个干部,1959年

---

[1]中共吉林省工作组:《关于九站公社整风整社情况的报告》,1961年5月18日。
[2]《中共保定市委关于博野公社整风整社试点工作向省委的总结报告》,1961年1月25日。
[3]地委工作队:《宁乡县整风整社工作会议的主要情况》,1961年1月。
[4]中央、省、地、县调查组:《湘潭县"共产风"情况》,1961年2月。
[5]《河南长葛县和尚桥人民公社整风整社问题的调查》,1961年5月15日。
[6]中共新乡地委整风办公室:《关于试点社"五风"情况专题报告》,1961年1月23日。

一年内吃夜饭用去面粉600斤,肉200多斤,粉条200多斤,白酒40多斤。[1]湖北沔阳县通海口公社1959年至1960年两年间,各级干部多吃多占有数可算的,有粮食36197斤、猪肉4178斤、鱼6859斤、油626斤、蛋431斤,多占群众粮票10941斤。社员形容干部多吃多占是"要鱼就打,要米就拿,要柴就拉,要菜就拔"。[2]

二、由"三反"运动到整风整社

对于庐山会议后农村再次出现的"共产风"等问题,从中央到地方并非没有觉察。1960年2月25日,中共广东省委发出《关于当前人民公社工作中几个问题的指示》,提出:"从目前我省人民公社的发展情况来看,一般是不具备过渡的条件的。如果在目前条件尚不成熟的情况下,勉强转变,那就会违背客观规律,那就有可能重复一九五八年曾犯过的'一平二调'刮'共产风'的错误,而一九五八年的经验证明,这个教训是深刻的,决不能重复这个教训。""而目前有些地方,在发展公社经济上,实际上在重复'一平二调'刮'共产风'的错误。"[3]中共山东省委在1960年3月召开六级干部大会时,亦发现"公社干部有的存在急于过渡的苗头","穷队盼过渡,要求快过渡","富队怕过渡,生产不

---

[1]中共许昌地委:《批转许昌县委关于整社试点情况的报告》,1960年11月21日。
[2]中共中央文献研究室编:《建国以来重要文献选编》第14册,中央文献出版社1997年版,第131页。
[3]中共中央文献研究室编:《建国以来重要文献选编》第13册,中央文献出版社1996年版,第35—36页。

积极",等等。中共中央也在《关于山东六级干部大会情况的批示》中提出:"山东发现的问题,肯定各省、各市、各自治区都有,不过大同小异而已。问题严重,不处理不行。……去年四月上海会议十八个问题的规定也忘记了,共产风、浮夸风、命令风又都刮起来了。"[1]

庐山会议后重新刮"共产风"的根本原因,在于各地为了实现新的"跃进",并以此证明人民公社具有无比的优越性,不但急急忙忙地要实现基本队(即大队)有制到基本社(即公社)有制的过渡,而且纷纷办起了各式各样的社办企业、社办的"万猪场""万鸡场"。可当时的公社多数是一无资金,二无场地,要实现各种"大办",唯一的出路就是刮"共产风",把各种物资从大队(管理区)、小队乃至社员手中刮到公社来。然而,当时虽然从上到下都意识到"共产风"等"五风"的危害,也认为必须对此加以制止和纠正,但没有从人民公社的体制上和"穷过渡"根源上去找"五风"泛滥的原因,而是片面地将"五风"问题的责任推到社队干部身上。

中共中央在《关于山东六级干部大会情况的批示》中说:"一些公社工作人员很狂妄,毫无纪律观点,敢于不得上级批准,一平二调。另外还有三风:贪污、浪费、官僚主义,又大发作,危害人民。什么叫做价值法则,等价交换,他们全不理会。所有以上这些,都是公社一级干的。范围多大,不很大,也不很小。

---

[1] 中共中央文献研究室编:《建国以来重要文献选编》第13册,中央文献出版社1996年版,第129页。

是否有十分之一的社这样胡闹，要查清楚。"[1]随后，中共中央发出指示，要求在这年3、4月间，利用省委召开的六级干部会议和县委接着召开的四级干部会议，对于人民公社出现的严重情况，进行一次彻底的整顿，并利用六级干部会议和四级干部会议公开提出反贪污、反浪费、反官僚主义的"三反"问题。

1960年5月15日，中共中央发出《关于在农村开展"三反"运动的指示》。文件中虽然承认农村基层干部绝大多数是好的，犯有较严重贪污、浪费、官僚主义错误的人，只是很少数，真正的坏分子更是极少数。但是，文件将基层干部中存在的贪污、浪费、官僚主义这类错误，归结为"实质上是资产阶级思想对我们干部队伍的侵蚀"，"三反"运动所展开的斗争，"正是两条道路的斗争的一个重要的方面"[2]。在随后开展的农村"三反"运动中，虽然对部分农村基层干部存在的贪污、浪费等行为有所遏制，干部作风有所好转，但由于以搞阶级斗争的方法去分析和解决人民公社中存在的问题，所以并没有找到问题的症结所在。

在当时发动"大跃进"、建立人民公社的时候，全国上下都以为自此找到了一条建设社会主义的捷径，中国将在不长的时间里建成社会主义并实现共产主义。但事与愿违，1958年以来连续三年"大跃进"，给中国带来的却是国民经济比例的严重失调和人民生活水平的大幅度降低。

为了克服严重的困难，1960年下半年，各地相继出台了一系

---

[1] 中共中央文献研究室编：《建国以来重要文献选编》第13册，中央文献出版社1996年版，第129页。

[2] 中共中央文献研究室编：《建国以来重要文献选编》第13册，中央文献出版社1996年版，第379页。

列有关农村和农业问题的方针政策,如1960年7、8月间,广西壮族自治区人民委员会出台《关于农村的十项政策》,中共湖北省委制定《关于调动群众积极性的十项措施》,中共山东省委发出《关于当前农村若干政策问题的规定》共十八条,中共山西省委也制定了《农村政策的十二条政策规定(草案)》等。这些政策规定,使庐山会议后开始的基本队有制向基本社有制的过渡风得以停止,自留地和家庭副业有了一定程度的恢复,因而得到了广大农民的拥护。同时,各地在贯彻政策的过程中,发现了1960年春各种"大办"时大刮"共产风"的严重情况,并由此开始了以纠正"共产风"为中心的农村整风整社。

1960年9月18日,中共湖北省委书记处书记王延春就沔阳县贯彻省委《关于调动群众积极性的十项措施》的试点情况,给省委书记处写了一份报告。其中说:该县的通海口公社"从暴露的情况看,各方面都存在着极其严重的问题,其中刮'共产风'、乱指挥生产、粮食问题、自留地问题等最为严重"。"这个公社的'共产风',年年季季在刮,年年季季在处理,可是边处理边刮","刮'共产风'的单位,上到省级,下至小队,一杆到底,根深蒂固","刮'共产风'的范围,大至土地、粮食、房屋,小至镰刀、筷子、夜壶,什么都刮"。报告认为,"只有抓住贯彻政策,彻底处理'一平二调',彻底地纠正生产上的瞎指挥,以及认真地解决粮食问题等,才有可能真正地调动广大群众的生产积极性,才会有生产的迅速发展和人民公社的巩固"。

通海口公社是中共沔阳县委贯彻省委《关于调动群众积极性的十项措施》的试点单位,为此县委组织了一支400多人的工作队进驻这个公社,每个管理区都派去了工作队,每个生产队有工作组,做到每个小队有一名工作队员。工作队进村后,先抓住最突出、群众反映最强烈的一两件事,立即处理兑现,以此表现纠正"共产风"的决心。该公社的红星生产队开展工作的第二天,工作组就带着队干部和群众,将各单位占去的550亩土地和供销社调去的船只要了回来,将没收的自留地退还给社员,一时在全公社引起了很大的反响。然后,县、公社、管理区、生产队均成立兑现办公室或小组,负责核账和兑现。公社向管理区兑现时,以管理区为单位召开兑现大会,生产队和小队都派代表参加。公社干部在会上作检讨,保证今后不重犯"一平二调"的错误。生产队退还社员的财物,采取自报与评议相结合的办法,该兑现的张榜公布,召开社员代表会议,宣布兑现,干部和群众共同做出决议,今后不许重犯。

经过十余天的工作,该公社的"共产风"基本得以纠正,不该调的劳动力全部退回,被占去的8000多亩土地,除少数用作基建按价付款外其余全部归还生产队,被占用的房屋退还了大部分,拆毁的等秋种后修建,粮食、农具、耕牛、家具、材料等,物在者全部清退,原物不在者共折价49万余元,兑现了71%。[1]

10月12日,中共中央批转了王延春的这个报告,同时也批转了中共福建省闽侯县委第一书记常登榜《关于城门公社集中劳动力、加强农业生产第一线工作情况的报告》,并就这两个文件作出了重要指示。指示强调:"从一九五八年冬天以来,中央和毛主席再三再四地指示,必须坚决纠正一平二调的'共产风'。

---

[1] 王延春:《关于汭阳县贯彻政策试点情况的报告》(1960年9月18日),载中共湖北省委党史研究室编:《"大跃进"运动·湖北卷》,中共党史出版社2004年版。

因为这种'共产风'严重地破坏以生产队为基础的公社三级所有制和农业生产力。但是，从湖北沔阳县通海口公社的例子看来，这个问题在不少地方至今没有解决。一平二调的'共产风'，再加上某些浮夸、强迫命令和某些干部特殊化的作风，使干部严重地脱离了农民群众，使这类地区的农业生产和农民的积极性受到损害。这种严重情况必须大力改变，绝对不能允许再拖延下去。"

中共中央认为，"纠正一平二调的'共产风'，纠正强迫命令、浮夸和某些干部特殊化的作风，坚持以生产队为基础的公社三级所有制，是彻底调整当前农村中社会主义生产关系的关键问题，是在公社中贯彻实现社会主义按劳分配原则的关键问题。解决了这类生产关系的关键性问题，就会大大地促进农业生产力的发展"。[1] 中共中央要求各地参照通海口公社的做法，派遣得力的工作组到问题最多的公社，对"共产风"问题开展全面的切实的解决。各省必须将工作部署的情况尽速上报中央。按照这个指示，各地农村迅速开展大规模的整风整社运动。

三、对于农村的阶级斗争形势作了过于严重的估计

为了从根本上解决"共产风"问题，中共中央决定向党的各级组织发出一专题指示，并委托周恩来负责文件的起草。这就是1960年11月3日中共中央发出的《关于农村人民公社当前政策问题的紧急指示信》。因为指示信中列举了十二条措施，所以又

---

[1] 中共中央文献研究室编：《建国以来重要文献选编》第13册，中央文献出版社1996年版，第639—640页。

简称"十二条"。这十二条是：（一）三级所有，队为基础，是现阶段人民公社的根本制度。（二）坚决反对和彻底纠正"一平二调"的错误。（三）加强生产队的基本所有制。（四）坚持生产小队的小部分所有制。（五）允许社员经营少量的自留地和小规模的家庭副业。（六）少扣多分，尽力做到90%的社员增加收入。（七）坚持各尽所能、按劳分配的原则，供给部分和工资部分三七开。（八）从各方面节约劳动力，加强农业生产第一线。（九）安排好粮食，办好公共食堂。（十）有领导有计划地恢复农村集市，活跃农村经济。（十一）认真实行劳逸结合。（十二）放手发动群众，整风整社。

"十二条"特别强调："今年冬季，必须下决心，放手发动群众，普遍展开一个整风整社的群众运动。整风整社是调整当前农村中社会主义生产关系的关键问题，必须坚决依靠群众，大鸣大放，用领导和群众'两头挤'的方法，用由上而下和由下而上相结合的方法，把农村三反贯彻到底，把整风整社搞深搞透。坚决反对：（一）贪污，（二）浪费，（三）官僚主义。彻底纠正'共产风'、浮夸风和命令风。反对干部特殊化。反对干部引用私人、徇私舞弊、打骂群众的国民党作风。严禁干部用'不准打饭'和'不发口粮'的办法来处罚社员。贪污克扣社员口粮的，必须从严惩处。党员和干部的一切违法乱纪的行为，都应该受到应得的处分，严格执行党纪国法。严禁干部压制民主，打击报复。坚决反对坏人坏事。"并且通过整风整社运动改造落后地方和落后社队，纯洁公社各级领导机构，纯洁农村党的组织，进一步发挥农村党组织的堡垒作用和党员的核心作用。"[1]

"十二条"发出后,各地关于贯彻执行情况的报告也陆续送到北京。

11月12日,中共湖北省委第一书记王任重就纠正"五风"问题,给中南局第一书记陶铸并毛泽东的报告中说,为贯彻执行中央的"十二条指示",全省三级干部会议已于11日开始。会议围绕"苦战三年,总结经验"这一主题,采取群众路线、整风和批评与自我批评的方法,充分发扬民主,让大家畅所欲言,先集中揭发错误,然后再作全面评价,目的是为了弄清真实情况,接受三年来的教训,使全党思想一致,团结一致,去战胜当前的困难,夺取农业丰收。这次会议中,讲对讲错,一律不记账,不戴帽子;要求地、县委首先批评省委,然后县委批评地委,最后是省、地、县三级作自我批评。

王任重在报告中还附上了中共沔阳县委所写的《沔阳县贯彻政策第一阶段的总结》和县委第一书记马杰的《通海口公社贯彻政策后的变化》两个材料。这两个材料主要是介绍沔阳整风整社运动的开展情况和该县通海口公社在纠正"共产风"后所发生的变化。

中共沔阳县委在《总结》中说,以贯彻省委"十项政策"为中心,开展了群众性的整风整社运动。到目前为止,第一阶段已基本结束。这个阶段,主要是解决"共产风"和瞎指挥生产的问题。从揭发情况看,全县所有公社,问题都极为严重,在经济、政治上都带来了极为严重的后果。开展整风整社运动后,对过去

---

[1] 中共中央文献研究室编:《建国以来重要文献选编》第13册,中央文献出版社1996年版,第673—675页。

所犯的政策错误和作风问题进行了纠正，有的还在继续纠正。对"共产风"中的损失，坚决兑现，物在还物，物不在赔钱。干部强迫命令、瞎指挥，都向群众作了深刻检讨。经过整风整社，群众生产积极性大大提高，干部作风有了很大转变，干群关系在新的基础上密切起来了。

马杰则在报告中说，通海口公社经过这次贯彻省委"十项政策"、坚决纠正"五风"之后，面貌发生了根本的变化。群众心情舒畅，对社会主义的误解消除了，对党的政策信任了，普遍树立了兴家立业、当家作主的思想，人人关心生产，爱护公物，生产队则大搞农田基本建设，改善经营条件。干部作风有了显著改变，参加劳动已开始形成制度，通过生产了解实际情况，克服了工作上的主观主义；通过处理"共产风"，干部的政策水平有了提高，纠正了强迫命令、瞎指挥，使党群关系密切起来，干部工作也好做了。这些变化，大大推动了生产和生活，使得生产出现高潮，生活面貌发生了改观，鼓舞了社员群众夺取明年"大跃进"胜利的信心。

随着"十二条"的贯彻，"五风"问题的严重性日益暴露出来。"五风"之所以屡禁不止，根本原因在于"一大二公"的人民公社体制。自人民公社建立以后，在基本核算单位问题上，长期没有明确的规定。虽然也一再强调公社是"三级所有，队为基础"，但这里的队指的是生产大队（有的地方是管理区），实际上多数地区以生产大队（也有少数地区一直以公社）为基本核算单位。同时，人民公社既然是"三级所有"，作为公社一级而言，它既是大队、生产队的上级，又是这两级所拥有财物的共同所有者，因而它在内部搞"一平二调"也是合理合法的。要真正遏制

"共产风"问题,最根本的是要对公社体制本身进行调整。不过,由于公社化以来"一大二公"一直作为人民公社的优越性广为宣传,因而人们还没有对公社体制产生怀疑,认为"共产风"等"五风"的出现,主要是由少数干部蜕化变质、违法乱纪造成的。而干部队伍中存在的问题,又与社会上的阶级斗争密不可分。

1960年11月15日,毛泽东就抽调万名干部下放基层的问题写信给周恩来。信中对当时农村的阶级斗争形势作出了过于严峻的判断。他说:"在讲大好形势、学习政策的过程中,要有一段时间大讲三分之一地区的不好形势,坏人当权,打人死人,粮食减产,吃不饱饭,民主革命尚未完成,封建势力大大作怪,对社会主义更加仇视,破坏社会主义的生产关系和生产力。农村工作极为艰苦,要有坚强意志决不怕苦的精神才能去,否则不能去。""全国大好形势,占三分之二地区;又有大不好形势,占三分之一的地区。五个月内,一定要把全部形势都转变过来。共产党要有这样一种本领,五个月工作的转变,一定争取一九六一年的农业大丰收,一切坏人坏事都改过来,邪气下降,正气上升。"[1]

这年12月8日,中共中央专门就山东、河南、甘肃、贵州等省的一些地方所发生的严重情况作出指示,认为"干部中的极其严重的不可容忍的铺张浪费、贪污腐化、破坏党章、违法乱纪、不顾人民死活的情况",是农村中阶级斗争的最激烈表现。在全国农村人口中有8%的地主富农及其家属,加上城市的资产

---

[1] 中共中央文献研究室编:《毛泽东年谱(1949—1976)》第4卷,中央文献出版社2013年版,第478—479页。

阶级、资产阶级知识分子和上层小资产阶级分子及其家属,总共占全国人口的10%左右,虽然他们中的大多数已得到了不同程度的社会主义改造,但他们中间或多或少的资产阶级的和小资产阶级的自发习惯势力,也天天在影响和侵蚀我们,其中的未被改造或不接受改造的最坚决最隐蔽的反革命分子,会有意识地随时都准备借尸还魂,篡夺领导,实行复辟和疯狂挣扎,对他们万万疏忽麻痹不得。[1]

中共中央出台"十二条",原本是希望通过"认真贯彻执行以上各项政策,特别是经过这次彻底清理一平二调,彻底纠正'共产风',切实地把人民公社经营管理的一系列的必要的规章制度建立起来,把以队为基础的公社三级所有制稳定下来,至少稳定七年不变,不去侵犯它,不乱出新花样,以便把广大农民群众的积极性充分调动起来,掀起一个农业生产的新高潮"。[2]但各地贯彻"十二条"、纠正"共产风"时,却将主要的精力放到了整风整社上,并且将之作为一场严重的阶级斗争。这就不可避免地将有些犯有"五风"错误的干部,当作阶级敌人对待,出现阶级斗争扩大化的偏差。

四、整风整社未能从根本上解决人民公社问题

当时,河南信阳地区的情况比较突出,曾发生了较为严重的

---

[1] 中华人民共和国国家农业委员会办公厅编:《农业集体化重要文件汇编(1958—1981)》,中共中央党校出版社1981年版,第416—417页。
[2] 中共中央文献研究室编:《建国以来重要文献选编》第13册,中央文献出版社1996年版,第675页。

非正常死亡。这其中自然有着复杂的原因,既离不开当年"大跃进"的特殊环境,也与一些干部好大喜功、强迫命令、官僚主义甚至草菅人命有关。信阳事件本与阶段斗争没有直接联系,但长期的阶级斗争思维惯性,使从上到下的人都认为,这样严重事件的发生,一定是阶级斗争的反映,是民主革命不彻底的结果。

信阳的问题暴露之后,中共信阳地委以下各级组织被改组,全地区按照民主革命补课的方式开展整风整社。全地区16个县、市,各级参与整风运动的干部达13万人,对于其中被认为问题比较严重的人,集训了8000人,特别集训了5000人,斗争和批判了1万多人,撤职查办管教反省的900余人,逮捕法办的270余人。在全区的4497个大队中,"有1327个大队的领导权被夺了过来,正在进行夺取领导权斗争的有1621个大队,其余大队正在积极进行准备,不久即可展开斗争"。

信阳地区开展整风整社的具体方式是:放手发动群众,坚决撇开原有组织,依靠工作队和贫雇农群众以及被打击陷害的好人,夺取领导权。对于原有组织中,犯有严重错误和有罪恶的人,根据情况,分别采取集中整风、集训、特别集训和撤职查办管教反省以及逮捕法办的办法,打击敌人的反动气焰,初平民愤,扫除运动的障碍。由于绝大部分原有的组织已经腐烂,所以必须依靠上级派来的干部,在各级各部门中建立领导小组,实行领导小组专政。大队暂时成立社员代表会,小队暂时成立代表小组,一切权力归代表会,废除过去的一切反动政策和规定。

信阳地区的这种做法,得到了中共中央的肯定。1961年1月1日,中共中央批转了中共信阳地委《关于整风整社运动和生产救灾工作情况的报告》,并在批示中要求"全国三类社队整风整社都应当照此执行",认为只要认真宣传和执行党中央的政策,信任群众,依靠群众,尤其是要信任和依靠贫雇农和下中农,敢于揭露情况,就能够迅速掀起整风整社的高潮,彻底孤立和打倒反革命复辟势力,彻底反掉"五风",完全扭转三类社的局面,巩固地重新建立党的领导。因此,各地的整风整社基本上按照信阳经验开展。

1960年12月24日至1961年1月13日,中共中央在北京召开工作会议,主要内容是进一步部署农村的整风整社,并形成了《中央工作会议关于农村整风整社和若干政策问题的讨论纪要》。《纪要》提出,所有社队都必须以中央的"十二条"为纲,进行整风整社,彻底纠正"共产风"、浮夸风、瞎指挥风、干部特殊化风、强迫命令风等"五风",彻底清算平调账,坚决退赔。在整风整社中必须放手发动群众,大鸣大放,依靠群众,把运动搞深搞透,并集中力量整顿三类社队。三类社队的整顿,主要依靠上面派去的工作团,经过深入群众,扎根串连,挑选一批真正贫农下中农的积极分子,同时吸收原有组织中好的和比较好的干部参加,组成贫农下中农委员会,在党的领导下主持整风整社,并且临时代行社队管理委员会的职权,领导生产,安排生活。一类、二类社队也存在着程度不同的"五风"问题或者其他问题,必须认真进行整顿。一类和二类社队的整顿,主要依靠原有组织力量,上面也必须派强有力的工作团去帮助,加强领导。整风整社一定要集中力量打歼灭战,首先选择问题严重的三类社队作为整风整社的试点。

各地在开展整风整社时,基本上都是按照阶级斗争的方式开展运动的。中共河南省委书记处书记史向生在关于许昌市五女店公社整风整社试点第一阶段情况的报告中说："整个运动原来打算，以反'共产风'为中心解决'五风'问题，但是，工作组进村后，首先碰到的问题是，一部分大队和生产队，被敌人和蜕化变质分子篡夺领导，坏人当道，压在群众头上，胡作非为。群众有三怕：一怕停伙不叫吃饭；二怕挨打受气；三怕自己东西不当家。他们迫切要求政治上出气，经济上兑现。特别是要求政治上出气比经济上兑现更迫切。"根据这种情况，上级派来的工作组"经过访贫问苦，扎根串连，组成阶级队伍，迅速揭开盖子，分别不同对象，采取大会、小会、联合会等各种形式，广泛开展了说理诉苦斗争"。"前后激战了七八天，全社共开大小斗争会三百余次，参加群众三万余人，共斗争178人，占小队以上干部10%左右，共法办7人，撤职反省120人，停职反省38人。"这个公社属于二类社，所以"主要是内部问题，属于'五风'和违法乱纪问题，但也有敌我矛盾，阶级敌人同样用钻进来、拉出去的办法，篡夺基层领导，实行阶级复辟。据这次斗争的115人中统计，钻进来的阶级异己分子和坏分子27人，占23.5%，经不起敌人糖弹袭击的蜕化变质分子45人，占39.1%"。[1]

河北安国县博野公社是保定地区整风整社试点单位。这个公社问题也比较严重，"突出表现在：生产逐年下降，牲畜猪只减少，群众生活困难，病、死、外逃现象严重"。出现这种现象的原因，除了县委存在"极其严重的官僚主义、主观主义领导，本身提出过不少不切实际的要求，助长了下边的错误发展外"，还

---

[1] 史向生：《许昌市五女店公社整风整社试点第一阶段工作情况的报告》，1961年1月1日。

在于"坏分子篡夺了领导权"。全公社共有三类队18个，占全社总队数的37.5%，其中"坏分子"当权的队5个，"蜕化变质分子"当权的队5个，富裕中农当权的队3个。这些三类队，"组织严重不纯，民主革命不彻底，广大群众处于封建残余统治之下，党的政策不能贯彻，生产生活遭到严重破坏，社员情绪动荡不安"。1960年11月22日起，博野公社开始整风整社的试点，共分三个阶段进行。第一阶段：训练队伍，发动群众揭发问题，处理"一平二调"问题；第二阶段：重新整顿队伍，安排人民生活；第三阶段：全面做好组织处理和组织建设。在这个过程中，共召开各种不同形式的批判会10余次，并对犯有错误的干部集中进行整风补课。在三类队的整风整社中，"中心是发动群众争夺领导权问题"，具体办法是"坚定地依靠贫农下中农，充分发动群众，彻底揭发坏人坏事"，"在群众发动起来后，大会斗争坏人，斗深斗臭，肃清其影响，提高群众的政治觉悟"，在这个基础上再进行组织处理。[1]

1961年1月下旬，湖南湘乡县在山枣公社巴江大队开展推广河南信阳整风整社经验的试点，运动也是分三步进行：第一步，撇开原来组织，开展扎根串连，揭盖子，培训苦主，做好斗争准备；第二步，集中火力挖尽斗垮"敌人"；第三步，处理"共产风"等"五风"问题，整党整团，落实作业组的"三权""四固定"（前者是指所有权、经营权、分配权；后者指土地、耕畜、农具、劳力固定给生产队、组）。运动一开始，"就把矛头

---

[1]《中共保定市委关于博野公社整风整社试点工作向省委的总结报告》，1961年1月25日。

对准基层干部,把'五风'和减产饿死人的账全算到他们身上,用对待敌人的方式和态度对待他们",将所谓的四、五、六类干部集中到县城集训,共集训了225人,其中县委委员2人,科局长1人,公社正副书记6人,大队干部167人,生产组干部35人。在集训中,县社有专人对其进行管教和立案,并派民兵看守和监督劳动,需要批斗时由工作队派人接回交群众批斗。此外,在全县的99个三类队中,共斗争1726人,其中所谓"内部敌人"1032人,漏网"阶级敌人"227人,有"现行破坏活动的阶级敌人"417人。[1]

这次农村整风整社虽然对遏制"共产风"等"五风"起到了积极作用,但由于没有认识到农村出现严重困难,根本原因在于"一大二公"的人民公社体制本身,在于平均主义的供给制和限制了社员吃饭自由的公共食堂严重挫伤了农民生产积极性,要摆脱农村的困难局面,最根本的是必须进行相关政策调整。而是认为"五风"的出现,主要是基层干部队伍不纯,民主革命不彻底所致,是阶级斗争在新形势下的反映,因而在运动的方法上,仍是沿袭过去土地改革时期上级派工作团(队)、访贫问苦、扎根串连、集会批斗等做法,并用集训、夺权、撤职查办等方式,将矛头指向基层干部。这实际上成为后来农村社会主义教育运动(即"四清"运动)的预演。尽管当时干部队伍中确实存在比较严重的强迫命令等现象,但其根本原因,并不是阶级斗争。那些在运动中遭到批斗的基层干部,所存在的主要是工作方法简单的

---

[1] 中共湘乡市委党史联络组、湘乡市史志工作办公室编:《中共湘乡地方史(1949—2002)》,中共党史出版社2004年版,第159—160页。

问题，最多也是个人品质问题。在整风整社中，将他们看作所谓的阶级敌人或者其代理人，就严重地混淆了敌我，也就不可能从根本上解决农村的问题。

在随后的调查研究中，中央领导层和各级干部认识到，农村困难局面的出现，与人民公社化运动以来一系列"左"的政策密不可分，因此，最为要紧的是调整农村政策。基于这样的认识，1961年3月，中共中央在广州召开工作会议，制定了《农村人民公社工作条例（草案）》（简称"农业六十条"）。并在进一步调查研究的基础上，同年5月的中央工作会议对条例草案进行了修订，形成了《农村人民公社工作条例（修正草案）》，大幅度调整了农村政策。此后，虽然农村的整风整社仍在进行，但主要内容已转变为贯彻落实"农业六十条"，农村的形势也因此逐渐有改观。

1961年广州中央工作会议述论

1961年3月，中共中央在广州召开工作会议，集中讨论农村人民公社问题，通过了《农村人民公社工作条例（草案）》，并且强调要大兴调查研究之风，号召各级党委将调查研究作为首要任务。这次会议标志着中共中央开始下决心调整人民公社体制和党的农村政策，为从根本上扭转农村的困难局面创造了条件。

一、毛泽东决定起草一个人民公社工作条例

由于"大跃进"和人民公社化运动的影响，1960年我国国民经济遇到了前所未有的严重困难，特别是粮食产量大幅度下降，甚至到了城乡人民基本口粮都难以保证的程度。为了扭转困难局面，中共中央先后发出了关于大办农业、大办粮食，压缩农村和城镇的口粮标准等一系列的指示。1960年11月3日，中共中央又发出了《关于农村人民公社当前政策问题的紧急指示信》（简称"十二条"），要求停止由基本队有制到基本社有制的过渡，人民公社"三级所有、队为基础"的基本制度至少七年不变，坚决纠正"一平二调"的"共产风"，允许社员经营少量的自留地和家庭副业，尽量做到使绝大多数社员增加收入，要有领导有计划地恢复农村集市，活跃农村经济，并且充分发动群众开展整风

整社。1960年12月24日至1961年1月13日,中共中央在北京召开工作会议,主要内容是进一步部署农村的整风整社。会议确定,所有社队都必须以中央的"十二条"为纲,进行整风整社,坚决纠正"共产风"、浮夸风、瞎指挥风、干部特殊化风、强迫命令风等"五风",彻底清算平调账,坚决退赔。

自从出台"十二条",调整农村政策,各地开展整风整社活动后,毛泽东对农村的真实情况有了较多的了解,开始感到农村困难局面的出现,很大程度上同决策脱离实际有关,是调查研究不够,情况不明造成的,因此有必要大力提倡调查研究。1961年1月13日,也就是中央工作会议的最后一天,毛泽东就农业问题、工业问题、建设方针、国际形势等阐明了意见,并着重讲了调查研究的问题。他说:"这一次中央工作会议,开得比过去几次都要好一些,大家的头脑比较清醒一些。比如关于冷热结合这个问题,过去总是冷得不够,热得多了一点,这一次结合得比过去有进步,对问题有分析,情况比较摸底。当然,现在有许多情况,就中央和省一级来说,还是不摸底。""我希望同志们回去之后,要搞调查研究,把小事撇开,用一部分时间,带几个助手,去调查研究一两个生产队、一两个公社。在城市要彻底调查一两个工厂、一两个城市人民公社。""这些年来,我们的同志调查研究工作不做了。要是不做调查研究工作,只凭想像和估计办事,我们的工作就没有基础。所以,请同志们回去后大兴调查研究之风,一切从实际出发,没有把握就不要下决心。"[1]

中央工作会议结束后,中共中央又于1月14日至18日召开

---

[1]《毛泽东文集》第8卷,人民出版社1999年版,第233—234页。

中共八届九中全会。毛泽东在会上说，近几年我们也做了一些调查研究，但是比较少，对情况不甚了了，对刮"共产风"情况不明。他要求1961年成为调查研究年，大兴调查研究之风。

会后不久，毛泽东亲自组织了三个调查组，分别由胡乔木、陈伯达、田家英任组长，前往湖南、广东和浙江农村调查。他自己也随之离开北京南下，亲自进行调查研究。在路经天津、济南、南京时，他在专列上先后听取了河北、山东、江苏三省党委负责人关于贯彻中央工作会议、八届九中全会精神的汇报，包括调查研究、整风整社、人民生活、轻工业生产和市场等问题。1961年2月初，毛泽东到达杭州，听取了中共浙江省委和田家英的汇报。然后，途经江西和湖南，前往广州，沿途又听取了中共江西省委和中共湖南省委及在湖南率中央调查组调查的胡乔木的汇报。

在听取浙、赣、湘三个省委负责人的汇报时，毛泽东最为关心的是社队规模、公共食堂和基本核算单位放在哪一级的问题。他感到，中共中央"十二条"下发后，各地虽然开展了整风整社，"共产风"等问题得到了一定的遏制，农村的形势开始好转，但还是没有解决生产大队内部生产队与生产队之间、生产队内部社员与社员之间的平均主义问题。而这两个平均主义，又是与公社、大队、生产队规模过大，基本核算单位即分配权在生产大队，而组织生产的是生产队有关。因此，他觉得，社队规模可以适当划小，基本核算单位可以下放到生产队一级，并为此征求了浙江、江西、湖南三个省委负责人的意见。

农业合作化运动时，东北区、华北区都制定过《农业生产合作社试行章程》。1955年11月，一届全国人大常委会第二十四次会议还通过了一个全国性的《农业生产合作社示范章程草案》，

1956年的一届全国人大三次会议又通过了《高级农业生产合作社示范章程》。农业合作化运动虽然在后期尤其是初级社转为高级社时，也存在过急过快、形式简单划一等问题，但总的来说，还是有章可循。人民公社建立两年多来，虽然也有1958年8月北戴河会议通过的中共中央《关于在农村建立人民公社问题的决议》，有同年12月中共八届六中全会通过的《关于人民公社若干问题的决议》，有1959年4月中央政治局上海会议通过的《关于人民公社的十八个问题》，又有了"十二条"，但这些都是党内文件，而且规定的内容也不具体、不全面，各地操作起来并不方便，甚至还容易在执行中出现偏向。因此，搞一个类似于合作社章程的全国性的人民公社工作条例，对于规范人民公社各级的责、权、利，就显得尤为迫切。在杭州期间，田家英向毛泽东建议搞一个人民公社工作条例，这个意见被毛泽东采纳。在随后的广州会议上，毛泽东提到这个条例的由来时说："我是听了谁的话呢？就是听了田家英的话，他说搞条例比较好。我在杭州的时候，就找了江华同志、林乎加同志、田家英同志，我们商量了一下，搞这个条例有必要。搞条例不是我创议的，是别人创议的，我抓住这个东西来搞。"[1]

1961年2月22日，按照毛泽东的指示，赴浙江、湖南、广东的三个中央调查组的组长，各带一名助手来到广州同毛泽东会合。25日，毛泽东召集胡乔木、陈伯达、田家英，加上广东省委第一书记陶铸、书记赵紫阳和中央农村工作部副部长兼农业部

---

[1] 董边等编：《毛泽东和他的秘书田家英》增订本，中央文献出版社1996年版，第71页。

长廖鲁言开会，讨论起草农村人民公社工作条例问题。毛泽东提出条例的起草工作由陶铸挂帅，陈伯达为副帅，廖鲁言、田家英执笔，于3月10日写出初稿。随后，根据毛泽东的意见，条例的起草工作又吸收了几个省的负责人参加讨论和修改。

在此之前，中央农村工作部部长邓子恢在农村调查时感到，第二次郑州会议以来，中央出台了好些文件，但到了基层，有的没有同群众见面，有的执行不认真，有的执行中打折扣甚至走了样。这其中可能与某些具体规定朝令夕改有关。如果能搞出一个条例，把现有的处理人民公社内部矛盾的方针、政策、办法归纳起来，使之条理化、规范化，公布于众，对于纠正农村工作中的错误，稳定农民生产情绪，将起重大作用。[1]于是，邓子恢组织了一班人花了四十多天的时间，写出了《农村人民公社内务条例（修改稿）》。这个条例就成了起草农村人民公社工作条例的重要参考资料。

二、"三南"会议和"三北"会议

1961年3月5日，毛泽东在广州主持召开中央政治局常委扩大会议。出席会议的有周恩来、朱德、邓小平、林彪、彭真、陈伯达、胡乔木、陶铸。会上，毛泽东集中谈了他对人民公社体制问题的看法。他说："我这次出来之后，沿途和河北、山东、江苏、上海、浙江的同志谈了一下，也和江西、湖南的同志谈了一下。他们所反映的问题和你们了解的情况差不多。他们普遍感到社、队大了，要求划小一点。我们搞了三个调查研究组，目前他们来在这里

---

[1]《邓子恢传》编辑委员会编：《邓子恢传》，人民出版社1996年版，第536页。

起草一个农村人民公社各级的工作条例，初稿已经起草好了，准备让几个省来几个同志参加讨论修改。修改后让他们带回去广泛征求意见，研究讨论是否可行，然后再提交四月会议。"[1][2]

中共中央"十二条"下发后，农村形势出现了好转的迹象。当时，党内有人认为，有了"十二条"，政策调整也差不多了，农村的问题就可以大体解决了。为了讨论农村人民公社工作条例和进一步解决农业问题，中共中央决定在广州和北京分别召开工作会议。广州工作会议于1961年3月11日举行，由毛泽东主持，出席会议的有中南、华东、西南三大区的中央局书记和各省、市、自治区党委书记，简称"三南"会议。北京工作会议同时召开，由刘少奇、周恩来主持，出席会议的有华北、东北、西北三大区的中央局书记及各省、市、自治区党委负责人，简称"三北"会议。

"三南"会议开始时，集中讨论的是农村人民公社工作条例问题。与会者认为，搞这样一个条例非常必要。中共山东省委书记处书记谭启龙说，从山东的情况看，广大干部群众迫切需要一个公社示范章程性质的条例，并提议再搞一个党内文件，着重解决党内思想上、政策上、组织上、领导方法上几个未解决好的问题。目前领导上需要解决的问题：一是必须及早下决心把工业和各项事业过多的劳动力砍下去，压缩城镇非农业人口，否则各项事业与农业关系摆不好，粮食问题无法解决。二是坚决把许多

---

[1] 中共中央文献研究室编：《毛泽东年谱（1949—1976）》第4卷，中央文献出版社2013年版，第548—549页。
[2] 中共中央文献研究室编：《毛泽东传（1949—1976）》（下），中央文献出版社2003年版，第1136—1137页。

权力,特别是生产权下放到小队和农民,让他们对生产负责,发挥积极性,不能再瞎指挥了。三是领导要真正吸取教训,检查为什么不从实际出发,不能正确执行政策。党内生活不够健康,使下情不能上达是个很大的问题。

中共江苏省委第一书记江渭清认为,为了把三年来人民公社的丰富经验加以比较系统的总结,搞两个文件比较好,一个是条例或示范章程,一个是党内指示。条例或章程除了肯定人民公社已有的正确经验,防止和克服曾经出现过的错误做法外,还可以参考高级社行之有效的一套政策(如按劳分配、多劳多得、自留地、家庭副业等)、制度和办法,使之条例化。全党干部,特别是各级党委主要负责同志,必须亲自动手,进行调查研究,痛改不切实际的作风。只有这样,才能少犯或不犯错误。[1]

为了引起高级干部们对调查研究工作的重视,"三南"会议的第一天,毛泽东就将他在1930年春写的《关于调查工作》一文印发给了与会人员,并写了一个说明:"这是一篇老文章,是为了反对当时红军中的教条主义思想而写的。那时没有用'教条主义'这个名称,我们叫它做'本本主义'。写作时间大约在一九三〇年春季,已经三十年不见了。一九六一年一月,忽然从中央革命博物馆里找到,而中央革命博物馆是从福建龙岩地委找到的。看来还有些用处,印若干份供同志们参考。"[2]

1961年3月13日清晨,毛泽东致信刘少奇、周恩来、陈云、

---

[1]《建国以来毛泽东文稿》第9册,中央文献出版社1996年版,第446—447页。

[2] 中共中央文献研究室编:《毛泽东年谱(1949—1976)》第4卷,中央文献出版社2013年版,第548—549页。

邓小平、彭真及"三北"会议全体人员，指出："大队内部生产队与生产队之间的平均主义问题，生产队（过去小队）内部人与人之间的平均主义问题，是两个极端严重的大问题，希望在北京会议上讨论一下，以便各人回去后，自己并指导各级第一书记认真切实调查一下。不亲身调查是不会懂得的，是不能解决这两个重大问题的（别的重大问题也一样），是不能真正地全部地调动群众的积极性的。也希望小平、彭真两位同志在会后抽出一点时间（例如十天左右），去密云、顺义、怀柔等处同社员、小队级、大队级、公社级、县级分开（不要各级集合）调查研究一下，使自己心中有数，好做指导工作。"

毛泽东在信中写道："我看你们对于上述两个平均主义问题，至今还是不甚了了，不是吗？我说错了吗？省、地、县、社的第一书记大都也是如此，总之是不甚了了，一知半解。其原因是忙于事务工作，不作亲身的典型调查，满足于在会议上听地、县两级的报告，满足于看地、县的书面报告，或者满足于走马看花的调查。这些毛病，中央同志一般也是同样犯了的。我希望同志们从此改正。我自己的毛病当然要坚决改正。""我的那篇《关于调查工作》的文章也请同志们研究一下，那里提出的问题是作系统的亲身出马的调查，而不是老爷式的调查，因此建议同志们研究一下。可以提出反对意见，但不要置之不理。"[1]

毛泽东在 3 月 13 日上午 8 时写完信后，又在"三南"会议上反复阐明解决队与队、社员与社员间平均主义和调查研究的重要性。

---

[1]《毛泽东文集》第 8 卷，人民出版社 1999 年版，第 250—251 页。

毛泽东说："这次会议要解决两个很重要的问题：一是生产队与生产队之间的平均主义；一是生产队内部人与人之间的平均主义。这两个问题不解决好，就没有可能充分地调动群众的积极性。""要做系统的由历史到现状的调查研究。省委第一书记要亲自做调查研究，我也是第一书记，我只抓第一书记。其他的书记也要做调查研究，由你们负责去抓。只要省、地、县、社四级党委的第一书记都做调查研究，事情就好办了。"毛泽东还说，过去这几年我们犯错误，首先是因为情况不明。情况不明，政策就不正确，决心就不大，方法也不对头。最近几年吃情况不明的亏很大，付出的代价很大。大家做官了，不做调查研究了。他承认自己虽然也做了一些调查研究，但大多也是浮在上面看报告。现在，要搞几个点，几个调查的基地，下去交一些朋友。调查的目的是为了解决问题，不是为了报表。了解情况主要不靠报表，也不能靠逐级的报告，要亲自了解基层的情况。[1]

"三南"会议召开时，农村人民公社工作条例已写出了第一稿。全文算上序言，分8部分，67条，共14000字。毛泽东对于这个稿子不太满意，认为内容太繁杂，篇幅太长，逻辑性不强，不能抓住人一口气读下去，要压缩到8000字左右。

三、如何克服两个平均主义

毛泽东原本打算派陶铸去北京通报"三南"会议的情况，并带去给刘少奇等人的信和《关于调查工作》一文。但他很快就改

---

[1]《毛泽东文集》第8卷，人民出版社1999年版，第252—254页。

变了主意，决定从1961年3月15日起将"三南"会议与"三北"会议合并在广州召开。3月14日，参加"三北"会议的四名中央政治局常委和其他与会人员，分乘两架专机来到广州。

3月14日晚，毛泽东主持召开了中央政治局常委扩大会议。会上，毛泽东再次重申：公社、生产大队划小这个原则，已经肯定了，过大了对生产不利。他强调："队与队之间的平均主义，队里边人与人之间的平均主义，从开始搞农业社会主义改造，搞集体化、搞公社化以来，就没有解决的。现在这个条例，就是要解决平均主义问题。""穷富队拉平的问题，现在已经证明，对富队不好，对穷队也不好。必须对生产大队下面的生产小队，区别对待。小队里头人与人之间的平均主义，也就是劳动力多的与劳动力少的社员户之间的矛盾。因为实行粮食供给制，劳动力少的户跟劳动力多的户吃粮都一样，他横直有的吃，所以就不积极。而劳动力多的户，他们想，反正吃粮都一样，我干也是白费了，所以他也不积极了。"[1]这时，如何克服生产队与生产队、社员与社员间的平均主义问题，一直萦绕在毛泽东心头，他希望能够找到一个既能巩固人民公社又能克服平均主义的办法。

毛泽东的话引起了刘少奇的共鸣，他接着说："群众提出他们对多产多购少吃很有意见。他们要求，如果他们丰收了，多产了，可以多购，但他们也要多吃；如果少产了，那就少购少吃。我们对多产的，应该有所奖励，国家应该采取这个政策。按劳分配，不但要表现在工资问题上，而且要表现在实物上，就是说多

---

[1] 中共中央文献研究室编：《毛泽东传（1949—1976）》（下），中央文献出版社2003年版，第1142页。

产的要能够多吃一点,多用一点。增加收入的问题,不但贫队要增加收入,富队也要增加收入,这样他们才满意。"[1]

从3月15日开始,"三南"和"三北"两个会议重新编组。从这天起至18日,会议主要就两个平均主义及与之相关的公社体制、公共食堂、供给制等问题展开讨论。

对于两个平均主义问题,中南、华北小组认为,现在主要有两个问题需要解决:第一个是公社化后"一平二调"、瞎指挥把生产搞坏了;第二个是平均主义。这二者中,后者又是最主要的。经过整风整社,贯彻执行了中央"十二条"政策后,情况有所好转,但群众的积极性仍然没有充分调动起来,问题非常明显,主要是平均主义未彻底解决。[2]华东、东北小组认为,公社化后,由于生产队之间出现的一些问题未获得适当解决,贫富队的矛盾,就大大地突出起来了,如:生产大队的规模比高级社大,生产队之间的生产水平和收入水平也比以前悬殊,经过拉平分配,富队减少了收入,心感不满,穷队受人冷言冷语,心感不安;土地、劳力、耕畜、农具不固定,大队可以随时变动,抽强补弱,使生产好的队吃亏,超产队的口粮也和减产队一样,多产不能多吃;评工记分制度一般没有执行,有的地方虽然执行了,但没有按劳动数量、质量进行评工记分,而是"点人头""点日头",劳动好、劳动强、技术高的社员没有得到应得的工分,劳动效率普遍降低。[3]西南、西北小组认为,造成社员

---

[1]中共中央文献研究室编:《刘少奇年谱(1898—1969)》下卷,中央文献出版社1996年版,第508页。
[2]《中央工作会议小组会议情况简报》第1号,1961年3月16日。
[3]《中央工作会议小组会议情况简报》第3号,1961年3月17日。

之间平均主义的原因，主要在于扩大了供给部分的比例，使工资部分相对减少，以致难以体现按劳分配原则；队有经济削弱，实际上没有实行超产奖励，破坏了评工记分，也拉平了社员之间的差别。[1]

人民公社建立后，在分配上实行供给制与工资制相结合。所谓供给制，通俗的说法是吃饭不要钱，实际上是典型的平均主义。虽然名义上是工资与供给相结合，但许多地方人民公社并无工资可发，往往是供给部分占了大头，工资部分微不足道。1960年11月中共中央下发的"十二条"中，仍肯定了这种分配方式，但提出工资和供给的比例应三七开。会议讨论过程中，华东、东北小组认为，虽然规定了供给部分不能超过30%，但由于生产水平很低，大家在食堂吃饭，先吃后算，年终结算，劳动力少、人口多的户超支，劳动力强、人口少的户分空，结果"大家都只糊了一张嘴"。[2]中南、华北小组提出，目前供给部分所占的比例过大，工资部分太少，一般是"倒三七开"，是否可只对"五保户"、困难户实行部分供给？刘少奇也认为，对"五保户"实行部分供给，实际上是社会保险，农民是赞成的，但其余的统统要按劳分配，多劳多得，多劳多吃。[3]由于人民公社化以来，供给制一直被当作"共产主义幼芽"，被认为是分配史上的一个创举，因此，尽管与会人员认识到供给制严重束缚了农民的生产积极性，但仍没有明确提出要取消供给制，而只是强调要缩小供给

---

[1]《中央工作会议小组会议情况简报》第8号，1961年3月19日。
[2]《中央工作会议小组会议情况简报》第3号，1961年3月17日。
[3]《中央工作会议小组会议情况简报》第3号，1961年3月17日。

的比重。

与供给制相关联的是食堂问题。人民公社化后,全国农村也实现了食堂化,农民在公共食堂吃名副其实的大锅饭。由于公共食堂被赋予了许多的"优越性",诸如可节约劳力、解放妇女、培养农民集体主义精神等,所以公社化以来也是对其一直是在唱赞歌,庐山会议后更是把公共食堂看成是"社会主义阵地"。实际上,食堂不但限制了农民的吃饭自由,而且浪费了大量的劳力、燃料,与供给制一样最为农民所不满。与会人员虽然也感到食堂有许多弊端,但还没有对食堂提出否定意见,而是仍认为食堂不能散,要坚持积极办好、自愿参加的原则。既可办常年食堂,也可办农忙食堂,规模过大的食堂可适当划小。

对于公社规模问题,与会者一致认为,目前社队的规模过大,这种情况必须改变。中南、华北小组认为,以一乡一社为宜,公社一级的权力要缩小到只行使乡政府的职能,加上公积金和一些社办企业;作为基本核算单位的大队,应相当于原来的高级社,平均300户左右,大队的权力也要适当划分范围。[1]华东、东北小组认为,调整生产大队的规模,一般恢复到1957年底高级社的规模,有的可大些,有的可小些。[2]

四、"要下决心搞调查"

对于"大跃进"和人民公社,在其发动之初,全国上下都为

---

[1]《中央工作会议小组会议情况简报》第1号,1961年3月16日。
[2]《中央工作会议小组会议情况简报》第3号,1961年3月17日。

能找到这样一条快速建设社会主义的道路，能找到这样一种迅速过渡到共产主义的途径而高兴。近代以来，中国太贫穷太落后，新中国成立后建立了新的社会制度，理所当然要改变中国贫穷落后的状况，充分显示新制度的优越性来，把中国建设成为一个强大的社会主义国家。这不但是领导人的愿望，也是全国人民的共同心声，这也是"大跃进"和人民公社化运动之所以能够发动并迅速席卷全国的根本原因。

但是，由于"大跃进"的做法违背了客观规律，人民公社的制度超越了生产力所能承载的程度，结果产生了欲速则不达的局面，给国民经济和人民生活带来了严重的困难。对此，人们开始反思原因究竟在哪里，怎样才能摆脱这种被动的局面。于是，党的领导层产生了一个共同的认识，就是这几年调查研究少了。

1961年3月19日和20日，中央工作会议重点讨论了调查研究问题。

在中南、华北小组会上，陶铸第一个发言。他说，1958年以来，在"三面红旗"的指引下，总的来讲，我们的确取得了巨大的成绩，无论是工业、农业还是其他各方面，都建立了很大的家当。但是，在实际工作中，我们下面（省委以下）确实犯了不少错误。这些错误，主要表现是：在大好形势面前，脑子发热了，想的和做的很不谨慎，往往不顾实际可能，想怎么干就怎么干，做了许多蠢事。对于出现这些错误的原因，陶铸认为最根本的就是缺乏认真的调查研究。他说，这几年也不是一点调查都没做，也做过一些调查，但调查的态度、方法很有问题。或者是走马观花，极不深入，不愿意下苦功夫，对问题满足于一知半解；或者是脑子里先固定一个框框，根据框框找材料和证据，适合这个框框的就要,不适合的就不要。下面一些干部怕沾右倾的边,于是乎看(上级)脸色行事,你想听什么,给汇报什么,你要什么材料,给你什么材料。这样一来,怎能了解到真实情况呢?正因为我们没有很好地进行调查研究,情况不甚明了,盲目地干,就不可避免地要碰钉子。如果谨慎一点,虚心一点,多做调查,多做试验,也不至于犯这么多的错误。

中共中央华北局第一书记李雪峰说,问题的关键是各级第一书记要亲自动手去做调查研究。调查研究必须采用分析、比较、回忆对比的方法,进行系统的分析研究。深入一点对全局来说是一个局部,就一个点来说,必须全面摸,从各个方面、各个角度去摸。例如三七开,公共食堂,各阶层的反映不同,要了解什么人拥护,什么人反对;一定要听一听困难户、有意见户的意见。用背对背、面对面的方法进行调查研究。[1]

西南、西北小组会上,中共甘肃省委第一书记汪锋说,甘肃省的问题原因很多,基本原因有一条,就是不做调查研究,不了解情况。工作中,不是党的组织活动,而是个人的活动,真实情况反映不上来。也下去做调查研究,但脑子里先有个框框,只听适合自己口味的东西,不愿听真实情况,只接近少数干部,不向群众做调查研究。这样的调查,不可能了解到真实的东西。[2]

中共陕西省委第一书记张德生说,不认真进行调查,不仅不可能准确地向中央反映情况,也不可能准确地执行中央、主席的指示。要少犯错误,就一定要认真进行调查研究工作。他还坦承

---

[1]《中央工作会议小组会议情况简报》第12号,1961年3月22日。
[2]《中央工作会议小组会议情况简报》第16号,1961年3月22日。

自己对调查研究做得不够,大部分时间用之于开会、谈话、看文件,很少深入基层解剖麻雀,系统的调查研究工作更少。因此,对许多情况不甚了了。今后一定要转变这种事务主义作风。

中共中央西北局第一书记刘澜涛说,必须把领导方法的重点放在调查研究工作上,摆脱一部分日常事务,自己真正深入到群众中去,亲自动手系统地进行历史的全面的调查研究。

中共中央西南局第一书记兼中共四川省委第一书记李井泉也承认,三年"大跃进"付出了一定代价,有过严重的教训。工作中的若干错误,如果认真做些调查研究,就可以避免,至少可以减少工作中的缺点,可以缩短对事物认识的过程。

云南省省长、省委第二书记于一川说,现在深切地感到,没有调查研究,就必然容易用感想代替政策。对于情况不甚了了,结合本省情况执行中央规定的政策,也就没有准确性,甚至发生错误。现在必须痛下决心,坚决改正。[1]

华东、东北小组会上,华东局第一书记兼上海市委第一书记柯庆施说,我们这几年的工作是有很大成绩的,但也发生了不少毛病。毛病产生的原因是什么?除了那些由于认识必须有一个过程而不可避免的缺点外,因为有些主观主义。他表示虽然几年来也做了一些调查研究,但很不深入,多是听干部的汇报,看书面的报告,走马看花式地看一看的多,切实地蹲在一个点里,彻底解剖一个麻雀,把问题彻底搞清楚的少。有时也和群众谈话,但多是浮皮搔痒的,没有和群众交上知心朋友,掏出他们的心里话。他还表示,这次会议后,一定带几个人,到一个公社去搞十

---

[1]《中央工作会议小组会议情况简报》第14号,1961年3月22日。

天、半个月的调查，带头兴起调查研究之风。

中共中央东北局第一书记宋任穷说，到东北工作后，走马看花是有的，系统调查研究未做到。并不是没有时间，主要还是思想认识问题。无论从当前实际工作看，还是从长远的发展看，都必须注重调查研究。只要认真做好调查研究工作，纠正工作中的缺点，就能更进一步调动群众生产积极性，就可以将工作做得更好。[1]

在这一天的中南、华北小组会上，刘少奇、周恩来、邓小平、彭真等也就调查研究发表了讲话。

刘少奇说："这几年调查研究工作减弱。调查研究是做好工作的最根本的方法。当然，还有其他根本方法。""全国解放以来，特别是1958年北戴河会议以来，我们提出了三面红旗：总路线、大跃进、人民公社。从总的方面来讲，是正确的，取得了很大的成绩，不容动摇。今后还是要坚持三面红旗，数量不跃进，质量要跃进。多快好省就包括数量和质量两个方面。但是，从1958年以来，在执行三面红旗的过程中，犯了不少的大大小小的错误，受了相当大的损失。各省程度不同，各行各业程度不同。这些损失，有些是不可避免的，有些是可以避免的。如果做好了调查研究，工作作风好，工作方法对，损失可能减少，时间可以缩短，不至于陷于现在这样的被动。"

刘少奇接着说："造成目前的被动局面，中央已把责任担当起来，各省也有自己的责任。下面的报告和干部的话，不可不信，也不可全信，有的根本不可信。如小麦卫星，报上登出来，

---

[1]《中央工作会议小组会议情况简报》第15号，1961年3月22日。

高兴了几天,就不相信了。有些反面意见,吞吞吐吐,也不完全可靠。我们看省委的报告,省委又是听下面的,省委的报告也是不能全信的。"刘少奇直言不讳地承认:"中央有些政策,决定前缺乏很好的调查研究。根据不够,决定之后,又没有检查执行情况,发现问题,及时纠正。"刘少奇强调:"调查研究是今后改进工作的最根本的方法,要提到这样一个高度。""现在提倡讲真话,要改变这种情况。要转变下面的作风,首先要看上面的态度,他看你眼色嘛!看你要什么嘛!不转变作风,就不可能了解全面情况。可以先从反面提问题,让他把两个方面的情况都拿出来。调查研究,无非是决定政策,解决问题。首先是提出问题,我们提不出,群众是可以提出的。经过调查,决定了政策,解决了问题,然后还要检查。"最后,他表示:"我本人也要下决心搞调查,搞一个工作组,这比看报纸、听汇报要好得多。"[1]

周恩来这一天也参加了中南、华北小组的讨论会,刘少奇的这一番话,引起了他强烈的共鸣,也提出了自己对调查研究问题的看法。他说:"进城以后,特别是这几年来,我们调查研究较少,实事求是也差,因而'五风'刮起来就不容易一下子得到纠正。""毛泽东同志最近几次讲到大兴调查研究之风,讲究实事求是;又说,右要反,'左'也要反,有'左'就反'左',有右就反右。是好是坏,要从客观存在出发,不能从主观想象出发。进行调查研究,必须实事求是。我们下去调查,必须对事物进行分析、综合和比较。""下去调查,要敢于正视困难,解决困难。

---

[1] 中共中央文献研究室编:《刘少奇论新中国经济建设》,中央文献出版社 1993 年版,第 418—421 页。

一个困难问题解决了,新的困难问题又来了。共产党人就是为不断克服困难,继续前进而存在的。畏难苟安,不是共产党人的品质。"周恩来深有感触地说:"智慧是从群众中来的,但对群众的意见领导方面还要加工,然后回到群众中去考验,在这基础上再加工。脱离我们的基本阶级群众,就会丧失党的基础。尾巴主义,随着群众跑,就会放弃党的领导。目前的毛病,还是我们发号施令太多,走群众路线太少。"[1]

邓小平和彭真也就调查研究问题发表了自己的看法。邓小平说,1957年以前搞民主革命,搞社会主义改造,从中央到下面干部比较熟悉,搞得很顺畅,但1956年高级合作化时,出现了高潮,提出了多快好省,形势很好,头脑就不够冷静了。1958年以来,如果搞得谨慎一点,有些话慢点说,可能会好一点。从中央到地方都有缺点,中央应该负担主要责任。他诚恳地说,中央的具体工作由书记处主持,作为中央常委和主席的助手,工作没有做好,日常工作做得不坏,但方针政策方面出的好主意不多,没有直接的调查研究,有些问题发现了没有采取有效措施加以解决,没有认真去调查和处理。他还说,这几年教训是沉痛的。我们决心大,就是情况不明,方法不对。根本方法就是调查研究,实事求是。所谓实事求是,就是要承认千差万别。大同是大的方针政策,小异是重要问题。大同要调查,小异也要调查。过去大同不做调查吃了大亏,小异不做调查同样吃了亏。彭真也说,几年来所以吃亏,就是因为没有很好调查研究。越是困难,越是要加强调查研究,调查研究就可以找出办法。今后要建立一种经常

---

[1]《周恩来选集》下卷,人民出版社1984年版,第313—314页。

的调查研究作风，要形成一种习惯，把这种制度巩固下来。他又说，中国这样大，这样复杂，情况千差万别，没有调查研究不行，每个部门、每个单位都要调查研究。

五、形成"农业六十条"草案

1961年3月19日，起草小组开始修改《农村人民公社工作条例》第二稿。根据毛泽东的意见，每一大区吸收一至三人参加条例的修改。21日，《条例（草案）》写出了第三稿。这一稿共10章60条，所以这个《条例（草案）》又叫"农业六十条"草案。这10章的标题分别是：第一章，农村人民公社在现阶段的性质、组织和规模；第二章，人民公社的社员代表大会和社员大会；第三章，公社管理委员会；第四章，生产大队管理委员会；第五章，生产队管理委员会；第六章，社员家庭副业；第七章，社员；第八章，干部；第九章，人民公社各级监察委员会；第十章，人民公社中的党组织。其中，对公社体制最有突破性的是第一章和第六章。

"农业六十条"草案第一章，是关于农村人民公社现阶段的性质、组织和规模。规定：人民公社是政社合一的组织，既是基层政权组织，又是社会主义的集体经济组织；公社一般分为公社、生产大队和生产队三级，实行生产大队所有制，大队是基本核算单位，生产队是直接组织社员的生产和生活的单位。

对于公社的规模，"农业六十条"草案明确规定："人民公社各级的规模，都应该利于生产，利于经营，利于团结，不宜过大。特别是生产大队的规模不宜过大，避免在分配上把经济水平差距过大的生产队拉平,避免队和队之间的平均主义。""人民公社的规模,一般地应该相当于原来的乡或者大乡;生产大队的规模,一般地应相当于原来的高级农业生产合作社。但是,也不要强求一律。公社、生产大队和生产队,都可以有大、中、小不同的规模,由社员根据具体情况,民主决定。"[1]

这是一个重要的规定。自北戴河会议决定在全国农村建立人民公社起,"大"曾被认为是人民公社的特点和优点。人们认为公社人多地广,可以集中力量办大事,便于加快向全民所有制过渡。所以北戴河会议后办起的人民公社规模都很大,1958年10月底,全国共有23384个公社,平均每社4797户,有相当多的社在万户以上,还有些地方是一县一社的县联社。

1959年上半年在整顿人民公社的过程中,社队的数量有所增加,规模有所缩小。但随着庐山会议后"反右倾"运动的开展,尤其是1960年1月中央政治局扩大会议提出用八年时间完成基本队有制向基本社有制过渡后,人民公社的规模再度扩张。到1960年底,全国27个省、市、自治区共有人民公社25204个,公社的平均户数大体相当于1958年底的水平。

社队规模过大,大队与大队间,小队与小队间情况各异,不但不利于因地制宜安排生产,也容易导致干部在生产工作中的瞎指挥和强迫命令,并造成队与队间的平均主义。且大队的规模大,又以之为基本核算单位,虽说实行评工记分制度,但根本无法做到,评工记分只能是流于形式,有的地方甚至连这个形式都

---

[1] 黄道霞等主编:《建国以来农业合作化史料汇编》,中共党史出版社1992年版,第632页。

没有。至于集体的生产、分配等各种大事，社员更不可能心中有数，因而对生产队的生产经营也不关心，更没有生产积极性。

"十二条"发布后，不少地方意识到必须解决社队规模过大的问题，认为在当时农业生产仍处在分散、交通不便、基本还是手工操作和使用畜力的情况下，社队规模过大，是不利于生产的。此次中央工作会议前，中共湖南省委在给中共中央和毛泽东的一份报告中说："对于这个问题（指社队规模过大。——引者注），群众早有意见，说社队规模大了，'看不到，摸不着'，'不知葫芦里卖的什么药'，'不是共同富裕，是共同遭殃'，'反正摊到我头上只有几粒谷子，怕懒得（湖南方言，无所谓之意。——引者注）'。因此，普遍存在着'混道场'、'坐大船'的思想，影响了群众的生产积极性。"[1]此次广州中央工作会议上，与会者普遍感到社队规模过大的弊端甚多，纷纷提出要缩小社队规模，于是有了"农业六十条"草案中关于社、队规模的上述规定。

公社化之初，由于公社的规模过大，加之没有一个统一的条例或章程，公社以下各级组织的名称混乱，有的地方设公社、管理区、生产队、作业组，有的地方是公社、生产大队、生产队。有的生产大队相当于原来的一个高级社，有的生产大队则由几个高级社合并而成，所以常常是生产队与生产大队、生产小队难以区分。"农业六十条"草案中，将人民公社的组织明确规定为公社、大队、生产队三级，减少了公社的管理层次，明确了公社、

---

[1]《中共湖南省委关于调整人民公社的规模和体制问题的报告（初稿）》，1961年3月8日。

大队、生产队的性质、任务。

"农业六十条"草案的另一突破，是对自留地和家庭副业的规定。在人民公社成立时，社员的自留地、私有房基、牲畜、林木等生产资料全部转为公社所有，个人只能保留少量的家禽家畜。由于"共产风"的影响，社员在公社化之初即将自养的家禽家畜宰杀，大吃几顿后再加入公共食堂。这样，自留地和家庭副业基本上不存在了。1958年12月的八届六中全会对此曾有所纠正，会议通过的中共中央《关于人民公社若干问题的决议》中规定："社员可保留宅旁的零星树木、小农具、小工具、小家畜和家禽等；也可以在不妨碍参加集体劳动的条件下，继续经营一些家庭小副业。"1959年5月和6月，中共中央先后发表了《关于农业的五条紧急指示》和《关于社员私养家禽、家畜和自留地等四个问题的指示》，恢复了社员的自留地，允许社员饲养家禽家畜，规定属于自有私养的，完全归社员个人所有；属于私有公养的，给予社员合理的报酬。

但是，庐山会议"反右倾"后，这些政策出现了反复，有些地方将社员的家庭副业作为"逆流""资本主义尾巴"对待。随后刮第二次"共产风"，社员的自留地被收走，自养的猪、羊、鸡、鸭被刮进了所谓"万猪场""万鸡场"，使社员从事家庭副业的积极性受到重大打击。河北省吴桥县桑元大队大观李生产队7户社员，1959年在自留地里种谷子，共收了719斤，个人吃了100多斤。到了这年冬天，生产队因为口粮紧张，向社员开展所谓挖潜力运动。队干部硬说这7户社员的谷子是偷的，谁不交出就"熬鹰"（即不让睡觉）、"辩论"，翻箱倒柜，结果这几户社员挨了四五个晚上的冻，只得把粮食全交了出来。提起这件事，社员们都说:"谁种自留地谁倒霉,今后给也不种了。"[1]

虽然1960年11月下发的"十二条"中,也曾有专门一条提出"允许社员经营少量的自留地和小规模的家庭副业",但社员对公社化以来的两次"共产风"心有余悸,以致出现了自留地不要,家庭副业不搞的情况。"农业六十条"草案中专门列了一章讲家庭副业问题,并且强调:"人民公社社员的家庭副业,是社会主义经济的必要的补充部分。它附属于集体所有制和全民所有制,是它们的助手。在积极办好集体经济,不妨碍集体经济的发展,保证集体经济占绝对优势的前提下,人民公社应该允许和鼓励社员利用剩余时间和假日,发展家庭副业,增加社会产品,补助社员收入,活跃农村市场。"并规定自留地长期归社员家庭使用,自留地的农产品,不算在集体分配的产量和口粮以内,国家不征公粮,不计统购。[2]这样,以条例的形式将家庭副业和自留地肯定下来,经过宣传和动员,终于消除了社员的顾虑,调动了社员经营自留地和家庭副业的积极性,对于他们开展生产自救、救荒度灾发挥了重要作用。

此外,"农业六十条"草案还规定,公社占用大队的劳动力,一般不得超过生产大队劳动力总数的2%;生产大队占用生产队的劳动力,一般不能超过生产队劳动力总数的3%。为了巩固大队所有制和发展大队经济,在此后几年内,公社一般应少提或不提生产大队的公积金;如果要提,提取的比例要经县人民委员会

---

[1] 中共河北省委组织部:《吴桥县农业生产和人民公社若干问题的情况》,1960年8月1日。
[2] 黄道霞等主编:《建国以来农业合作化史料汇编》,中共党史出版社1992年版,第635—636页。

批准。生产大队对生产队必须认真执行包产、包工、包成本和超产奖励的"三包一奖"制；超产指标要留有余地，超产的大部或全部应奖给生产队。人民公社的各级干部，必须坚持实事求是的工作作风，说老实话，如实反映情况；严禁干部打人骂人和变相体罚，严禁用"不准打饭""不发口粮"和乱扣工分的办法处罚社员。人民公社的各级党组织，既要加强对公社各级和各部门的领导，又不应包办代替各级管理委员会的工作。社、队的日常业务工作，应该由管理委员会处理。这些规定，在当时都是很有针对性的。

六、促使农村形势逐步好转

以毛泽东为核心的第一代中央领导集体，为解决人民公社中存在的问题，扭转农业工作和农业生产的被动局面，是下了大力气的。为了使各项政策能真正贯彻落实到群众中去，并在实践中加以检验，中共中央决定将"农业六十条"草案发给全国农村党支部和农村人民公社全体社员进行讨论。1961年3月22日，中央工作会议通过了《农村人民公社工作条例（草案）》（简称"农业六十条"）。同一天，中共中央发出了《关于讨论农村人民公社工作条例草案给全党同志的信》。

信中指出，目前农村人民公社还存在着许多迫切需要解决的问题，主要是：（一）在分配上，无论是生产队与生产队之间，或者是社员与社员之间，都存在着不同程度的平均主义现象；（二）公社的规模在许多地方偏大；（三）公社对生产队，生产大队对生产队一般管理得太多太死；（四）公社各级的民主制度不够健全；（五）党委包办代替公社各级行政的现象相当严重。上述现象必须及时适当地改变，才能有利于生产的发展。

为了改变各级干部的工作作风，贯彻落实"农业六十条"，毛泽东在广州中央工作会议的最后一天，即3月23日，结合对《关于调查工作》这篇文章的介绍，再一次讲明了调查研究的重要性。讲话中，毛泽东还坦承自己在新中国成立后调查研究不够，同时他认为，现在全党对情况比较摸底了，但还是不甚了了。现在局势已经是有所好转，但是不要满足，不要满足于现在已经比较摸底、比较清楚情况，要鼓起群众的干劲，同时鼓起干部的干劲。干部一到群众里头去，干劲就来了。他说："经验历来如此，凡是忧愁没有办法的时候，就去调查研究，一经调查研究，办法就出来了，问题就解决了。打仗也是这样，凡是没有办法的时候，就去调查研究。""调查研究就会有办法，大家回去试试看。"他还说："教条主义这个东西，只有原理原则，没有具体政策，是不能解决问题的，而没有调查研究，是不能产生正确的具体政策的。"[1]

同一天，中共中央就认真进行调查研究问题致信各中央局，各省、市、自治区党委，要求党的高中级干部联系最近几年工作中的经验教训，认真学习毛泽东的《关于调查工作》一文。并指出，近几年农业、工业方面的具体工作中发生的缺点和错误，主要是放松了调查研究工作，满足于看纸上的报告，听口头的汇报，下去的时候也是走马观花，不求甚解，并且在一段时间内，根据一些不符合实际的或者片面的材料作出一些判断和决定。这

---

[1]《毛泽东文集》第8卷，人民出版社1999年版，第261—262页。

段时间,夸夸其谈,以感想代替政策的恶劣作风,又有了抬头。这是一个主要的教训,对于这样一个付出了代价的教训绝不可忽视和忘记。中共中央要求从现在起,县级以上的党委领导人员,首先是第一书记,要将调查工作作为首要任务,并定出制度,造成空气。在调查中,不要怕听言之有物的不同意见,更不要怕实践检验推翻了已经作出的判断和决定。只要坚持调查研究、实事求是的作风,目前所遇到的问题就一定能够顺利地解决,各方面的工作就一定能够得到迅速的进步。[1]

这次中央工作会议的历史贡献,在于讨论并通过了《农村人民公社工作条例(草案)》。虽然这个文件也存在历史局限性,如仍然规定以生产大队为基本核算单位,生产队仅是生产的组织单位,还没有生产经营自主权,队与队间的平均主义问题还没有解决。同时,它虽然提出在分配中工资部分至少不能少于七成,供给部分至多不能多于三成,但对供给制这种社员间的平均主义分配方式没有加以否定;虽然也提出公共食堂必须坚持真正自愿参加的原则,但同时又强调"在一切有条件的地方,生产队应该积极办好公共食堂"。供给制和公共食堂恰恰是广大社员最有意见的。

对任何事物的认识都有一个发展过程,对于人民公社化以来积累下来的诸多问题,要想一下子全都得到解决,也是不现实的。"农业六十条"明确规定缩小社队规模,要求给生产队一定的生产管理自主权,强调社员个人的生活资料永远归个人所有,

---

[1] 中共中央文献研究室编:《建国以来重要文献选编》第14册,中央文献出版社1997年版,第225—226页。

要求恢复社员自留地和家庭副业。这些具体规定，都为广大农民所拥护所欢迎。更为重要的是，自1958年建立人民公社以来，对公社一直是只能唱赞歌，不能说缺点，但这次会议在一定程度上对人民公社存在的问题给予了重视，并下决心对公社体制进行调整。"农业六十条"草案的规定与北戴河会议以来关于人民公社的一系列政策规定相比，表面上是一种退步，但实际上是一个巨大的进步。因为它已经比较接近农村生产力发展的实际水平，体现了广大社员的迫切要求。

这次中央工作会议的另一个意义，在于统一了党内高层对调查研究重要性的认识，并作出了全党开展调查研究的决策。由于当时一哄而起的"大跃进"和人民公社化运动刚刚降温，经济建设中存在的诸多问题还未充分暴露，因而人们对总路线、"大跃进"和人民公社这"三面红旗"还不能触动，对困难的严重程度和造成困难的原因也还没有充分认识。但是，与会人员已经意识到这几年工作中出现各种各样的问题，最重要的原因是离开了实事求是的原则，离开了调查研究的工作方法，必须恢复实事求是的传统和作风。毛泽东、刘少奇、周恩来、邓小平等中央领导人都反复强调调查研究的重要性，与会人员也纷纷就调查研究问题发表了自己的意见。必须加强调查研究不但成为与会者的共识，也在一定意义上成为全党的共识。

中央工作会议结束后，全国农村开始了"农业六十条"的试行工作。与此同时，按照中共中央开展调查研究的要求，从中央到县一级，各级党委都组织了调查组，深入农村开展调查研究。仅中央就组织了习仲勋率领的河南长葛调查组；谢富治率领的河北邯郸调查组，杨尚昆率领的河北徐水、安国调查组，陈正人率领的四川简阳调查组，胡耀邦率领的辽宁海城调查组，钱瑛率领的甘肃天水调查组，王从吾率领的黑龙江双城调查组，平杰三率领的山东泰安调查组，廖鲁言率领的山西长治调查组等。各级党委派出的调查组带着"农业六十条"深入农村，一面宣传贯彻"农业六十条"，一面进一步了解农民的愿望和要求。通过广泛的调查研究，对广大农民反映强烈的供给制、公共食堂等问题有了更为深切的了解。在此基础上，1961年5月中共中央在北京再次召开工作会议，对"农业六十条"作了重大修改，形成了《农村人民公社工作条例（修正草案）》。修订后的"农业六十条"取消了供给制的内容，并规定办不办公共食堂应完全出于农民自愿，实际上等于允许不办食堂和解散食堂。通过"农业六十条"及其修正草案的贯彻，广大农民的生产积极性被调动起来，农村的形势也逐渐好转起来。

周恩来邯郸农村调查

1961年是中国共产党执政历史上著名的调查研究之年。针对"大跃进"和人民公社化运动造成的严重问题,毛泽东反复强调要大兴调查研究之风,中共中央也多次发出指示,要求党的各级干部深入农村开展调查研究。周恩来积极响应毛泽东和中共中央号召,于这年4月下旬和5月上旬,摆脱繁重的日常工作,前往河北邯郸农村,进行了深入的农村调查。

一、"群众给我们泼冷水,叫我们清醒清醒"

由于"大跃进"的做法违背了客观规律,人民公社的制度超越了生产力所能承载的程度,结果产生了欲速则不达的局面,给国民经济和人民生活带来了严重的困难。在这种情况下,中共中央下决心调整国民经济,制定了"调整、巩固、充实、提高"的八字方针,同时也对党的各项政策进行调整。1961年3月,中共中央在广州召开工作会议,集中讨论农村人民公社问题,通过了"农业六十条"。在这个过程中,中共领导层逐渐形成了一个共同的认识:之所以出现严重的经济困难,就是因为这几年调查研究少了。因此,广州会议之后,全党大兴调查研究之风,大规模的农村调查立即在全国展开。

1961年4月，周恩来利用去广西与越南领导人会谈和去云南会见缅甸总理吴努的机会，沿途对武汉、南宁、成都、昆明、西双版纳等地的农村工作进行调查，并将了解到的情况向毛泽东作了汇报。

4月28日深夜，周恩来从北京来到邯郸。第二天，他将邯郸地委书记庞均等人找来，听取他们汇报有关情况。在此后的几天，他又听取了先期到这里调研的总理办公室副主任许明的汇报，同时召集河北省长刘子厚等人开会。5月1日，他接见了邯郸的劳动模范。

在听取汇报的过程中，周恩来就有关问题发表了自己的看法。其中，他讲得最多的是食堂问题。他说，现在发现食堂办那么多不行。在（19）59年5月主席曾经说过，食堂维持到30%就不错了，办农忙食堂、全年食堂、部分人参加的、全部人参加的都是可以的，爱搞什么样的就搞什么样的。

农村的公共食堂是在1958年"大跃进"高潮中办起来的，人民公社化后办食堂变成了一种制度，并且在农村很快实现了食堂化。五亿农民吃喝在食堂，吃起了名副其实的大锅饭。1959年上半年整顿人民公社时，对食堂的态度有所松动，一些地方解散了食堂。但1959年下半年和1960年上半年"反右倾"时，食堂被认为是"社会主义阵地"，解散了的又相继恢复。由于农村粮食短缺，到1961年春，许多食堂已难以为继，无法再办下去了，广大群众纷纷要求解散食堂。但由于对农村的真实情况缺乏深入了解，党内在食堂问题上意见还不一致，因此，在"农业六十条"中对公共食堂仍强调"积极办好，自愿参加"的原则。由于有"积极办好"这个大前提，各级干部明知食堂不能再办，但也不敢作出解散食堂的决定。根据这种情况，周恩来说，把食堂提高到两条路线斗争的高度，说食堂是社会主义阵地，有的还说是社会主义心脏，谁还敢提反对意见啊！群众与我们在食堂问题上有很大的距离，群众给我们泼冷水，叫我们清醒清醒，我们听不进去。干部有顾虑也不敢说。其实，食堂同社会主义的联系不是绝对的。

周恩来根据汇报的情况，将食堂的问题归纳为十二个方面：（一）费粮食；（二）费副食品；（三）费燃料；（四）费劳动力；（五）费时间；（六）多占自留地；（七）影响养猪、养家禽等副业；（八）饭菜千篇一律不合群众口味；（九）两头冒烟，特别是北方冬季取暖不便；（十）多占房屋家具；（十一）干部多吃多占；（十二）粮食分到户，浮肿病就减少。他说，开始还是考虑食堂怎么办的问题，现在看来是办不小的问题了。这个问题要让群众充分讨论，一定要走群众路线，不能有框框，不要把食堂看成偶像，不要用箍子把自己套起来。有的人顾虑群众自己做饭不会过日子，把粮食吃亏了。其实，不是群众不会过日子，而是我们不会过日子。敞开肚皮吃饭，那还不是我们干部提的吗？结果吃空了。事情包揽那么多，把我们累个死，费劲不讨好。在群众中不会过日子的是少数，也不过5%。这是相信不相信群众的问题。[1]

周恩来此次来邯郸，本来是打算摆脱其他事务，专心开展调查研究，可正巧他刚来邯郸，就发生了老挝国王西萨旺·瓦达纳在美国总统特使进行阻挠性活动后，反对召开任何国际会议讨论

---

[1] 邯郸地委办公室整理：《周总理插话指示纪要》，1961年5月。

老挝问题，使得柬埔寨国王西哈努克于5月1日在万象宣布撤回他在年初提出的关于召开十四国会议（即扩大的日内瓦会议）的建议，并决定取消日内瓦之行。中国政府对西哈努克关于召开十四国会议的建议曾给予积极支持，并且是此次会议的主要参加国。面对这一突如其来的变化，周恩来不得不在5月2日赶回北京，处理有关事宜。

5月3日凌晨，周恩来刚处理完有关问题，就踏上了返回邯郸的专列，并于当天前往武安县的伯延公社进行定点调查，前后调查了四天的时间。

武安是革命老区，抗日战争时期，这里是八路军晋冀鲁豫军区所在地。解放战争时期，晋冀鲁豫中央局和晋冀鲁豫军区，就驻在武安的冶陶镇，邓小平、刘伯承就是从冶陶出发，率部挺进大别山，开辟中原解放区的。

伯延公社的前身是鼓洺高级农业社。这个高级社是1955年下半年由伯延、庄晏、同会等5个乡共21个村63个大中小初级社合并而成的。高级社成立时有6602户22081人，耕地面积68399亩，是一个超大规模的高级社。后来，鼓洺农业社更名为曙光农业社。1958年与邻近明德乡的9个农业社合并成伯延人民公社。这时，全公社共有8585户，面积则扩大到南北长15里，东西宽25里，耕地96700亩。

受浮夸风的影响，伯延公社成立后，曾制定了《1959—1967年生产建设发展规划》，提出：1959年粮食亩产要达到3000斤，1962年达到10000斤，1967年达到16000斤；棉花则分别要达到皮棉500斤、1500斤、3000斤；要逐步使工业产值超过农业产值，实现农村工业化；还要实现农业机械化、电气化，农村建设城市化,农民工人化;等等。可是,三年"大跃进"下来,规划中的指标没有一样达到,而伯延农民的生活却十分艰难。周恩来在1961年6月的中央工作会议上说,这里群众吃的"除了树叶、咸菜、野菜以外,就没有东西了,硬是没有存粮"。

有一天,周恩来和县、社的干部在伯延的公路上边走边谈,无意中发现路旁的树只见树干和树枝,不见树叶。按理,此时应是枝繁叶茂的时候。周恩来便问树叶哪儿去了,陪同的干部随口说被羊吃掉了。不巧正好被一个在路旁放羊的女孩子听到了,她以为是干部说她没有看管好羊使羊吃了树叶,就反驳说:"羊能上树吗?"干部们一时无言以对。周恩来没有责怪干部们,但心情却很沉重。

二、"一个农民能把我们看作他自己的人,才会说这样的话"

在伯延的四天时间里,周恩来先后召开了7个座谈会,参加座谈的有大队、小队的干部,有社员代表,有农机站和修配厂的职工,武安矿区的负责人也参加了座谈。

到伯延的当天,周恩来召开了大、小队干部座谈会。会上,周恩来主要了解了食堂、供给制和包工包产的情况。他要求干部们回去后很好地讨论食堂办不办的问题,并表示,如果食堂分开便利,就要分开。他还征求了干部们对供给制的意见,询问他们供给制要不要,是否只照顾五保户。他还说,包工包产、评工记分、四固定(即土地、劳力、耕畜、农具固定到生产队)这些问题都要讨论,看看有什么问题,怎样办才好。

5月4日，周恩来召开社员代表座谈会，讨论食堂、供给制和自留地等问题。社员们最关心食堂问题，但又不敢说食堂不好。座谈会开始时，言不由衷地讲了一通食堂的好处后，便没有人再发言，出现了冷场。

周恩来见状，就对社员们说："这次来就是要听你们的心里话，有话只管说，有问题只管提，错了也不要紧的。"为了打破沉闷的气氛，他问坐在一角的一个叫张二廷的社员："你叫什么名字？怎么不说话？"

张二廷虽年近五十，但性格耿直。见周恩来点到自己，就站起来说："总理，你叫我说真话，还是假话？"

周恩来说："当然是说真话。"

于是，张二廷毫无顾忌地说："要说真话，刚才说的食堂好的那些话，全是假话。食堂好——食堂吃不饱。"

周恩来问："为什么吃不饱？"

张二廷说："一共几两指标？司务长、炊事员多吃一点，他们的孩子老婆爹娘老子再吃一点，干部再多吃一点，还能剩几两？最多剩三四两，还能吃饱？要是自己做，糠糠菜菜、汤汤水水就能糊弄饱。你别看我死了老婆，孩子们又多，我也愿意自己做着吃。"

说到激动处，张二廷指着周恩来说："总理，这样糊弄下去，你再迟两年不下来，连你也吃不上饭了。"他解释说："我们吃不饱，干活没有劲，地里就不打粮食。长的那点粮食还不够俺都在地里生啃着吃，哪有粮食交国家？一年不交，国库有，二年不交，国库有。三年不交，国库也没有了。国库没有了粮食，你还能不挨饿?"[1]

听到张二廷这么一说,周恩来觉得这个农民讲的很有道理。他在5月底的中央工作会议上说:"这句话对我教育很大,我很受感动。当时在场的地委的干部听了以后,说这个人是个落后分子,我跟他们解释说:这样看不对,这个社员说的是真理,一个农民能把我们看作他自己的人,才会说这样的话,这是一针见血的话。"[2]

在座谈会上,周恩来就食堂问题逐一征求了意见,结果只有两个人说愿意在食堂吃饭,其他十个人都说食堂不好,要求回家做饭。周恩来说:"食堂是上面叫办的,下面报告说好,我们没有调查,就相信了。现在调查了一下,不好。不好就可以不办。"

说到自留地时,一个叫张淑琴的社员说:"自留地可不要再收了,秋后打了粮食也不要再给顶指标了。"周恩来说:"我保证自留地不再收了。社委、区委、市委的书记都在,都要保证。一、自留地保证不收回;二、自留地收入保证不顶指标。"谈到供给制时,社员说供给制有平均主义,干不干三顿饭。周恩来说:"你们议论一下,不要供给制行不行,光照顾五保户、困难户行不行?"[3]

5月5日,周恩来召开大、小队干部座谈会,主要讨论了棉花生产、口粮和公社体制的问题。

---

[1] 中共邯郸市委党史研究室、邯郸市档案局编:《领袖莅临邯郸纪实》,中共党史出版社1994年版,第111—112页。

[2] 中共中央文献研究室编:《周恩来传(1949—1976)》(下),中央文献出版社1998年版,第633页。

[3] 中共邯郸市委党史研究室、邯郸市档案局编:《领袖莅临邯郸纪实》,中共党史出版社1994年版,第106页。

5月6日，周恩来召开有先锋街、胜利街两个大队干部及部分小队干部和社员代表共25人参加的座谈会。在听完大家的发言后，周恩来就有关问题发表了自己的看法。

关于调查研究问题，周恩来说，前两次和干部座谈，又经社员座谈，那是背靠背。今天，大家敢说话了，干部和社员一块座谈，这是面对面。你们批评我说："再迟两年不下来，连你们也吃不上饭了。"大家也提出食堂、拖拉机站等方面的问题，都很好。过去不下来，过去挂了几张像（指会场上的伟人像），不能说话，骂我们也不知道。徐翠叶（社员）提出，让我半年来一次就好了。我不能来，派工作组来。全国现有2万多个公社，这样大的地面，我一辈子也走不遍。今后要求每省找几个公社，一年下来一个月、两个月就好了。

关于社队规模和体制问题，周恩来说，社有制非推翻不可（伯延自公社建立以来一直以社为基本核算单位）。过去没有调查研究，下边说好，中央点了头，搞试点。现在一调查，不行。说到这里，周恩来问公社党委书记韩玉林有什么想法。韩说，那是主席提出小脚女人走路时办的。

1955年下半年，在农业合作化速度问题上，毛泽东与当时中央农村工作部部长邓子恢之间有不同看法，毛泽东认为邓子恢有右倾保守思想，领导合作化运动像小脚女人，不但自己速度太慢，而且还埋怨别人搞快了。伯延公社的前身曙光高级社就是那时办起来的。

周恩来建议社队规模小点好，小点好管理，认为队小了容易接近群众，干部就容易知道社员的要求。他还说，公社也要小点好。公社规模过大，加上一个社有制，一切归公社了，来了个大平均主义。他问社员王二柱，社小了好不好？王二柱回答说好。周恩来接着说，那么大的社，看不到，摸不到，公社干部不能接近群众。我这次来一看，不行，你们的生活很不好。这样大的社，我要是老韩，七天就把我弄垮了，因为我身体不好。周恩来说，你们生活很不好，我很难过。社有制过些年是可以搞的，你们还年轻等得到，我是等不到了。

在座谈会上，有社员谈道，过去要说食堂不好，就要受辩论，被指责为社会主义的绊脚石。周恩来说，在食堂是社会主义，不在食堂也是社会主义。我是总理，机关大办食堂时，我入了几天，因为工作忙，接见人多，很不方便，又不吃食堂了，也不能说我是反对社会主义。食堂是上边叫办的，下边报告说好，我们没有调查，就相信了。现在调查了一下，不好可以不办。食堂散要散好，办要办好。过去有两条迷信：单身汉愿办，孩子多的妇女愿办。到这里一看，王春和（社员）是单身汉，三年就没有入食堂；李勤叶（女社员）三个孩子也不愿办食堂。看来食堂是哄起来的，不是自愿办起来的。[1]

在伯延期间，周恩来还多次去探望张二廷，与他拉家常，了解情况。其中一次张二廷对周恩来说："总理光叫我说，你走了，这些人（指区、公社的干部）还不给我穿小鞋？闹不好，还不去推磨（劳改）？"周恩来听后正色道："那不行！"张二廷说："那怎么不行？他们不抓我现在说的话，抓别的事，也能整我。"周恩来对陪同来的公社党委书记韩玉林说："我以后每年都要派人来，要是看不到二廷，就朝你要人。"周恩来是个信守承诺的

---

[1] 中共邯郸市委办公室：《周总理在武安伯延召开座谈会上的插话》，1961年5月8日。

人，在以后的几年中，他都派人到伯延来看望张二廷这位耿直的农民朋友，一直到1966年"文化大革命"爆发。

三、"食堂和社会主义没有关系，只是一种伙食形式"

为了解真实情况，周恩来在伯延公社的三个食堂吃了饭。

第一个是公社食堂。因为中共中央有规定，在经济形势没有好转之前，领导人带头不吃肉、蛋、禽，公社干部不敢破这个规定，但又觉得堂堂总理来吃顿饭，不能太差了，于是给周恩来准备了馒头、红薯和面条，另外炒了四个素菜。周恩来感到公社食堂不能反映整个食堂的情况，决定第二天去一个大队的食堂吃饭。由于公社干部事先打了招呼，等到周恩来去时，社员已经提前打饭走了，结果在大队吃的与公社食堂没有两样。第三天，周恩来提出要换个食堂吃，干部们没有准备，只得领他到了先锋街大队的第六食堂。到食堂时，社员们已经吃过了饭，在同食堂炊事员聊天的过程中，周恩来掀开锅盖一看，里面只有一点吃剩的玉米面糊糊，于是就着咸菜吃了起来。这顿饭，使他了解到了食堂的真实情形。

在调查中，周恩来发现，不少社员对公共食堂很不满。于是他提出找一个食堂进行一下试点，宣布自愿加入食堂，不愿入的可以把粮食领回去。当时估计会有20%的社员留在食堂。结果，试点的胜利街大队第一小队宣布这个决定后，除了炊事员外，其余的社员全都退出了食堂。

5月7日，周恩来将调查了解到的情况用电话向毛泽东作了汇报。他在电话中说：

（一）食堂问题。绝大多数甚至于全体社员，包括妇女和单身汉在内，都愿意回家做饭。我正在一个食堂搞试点，解决如何把食堂散好和如何安排好社员回家吃饭的问题。

（二）社员不赞成供给制，只赞成把五保户包下来和照顾困难户的办法。现在社员正在展开讨论。

（三）社员群众迫切要求恢复高级社时评工记分的办法，但是已有发展。办法是：包产到生产队，以产定分，包活到组。这样才能真正实现多劳多得的原则。因此，这个办法势在必行。只有这样，才能提高群众的生产积极性。

（四）邯郸专区旱灾严重，看来麦子产量很低，甚至有的颗粒不收，棉花和秋季作物还有希望。目前最主要的问题是恢复社员的体力和恢复畜力问题。[1]

毛泽东对周恩来的意见极为重视，当即将电话记录批发给各中央局，各省、市、自治区党委参考。

5月7日下午，周恩来又前往涉县的沿头大队调查。在此之前，最高人民法院副院长王维纲带人在这里已经调查了一段时间。

周恩来进村后先在大队会议室召开有大队干部和社员参加的座谈会。一开始他就讲到食堂问题，询问大家对食堂的看法。大队干部回答说，群众感觉食堂很好。又问一天开几次饭，在什么地方吃饭，下雨天怎么办。大队干部说，一天开三次饭，吃饭在饭厅，下雨时地方不多，就在房檐和门楼下吃。还说他们的食堂办得不错，登过报，有十大经验、十大优越性。周恩来对此表示

---

[1]《周恩来选集》下卷，人民出版社1984年版，第315页。

不大相信，说："十大经验，十大优越？你们过去在家里吃饭优越不优越？"接着，周恩来又询问了食堂一天烧多少煤，有多少菜地，一个人能吃多少菜，能吃多少粮食指标，干部和管理人员有没有多吃多占，食堂养不养猪。

在了解这些基本情况后，周恩来开始征询干部、社员对食堂的意见。他问大队治保主任张仁水："你看是回家吃饭好，还是在食堂好？"张仁水说："在食堂吃饭好。"又问大队团支部书记王义堂，王也说："食堂是社会主义的一面红旗，当然是食堂吃饭好啦。"

周恩来知道他们说的不是真心话，就问："怎么个好法？"王义堂说："我老婆不会过日子，分到的粮食吃了秋季没有夏季，经常吃不到头，接不上嘴，再加上柴米油盐没钱买，叫人作难。如果在食堂吃饭，我就不必操这份心了。"

周恩来听后说："食堂和社会主义没有关系，只是一种伙食形式。"他又问大队妇女主任郝巧的看法，郝巧说："我是妇女，会做饭，依我看还是回家做饭好，个人想吃什么就吃什么。现在粮食指标低，拿回家自己安排，还是可以过去的，比在食堂强。"

周恩来说："这才是心里话呢！"他接着又问了其他几个社员，都说愿意回家吃饭，不愿在食堂吃。周恩来表示，食堂只是群众的生活方式问题，办不办食堂，由群众自己选择；要尊重群众的意见，多数人愿意退出食堂的可以退出。他还要求搞好包工包产和退赔工作，尽快恢复副业生产，不再刮"共产风"，不搞瞎指挥，把群众的积极性调动起来，把生产搞好，生活搞好。[1]

---

[1] 中共邯郸市委党史研究室、邯郸市档案局编：《领袖莅临邯郸纪实》，中共党史出版社1994年版，第123—126页。

四、"我们搞了四十年的革命,就是讲的'信'"

因为公务繁忙,在邯郸调查期间,周恩来两次回到北京处理国际事务和接见外宾。5月11日至13日,周恩来在邯郸市交际处听取农村工作汇报,参加汇报的有已先在这里进行调查的中央调查组组长谢富治、国务院总理办公室副主任许明、最高人民法院副院长王维纲、河北省省长刘子厚。还有河北部分地、市、县的领导。

汇报中,谢富治说,成安公社小堤西大队解决了食堂问题,群众很满意,但开始时干部思想阻力很大,大队党支部副书记两口子都互不敢说出不愿办食堂的真实想法。周恩来说:"看闹得多紧张呀!我原来也在食堂吃饭的,后因吃饭时间老赶不对,我就知难而退了。我们政治局的一些同志也没有在食堂吃饭,这能说是非社会主义和反社会主义分子?所以不要把食堂和社会主义制度联系起来。""有些事情是自上而下把概念搞错了。食堂是生活方式。生活方式决定于生产的发展。开始,试想搞食堂对社会的改造有好处,后来不适合于生产的发展,所以什么事也不能看成是一成不变的。"

周恩来又说:"现在家庭还是起作用的,即使到了共产主义社会,也不能一下子消灭家庭。实际上,在社会主义时期,家庭是一个基层单元,人是一个分子,这是不能缺少的。现在还是各尽所能、按劳分配的时代,家庭生活并不妨碍社会主义,不能把家庭的作用看得太简单了。有的地方在农村盖了新房子,如徐水、安国就盖了一些,集体住一个楼,弄得连个养鸡、养猪的地方都没有了,上下左右又没有隔音设备,四邻不安,这个问题很值得研究。"

周恩来还说，供给制是从军队学来的，徐水在公社化后也搞过，并发过毛巾、肥皂等，不过物质基础还没有达到那个程度，搞供给制太早，那是将来的事。

在谢富治汇报粮食包产和分配时，周恩来一再强调要算算账：农业多少户，多少耕地，自留地除外还有多少粮田，种多少棉花，多少粮食，亩产多少，各种粮食作物产量多少，照七两吃需要多少，是缺还是余。他说粮食是个大问题，粮食问题解决不了不行。他表示，食堂晚办几年，不妨碍社会主义，最重要的是粮食问题。

王维纲说，涉县沿头大队搞食堂试点，经过工作，全部要求退伙。周恩来插话说："我看了一个大食堂，一天需要20担水，800多斤煤，4口大锅，一套大笼，800多人吃饭，真乱！他们还盖了一个新房子，还想盖楼，真浪费。"王维纲又说，社员对解散食堂很高兴，说他们现在不吃冷饭了，不两头冒烟了，亲戚也可以来往了。谢富治插话说，越搞得死，革命就越彻底。周恩来不赞同这种说法，认为这是原始社会的办法，我们要进入高级共产主义，而不是退回到原始共产主义社会。王维纲说，散了食堂后出勤率大大提高，社员假日都不休息。周恩来说，看来食堂在麦收前不解决不行。

刘子厚汇报说，干部对解散食堂有顾虑，现在解散食堂关键是要解放思想。周恩来针对这一问题，讲了一段很长的话：

1958年时有物资，放开肚皮大吃，吃多了，食堂没有底了，把理想当成现实了。1959年，河北提出少办一些食堂，主席说可以自愿参加，办得不好可以散。庐山会议的时候，河南提出，食堂非办不可，还提出大搞食堂的优越展览。我当时就怀疑，怀疑的不是粮食，而是烧煤问题，他们说可以用柴烧，我说还是不要展览好。他们说物质丰富，条件都有了，可以这样搞。后来主席说，河南是假的，是骗人的。看气人不？

庐山会议和北戴河会议，一再强调食堂要办好，甚至自留地也不叫群众要，收回来。伯延社员问"自留地还收不收"？中国有句古话"民无信不立"。我们搞了四十年的革命，就是讲的"信"，如果变动大就失信了，就食堂这一点讲，就失掉信用了。因此，做事情要讲信用。做事情不能夸大，不能作假，做错了就要承认错误，就要改正错误。错和假性质不一样，作假是品质问题，是党性问题。

说到这里，周恩来想起了在涉县沿头大队调查时大队团支部书记说如何愿意办食堂的一番话，说：涉县沿头团支部书记对我说，要坚持办食堂，实际上他早已退出来了。揣摩领导喜欢什么就说什么，这是最不好的，这种作风是要不得的。

刘子厚说，主要是我们对上述问题没有搞清楚，也确实不清楚。周恩来说，归根到底是调查研究问题，坚持真理不容易，必须进行调查研究。现在是多数食堂散了，有人说，可能留30%—40%，我看留下百分之几到10%还是对的，再多就有问题了。本来办食堂是好事，现在成了怨声载道。在伯延搞了个私办公助，我认为可以，但现在看还不行。这样搞，多数人会不同意，他们要说你们不公平，否则，就会都进来。现在只用了四个字"给予便利"，这比较好。

周恩来说，还有一个主观和客观的问题。有人说，单身汉一定愿意办食堂。反过来，也不是凡是单身汉都愿办食堂，或都不愿办食堂，什么事都不能绝对化。伯延有个单身汉，比我大一岁，生产很好，就是一直不在食堂。有人说妇女愿办食堂，我们说办食堂解放了妇女，但我在伯延问了三个妇女，都不愿办食堂。有人说，劳动力少，儿女多，无人做饭的愿办食堂，可是伯延张二廷就是不愿在食堂，干部说这人思想落后，我看不是。还有人说，孤寡户愿意留在食堂。我们过去对以上四种人愿意办食堂的说法认为有道理，看来并不如此。所以说，什么事情都不能绝对化，不能主观片面。如何克服，就是调查研究。

周恩来接着说，我这次是来试点的，在伯延揭开了盖子，大家都要求在麦收前散完食堂，这个趋势已定。问题是要不要一哄而散？特别是县委的同志，要帮助社队不愿散的同志卸下包袱，要防止简单化。过去搞食堂是为了生产前进，现在散食堂也是为了生产前进，因为食堂已影响了前进，散食堂依然是前进，而不是后退。现在思想已经解放了，省、地已下了决心，要求县委的同志要慎重散好。

为了有步骤地解散食堂，周恩来要求各级干部做好九项工作：（一）房屋问题；（二）炉具问题；（三）粮食加工问题；（四）菜地问题；（五）油盐问题；（六）拉煤问题；（七）老弱孤寡挑水问题；（八）农村工作人员吃饭问题；（九）算账问题。在汇报会期间，周恩来还专程派人去武安了解食堂解散的情况，并在会上作了通报。他还就解散食堂后社员节约用粮、生产积极性的调动等一一举例说明，以证明解散食堂是符合现实和群众愿望的。[1]

---

[1] 中共河北省委党史研究室编：《领袖在河北》，中共党史出版社1993年版，第174—178页。

刘少奇在天华大队的十八天调查

由于"大跃进"和人民公社化运动的失误，1960年前后中国经济遇到了严重的困难。为了摆脱国民经济的困境，中共中央和毛泽东发出大兴调查研究之风的号召。1961年春夏，从中央到地方组织了大量的调查组开展农村调查，党的领导人也身体力行，深入农村了解情况，寻求对策。在广泛调查研究的基础上，形成了"农业六十条"草案和修正草案，大幅度地调整党的农村政策，从而扭转了农村工作的被动局面。在这次全党农村大调查中，刘少奇回到湖南农村调查了44天，其中18天是在长沙县广福公社的天华大队度过的。在这18天的时间里，刘少奇了解到许多真实情况，也坚定了他调整农村政策的决心。

一、"这次就来征求你们的意见"

1961年3月，中共中央在广州召开工作会议，讨论农村人民公社问题。在这次会议上，刘少奇专门讲到了调查研究的重要性，他说："这几年调查研究工作减弱。调查研究是做好工作的最根本的方法。当然，还有其他根本方法。""中央有些政策，决定前缺乏很好的调查研究。根据不够，决定之后，又没有检查执行情况，发现问题，及时纠正。"刘少奇强调："调查研究是今后改进工作的最根本的方法，要提到这样一个高度。"他明确表示："我本人也要下决心搞调查，搞一个工作组，这比看报纸、听汇报要好得多。"[1]

广州会议一开完，刘少奇就到了长沙，准备到湖南农村进行深入的调查研究。这几年，刘少奇在外地视察的时间并不少，但他感到，以前的调查，虽然走的地方多，却不深入，没有把真实情况摸清楚。这一次，他下定了决心，一定要掌握农村的真实情况。行前，他对中共中央中南局和中共湖南省委负责人说：这次去湖南乡下，采取过去老苏区的办法，直接到老乡家，睡门板，铺禾草，不扰民，又可以深入群众。人要少，一切轻车简从，想住就住，想走就走，一定以普通劳动者的身份出现。

1961年4月2日，刘少奇回到宁乡，到了离家乡炭子冲仅十多里的东湖塘公社王家湾生产队，以生产队养猪场的一间破旧空房作了办公室兼卧室，在这里一住就是6天。

结束对王家湾的调查，刘少奇到毛泽东的旧居参观后，回到了长沙。途经炭子冲时，他没有停留，只是从车里扫了一眼离别了几十年的故乡。为了进一步了解真实情况，刘少奇决定选择一个比较典型的生产队进行调查。在同中共湖南省委商量后，于4月12日来到了长沙县广福公社的天华大队。

天华大队合作化以来一直是湖南农业生产和农村工作的一面红旗。在这年第4期的《中国妇女》杂志上，还登载了一篇专题介绍天华大队和大队党支部书记彭梅秀事迹的文章。其中说：

---

[1] 中共中央文献研究室编：《刘少奇论新中国经济建设》，中央文献出版社1993年版，第418—421页。

"由于以彭梅秀为首的党总支委员会认真贯彻了党的政策,领导群众大办农业,大办粮食,天华大队由穷走上了富裕。不仅粮食丰收,社办工业收入达三万二千多元,生猪生产也发展了一步。全队百分之九十八的社员增加了收入。今年过春节时,食堂杀了猪,有的食堂还杀了羊,杀了鸡,网了鱼;此外有白糖、饼干、白酒、海带、云耳、粉丝等副食品十三种,每人都有一份。过年固然热闹,平日生活也不错,每个食堂栏有猪,塘有鱼,蔬菜满园。社员家里还喂有鸡鸭,自留地里种有家庭作物。余钱剩米,丰衣足食,在这个山沟里已变成现实。"

在刘少奇来之前,中央调查组已在这里调查了一两个月的时间。调查组认为,这是一个生产和生活都搞得较好的典型,并向中共中央作了报告。真实情况并非如此。由于受"左"的思想影响,这个大队粮食连年减产,"共产风"、浮夸风盛行,大队干部采取统一口径、弄虚作假等手段隐瞒实情,使中央调查组得出了与事实不符的结论。[1]

在天华,刘少奇一共住了18天。为了把情况弄清楚,他决定从群众最为关心的公共食堂入手,深入了解人民公社的有关问题。

4月13日,刘少奇就召集天华大队的干部座谈。刘少奇一开头就说:十几天前,中央在广州开了一个会,写了一个《农村人民公社工作条例(草案)》。中央不知道写得对不对,想征求你们的意见,看哪里写得不对,哪里写多了,哪里写少了。以前中央写一些东西,发一些指示,没有征求你们的意见,常常发生错

---

[1]金冲及主编:《刘少奇传》,中央文献出版社1998年版,第863页。

误。这次就来征求你们的意见,每个县有一个公社、两个公社。

刘少奇提议先谈食堂问题。他说,请你们谈话的时候,解放思想,一点顾虑都不要,一点束缚都不要,愿意讲的话都可以讲,讲错了也不要紧,不戴帽子,不批评,不辩论。过去宣传上也有一些毛病,对食堂强调得有一点过分了、过厉害了,不办食堂就不是社会主义了,不是人民公社了,就是资本主义了,究竟不是那样。对大家有利,对生产有利可以办,可以不办,可以大办,可以小办,可以常年办,可以临时办,而这几种都是社会主义。

刘少奇讲完这番话后,天华大队党支部书记彭梅秀第一个发言,她说:"主席(1959年二届全国人大一次会议上刘少奇当选为国家主席。——引者注)讲得很清楚,我还是赞成办食堂。食堂的好处很多:从前妇女50%的时间是搞家务,出工很少;办食堂以后,大家都出农业工,部分人进了工厂,比原来增加了收入。所以我主张:有条件的地方还是坚决办,积极办,但应自愿。"

彭梅秀的意思很清楚,天华大队是省里、县里的先进单位,是有条件办食堂的。见她这样一说,刘少奇便问道:"到底是把自愿摆在前面,还是把积极办好摆在前面?"

彭梅秀说:"把积极办好摆在前面。我们食堂8户人家都愿意办。这两天开会讨论'六十条',没有找妇女队长参加,她们很有意见。"

对于彭梅秀的话,刘少奇有些将信将疑,便说:"恐怕妇女愿办食堂的多一些,应该召集她们开会,听听她们的意见。"

由于彭梅秀在天华大队是一把手,又是各级树的典型,她这一表态，其他的干部也就纷纷表示食堂要坚持办下去。

大队党支部副书记李言孝说："食堂还是要办，我主张办细（小）食堂。办细食堂有这么几个好处：第一，开饭时间短，可以吃上热饭热菜；第二，菜炒得好吃些；第三，辅助劳力可以帮助食堂做点事；第四，住处不挤，卫生可以搞得更好；第五，便于发展猪、鸡、鸭等副业生产。"

大队秘书彭腾奎说："办食堂，大部分群众有要求，但都主张办细食堂，不主张办大食堂。食堂大了，土肥要减少，远田远土耕种、送肥、看水不方便，远山不便培育管理。"

大队会计彭迪元说："青年妇女都赞成办食堂，不愿回家烧茶煮饭。她们说：你们散，我们办。"

大队党支部另一个副书记黎桂生说："我个人意见，在自愿原则下，坚决办。"他还说："大多数社员还是愿意办食堂，特别是青年妇女愿意办食堂，不愿意回去做饭。如果不办食堂，妇女都回去煮饭，对大队工、副业多少有些影响。""现在有了十大政策，有了'十二条'（指1960年9月湖南省委下发的《大办农业、大办粮食十大政策》和同年11月初中共中央下发的《关于农村人民公社当前政策问题的紧急指示信》），又有了'六十条'，自留地下放，食堂分小，今年下半年社员家里又会样样都有，加上大队发工资，供给基本口粮，人民生活迅速改善提高。所以我个人的体会：三面红旗无比优越，人民生活降低了，主要是我们自己没有执行党中央的政策。"

大队妇女主任童若斌也说："食堂优越性很大，我们食堂75人吃饭，大家主张坚决办下去，但要办细一点。""如果不办，都回去一家一户做饭，出工家家喊，费时间，对生产不利。同时妇女不能出工，会减少收入。公社化、办食堂以来，大家增加了收入。""所以我们妇女一般坚决主张办，就是办细一点，不要办大了。"

在王家湾调查时，刘少奇对食堂的利弊已经有了较多的了解，隐隐约约感到这里的干部没有讲实话。要是食堂真有那么多的优越性，为什么总办不好呢？为此，刘少奇发表了自己的看法。他说，如果大家齐心办，心是向着食堂的，办得好，食堂就有优越性，但过去为什么搞得不大好呢？头一条就是用工太多，什么事情都要有专人搞，专人煮饭，专人种菜，专人打柴，专人挑水，一个小队三分之一的工都在搞生活，结果把农业工分值扯低了。第二，住房太挤。第三，食堂搞大了，烧柴有困难。茅柴煮不熟饭，要砍硬柴烧，结果把山林破坏了。第四，人多，菜不好吃。第五，人多，出饭耽误时间。他又说，如果大家都心向食堂，就办得好，现在的问题是大家不那么齐心办。

接着，刘少奇又说起供给制问题。他问天华大队的干部们：要不要供给制？要供给制，要多少？天华大队在分配中，是70%实行供给制，30%是按劳分配。对此，刘少奇明确表示：你们现在70%是供给制，这无论如何不行。总而言之，至多不能超过30%。供给制没有了，无非是一个困难户怎么办，五保户没有问题，横直（反正）要保。他要天华大队的干部们对这个问题考虑一下，看看有什么意见。

彭梅秀说："供给制不宜过多，还是要一点。硬不要供给制，还是不好。我们大队263户，8户五保户，48户困难户，一共56户。如果不要供给制，困难户还会增加，困难户和五保户就会达到百把户。我同意搞30%的供给制。我认为30%的供给制是恰当的。"她又说:"如果不搞30%的供给制,就要扩大公益金来解决困难户的问题。这样,富裕户就会骂困难户'吃冤枉',困难户也不愿吃这种'怄气饭'。"

在这一天的座谈中,还谈到了粮食问题、房子问题、山林问题和商业问题。

对于这次座谈会的情况,王光美回忆说:"在天华大队住下后,少奇同志先听彭梅秀同志的汇报。她讲得头头是道:田地多少、人口、耕牛多少、灌溉面积、粮食亩产、总产、征购任务多少,食堂、托儿所办得如何好,社员生活怎么怎么好,总之样样都说到了。但对于民情、灾情、退赔等等,她不是避而不谈,就是轻描淡写,说什么拆房子不多,已经安排好了,平调款也基本退赔完了。她还坚决主张继续办社员公共食堂。中间少奇问她一句:'队里有没有得浮肿病的?'彭梅秀回答说:'没有。天华没有人得这个病。'少奇本来是随便问问。我们在宁乡、韶山一带看到不少因为吃不饱、营养不良引起的浮肿病,就在天华大队我们住的王家塘,也有一户得了这个病,我们一起来的同志已经到他家看过了。现在彭梅秀竟然否认这一点,这引起了少奇同志的疑心。"[1]

二、"我看食堂的缺点不少"

4月14日上午,刘少奇听取了中央调查组的汇报。下午,又主持召开了生产队干部座谈会。刘少奇在开场白中说:今天还是

---

[1] 黄峥执笔:《王光美访谈录》,中央文献出版社2006年版,第238—239页。

征求一下你们的意见,"六十条"那样多,一条一条记不清楚,也还有几个问题的意见。你们不是对几个问题的意见很多吗?一个是食堂问题,一个是供给制问题,还一个是粮食问题,恐怕还有一个房子问题。随便讲讲,有什么讲什么,讲错了也不要紧。解放思想,不要有什么束缚,不要有什么顾虑,讲错了,也不戴帽子,也不批评,也不辩论,看事情怎么办好。

为了打消生产队干部的顾虑,刘少奇首先就食堂问题发表了自己的看法。他说:食堂到底要办还是不要办?是办大的还是办小的?怎么个办法?食堂办起来,也有些事情方便一些,恐怕缺点就不少,而且缺点相当多,不方便的地方恐怕更多些。现在就是办不办,办起来如何办,怎么更方便,各种意见都可以讲。总而言之要办好就是,办得不好个人回家煮饭,何必办呢,要办得比在家煮饭还好一些才办。

参加座谈会的生产队干部纷纷发表自己的看法。狮子湾生产队长杨玉成说:我个人的意见,一个是办小,一个是不办。办小是为了便利生产,不办也是为了便利生产。我们食堂现在有一个十分底分的主劳力种菜,一个八分底分的主劳力砍柴,如果办小食堂或不办食堂,这两个主劳力就可以抽出来下田。

烟竹塘生产队长常菊寿说:我的意见是办细食堂,一队数堂,这样便利生产。不办食堂,老弱残有困难。

大屋场生产队长常寿先说:我个人意见要办,但要办细点。不办食堂,出工难得齐,开会安排农活不方便。

其他生产队干部也大多认为食堂应该办下去。

听罢生产队干部们的发言,刘少奇说:刚才大家谈了食堂,大家谈有很多好处,我看食堂的缺点不少,坏处不少。第一条是用工多，要用几个主要劳动力去种菜、砍柴。用工多，这是一条最大的缺点。第二条，不便利生产，大家集中起来住，冲里的田没人管，对生产不利。第三条，办食堂以来肥料少了。第四条，办食堂以来，烧硬柴、烧棍子柴，把山林破坏了。此外还有一条，不好喂猪。此外还有一条，吃粮食也不那么方便。从前忙时多吃，闲时少吃。现在食堂不管这么多，不切合实际。还有一条，食堂占菜地多。还有一条，叫做麻烦多，要分米分菜，发得不好，大家有意见，常吵架。此外办食堂，人太多了，一大锅菜不好吃，这也是真的。我看这些缺点都是真的，不是假的。

刘少奇本人也曾是公共食堂的积极倡导者。

1958年6月14日，刘少奇同全国妇联主席蔡畅，副主席邓颖超、杨之华等谈话。他说，八大二次会议上，河南代表、青年团代表都讲了公共食堂问题，江苏常熟普遍办起了农忙食堂，可见大家趋向共产主义。空想社会主义的想法在那时没有实现的条件，现在马克思主义者抓住了阶段斗争，已经消灭阶级或正在消灭阶级的过程中，这样，把空想社会主义者不能实现的空想实现了。

同年7月7日，刘少奇到北京市通州区视察。在听取区委负责人关于全区农业生产、区乡工业、文教卫生情况的汇报后，他说：磨面、做饭、带孩子、缝纫、洗衣这些事实现集体化，这就解放了妇女劳动力。生产集体化了，生活也得集体化，否则就和生产集体化不相适应。为生产服务的事业集体化，跟生产集体化配合起来，这就是共产主义的开始。

没想到事与愿违，公共食堂办了几年后，把一些没有多少劳动力的妇女、老人"解放"出来，却占用了大量的青壮年劳动力,而且把农民捆绑在一起吃饭,产生了一系列矛盾和问题。当年不论是毛泽东还是刘少奇,倡导办食堂,搞供给制,其实都是想让老百姓早一点过上好日子。可是,搞了三年的"大跃进",结果使老百姓反倒生活很困难,这是他们事先没有料想到的。这种局面的出现,他们自然感到很痛心。痛定思痛,他们下决心调整国民经济,调整党的农村政策,迅速改变这种被动的局面。

刘少奇通过调查研究,感到食堂不能再办下去了。但食堂办起来之后,一直被当作"共产主义幼芽"宣传,庐山会议后更是上升为"社会主义阵地",要求全力巩固,中央和各级为此作了不少的指示,发了不少的文件。1960年11月出台的"十二条"中,还强调公共食堂的制度必须坚持,就是刚刚出台的"农业六十条"草案,也明确规定"在一切有条件的地方,生产队应该积极办好公共食堂,真正做到便利群众,便利生产"。因此,对于天华大队的干部们来说,在食堂问题上一时还难以畅所欲言,说出自己的真实思想。

在这个问题上,刘少奇没有责备他们,只是耐心地启发他们办食堂一定要群众自觉自愿,不要勉强,群众勉强参加,食堂必然办不好。自愿就办,不自愿就不办。办得好就办,办不好就散。不加入食堂的,也不是反社会主义、反人民公社,也不是不光荣,不要对他们歧视。生活单干同生产单干不一样,生活单干还是社会主义。一定要自愿,不自愿,勉强是一定搞不好的。

座谈完食堂问题,话题转移到供给制上。刘少奇问参加座谈会的生产队干部们:供给制要不要?要,又要多少?

供给制和公共食堂一样,人民公社化以来也是被上上下下所看好,将之与共产主义直接联系起来。在1958年8月的北戴河会议上，毛泽东就说过，粮食多了，可以搞供给制，还是按劳分配，工资按各尽所能发给个人，不交给家长，青年、妇女都高兴，这对个性解放有很大的好处。不论城乡，应当是社会主义制度加共产主义思想。人民公社有共产主义的幼芽。如果做到吃饭不要钱，这是一个大变化。十年左右，可能产品非常丰富，道德非常高尚，我们就可以在吃饭、穿衣、住房上面实行共产主义。公共食堂，吃饭不要钱，就是共产主义。这样一来，供给制就成了人民公社的题中之义。虽然供给制的弊端日益明显，但这一制度却一直不敢放弃，只是要求供给的比重不能过高。因此，在"农业六十条"草案中规定，在公社的分配中，工资部分不能少于七成，供给部分至多不能多于三成。

对于供给制问题，参加座谈的生产队干部说，供给制还是要。不要，五保户和困难户的问题不能解决。但能做一点事的，要给他评一点基本劳动日。只有真正不能做事的，才全部供给。

刘少奇又问：在外面读书的，他家里四个人吃饭，他十七八岁在外面读书，家里还有三个人，只有一个半劳动力，只能养活一个人，还有一个人养不活，他不去读书就可以养活，供不供给？有干部回答说，还是应该供给，他将来可为国家做事。能读书不让他读书，把他这个人才浪费了。

刘少奇表示，供给制恐怕还是要一点，但供给部分不宜多。中央条例上规定了，供给部分至多不能 30%，但可以少于 30%。只能少，不能多，少了有利，20% 可以，百分之十几可以，15% 也可以。这对生产有利，但困难户的问题要解决。可以把公益金提高一点，提高到百分之一二，特殊困难的户，从公益金中解决。

三、"从前政策上有问题"

通过两天的座谈会，刘少奇感到，天华大队干部们的头脑仍被"左"的东西束缚着。同时，庐山会议后的"反右倾"斗争，也使他们心有余悸。刘少奇决定亲自去食堂看一看，并找社员进行座谈。

4月15日上午，刘少奇察看了天华大队的施家冲食堂。下午，他又邀请了施家冲的部分社员座谈。为了不因座谈影响生产队的生产，中央调查组的十几个人帮助这些社员搞了两个半天的劳动。

刘少奇对社员们说，今天请你们谈一谈话，听听你们的意见。中央现在起草了一个"六十条"，是一个草案，还没有定，问你们的意见是怎么样，看一看你们有什么问题，有什么意见。你们讲一点，随便讲，讲错了也不要紧，讲错了也不批评，也不戴帽子，也不辩论，放开讲。总而言之，把事情搞好，大家好。

刘少奇接着说：

听说你们对食堂有意见，意见很多。此外还对供给制有意见，对粮食工作有意见，对房子有意见，还有其他意见。大概意见最多的是食堂、供给制、粮食、房子。这几年是有很多事情没有办好。当然有成绩，不是一点成绩没有。但有缺点，缺点很多。这些缺点，中央要负责，省委也要负责，县委也要负责，这里公社、大队也要负责。

食堂有没有好处，找起来恐怕也有一两条，缺点找起来恐怕就不止一两条，恐怕有七条八条十条。有这么多缺点，以后怎么办？以后要不要办食堂？是办下去还是不办？可以办下去，也可以不办。不办食堂就不对，就不得了，也不是。不办食堂，还是社会主义，还是人民公社。可以办，可以不办。如果要办，又怎么个办法？可以这样办，可以那样办，可以多数人办，可以少数人办，可以办农忙食堂，可以办常年食堂。

粮食问题，一个是国家要买你们的粮食，买多了，粮食的价格低了一点。国家不买一点粮食也难办，工人没有吃，我就没有吃，军队也没有吃，其他不作田的人都没有吃。再一个留下的粮食又如何分配？分给你多少？分给他多少？分得公平不公平？分得合理不合理？恐怕还是有分得不合理的地方，怎样分才好？

此外一个供给制，中央"六十条"上讲了，供给制可以占分配收入的30%，但至多不超过30%，再多就不行了，但可以少于30%，或者20%的供给制，或者10%的供给制，或者完全不要供给制，只要五保户，帮助困难户。供给制要不要？如果要，要多少？又怎样供法？现在供给制有些不合理。现在供给部分太多了，大队加小队加食堂是70%的供给制，十成里面七成是供给制，只有三成是按劳分配。供给部分一定要减少，就是要，也要减少。那么还可以不要，不要，有什么问题？还是要一点好，还是不要好？要，又要多少好？

还有一个房子问题。房子住得很挤，有些房子修一修，还可以住人。过去拆那么多房子，我看拆得不好。搬到一个食堂里面，挤得很，喂猪、喂鸡、喂鸭，搞副业，种自留地，都不方便。

有这么多缺点，不好的事情，你们讲一讲。当然，好处还是有一点，不是一点好处也没有了。

座谈开始时，社员既不说要办食堂，也不说不办食堂，而是说以前生活怎样，有多少红薯、芋头、豆子，养了多少猪、鸡、鸭，有多少猪肉，有多少鸡、鸭蛋，意思是现在生活不如以前，但就是不讲食堂不好。

社员彭佩芝说："拿我个人讲，食堂还是有好处。在食堂喂猪，可以保我自己的口粮。但住在食堂，我原来的屋空在那里，那里的自留地不能种。从前种自留地、搞副业，猪、鸡、鸭、蛋、芋头、豆子都很多，现在这些东西都没有了。"

社员彭玉鸿说："我们当社员的，总望过好日子，这个月望下个月好，今年望明年好，多生产一点多吃一点，也多支援一下国家。从前我们屋场四户人家，沟粪子不打多，至少有三千担，现在讲卫生，沟粪子没有了。各种各样的副业不能发展。现在我们十一户的生猪，还顶不上原来一户人家的生猪多。猪不能发展，就没有肥料。现在人吃油少，人粪也不肥，讲一句不好听的话，像猪粪一样。我搬了三次家，因此很多家具搬得没有了。许许多多的事情说不尽，真伤心。"

社员彭淑仪说："公社化以后，50%的人坐大船，荒土没人种了，种了也没人管，私人搞说是资本主义。我从前做长工，土改翻了身，感谢共产党，感谢毛主席。办公共食堂，是政府关心人民生活，没有办好，怪不得政府，就是大家不齐心，不愿搞。"

社员杨运桂说："共产党来了，好还是好了些，照看百姓照看得好。现在就是生产不能发展，东西少。从前互助、初级社、高级社时，生产搞得好一些，生活也好一些，人的体质也好一些。从前私人喂鸡有蛋吃，喂猪有肉吃。现蛋肉都冇得吃。我看能分散住还是好一些，可以多喂猪，多喂鸡，多种杂粮，多种蔬菜。"

社员李仲球说:"从前鸡鸭成群,现在一个蛋也吃不上了。我们大队现在只救得(剩下)60头猪了。要分散居住,把猪放下给私人养,不然还得死一些。"

社员彭德山说:"现在挤在一起住,容易生病。人多菜也不好吃,零星土地不能利用,小生产不能发展。"

社员彭一英说:"我一身病,做不了什么事,办食堂我也冇得意见,分开我也冇得意见,少数服从多数。照我的看法,像我这样的人,搞食堂也有好处,不好过有吃,但分开对生产有利些。"

对于供给制,有的社员说,供给制一点不要也不行,但要少一点,如少到20%。有的说,这两年共产党把供给制吃坏了人,建议把供给制歇一年气再看看,五保户和困难户的问题从公益金里解决。

听了社员的意见后,刘少奇说:"我看是这样,因为搞食堂,很多人住在一起,猪不能养了,鸡鸭不能养了,许多东西比以前少了,就是社员的生活比前几年差了,没有前几年好。以前喂了猪,有肉吃,有油吃;喂了鸡,有蛋吃;塘里养了鱼,有鱼吃;粮食少一点,有红薯、芋头。现在这些东西没有了,那不生活就低了。所以这个生活不如以前,这是肯定的嘛。没有什么假的,这是事实。"

他接着说:"从前政策上有问题,把自留地收了,把屋子拆了,供给部分多,倒三七,于是许多人坐大船,怕懒得(无所谓),不积极。这怪不得你们,首先是我们中央要负责,不晓得你们这种情况。我们不晓得你们的房子拆了,自留地收了,官僚主义。'共产风'刮了一次,中央讲了一次,以为纠正了,不知道还在刮。为什么不知道？还不是官僚主义。至于有些人坐大船，不积极，那是制度问题，搞一种办法，他就积极了。只搞百分之二十、百分之十几的供给制，百分之八十、百分之九十的按劳分配，这样工分就值钱了，大家就积极了。"

座谈会结束时，刘少奇说："不要悲观，只要把办法搞好，我相信可以搞好。"这时，一个社员说："以前下面向上面捏了白（说了假话之意。——引者注）。"刘少奇说："有些事情，也不能完全怪下面，中央也有责任。下面捏了白，你为什么相信哩？"

四、"调查真实情况是多么不容易"

在天华做了初步的调查了解之后，刘少奇感到农村的问题很严重，已到了非解决不可的地步。

4月17日，天华大队召开党总支会议，刘少奇出席了会议，并在会上说："你们的意见还是要办食堂，不过划小一点。我找小队干部谈，跟你们的说法也差不多，也是划小一点。开始的时候说不办的人还没有，以后我讲是优点多还是缺点多，他们说优点也有，缺点也有。……小队干部的心理，我看得出来，恐怕是多数小队长是不愿意办的。据说有人坚决主张不办，不过我觉得他还没有讲，他还有顾虑。"

他又说："听了他们的谈话，看了汇报材料，看来社员是不愿意办食堂，要求散。现在他们不好讲这个话，食堂是上级要办的，怎么好讲散哩！"接着，刘少奇用商量的口气对天华大队的干部说："看这个情形是不是这样子：如果说是多数社员愿意散，那怎么办？是不是让它散？横直是他们自己的事情。他们不愿意办食堂，饭，他们自己得煮。他们要坚持散，准不准散？我看这个事情应该准。人家要散，坚决要散，我们反对，不准，这个事情维持不下去。由社员决定。是他们的事情嘛，由他们决定嘛。"

"现在就是加入食堂一定要自愿，自愿才能办好。你把他捆到一起，他就懒得搞，而且闲话很多。看来，1958年10月1号一声喊，就办起来了，办食堂的时候不是自愿的，并不怎么自愿。这几年觉得不方便，要求散，准不准散？我看勉强在食堂里面没有好处。"

刘少奇在讲话中还认为，办食堂有一个很大的平均主义。平均主义是违背社会主义的根本原则——按劳分配的。违背了社会主义，还有什么共产主义呢？就更不是共产主义了。他还说，敞开散，没有什么了不起。真正自愿，就好。刘少奇说，我是主张办食堂的人，但要解放思想，说不办食堂就不好领导生产了，那也是假的。高级社时代是怎么领导的？初级社时代是怎么领导的？要解放思想，不要说不办食堂，食堂散了，就不得了。

听刘少奇这么一讲，参加座谈会的干部也纷纷说出了自己的心里话。有的说，从前宣传有些过火，公共食堂是社会主义阵地，拆公共食堂就是拆社会主义墙角，不办食堂是社会主义缺口，每个共产党员都要带头进食堂，所以干部的思想一下子难解放。有的说，那天思想还有顾虑，好像一个党员不参加食堂不像样。社员内心还是愿意散的，不愿散的是困难户。散食堂，你刚才一提，解放了我们的思想。也有的说，自己体会生活真要自愿，办食堂要把"自愿"摆在前头，要承认差别，不承认差别，就拐场（湖南方言，走样之意）。还有的说，真正做到自愿，大多数社员内心是愿意散的，会有百分之八九十的人散。

调查期间，刘少奇在与群众的接触中，得知有一个叫段树成的人，是原来的党支部副书记，他比较了解真实情况。但段树成受到彭梅秀的批判，被定为"右倾机会主义分子"，撤职了。刘少奇决定找段树成谈一谈。

段树成和彭梅秀都是天华人，段比彭年长十几岁。天华大队的前身是天华农业社，成立于1955年。农业社成立时，彭梅秀担任社长。上级考虑到她比较年轻，就将已担任乡手工业工会主任的段树成调回村里担任农业社党支部书记。人民公社化后，天华农业社变成了天华大队。由于彭梅秀是有名的劳动模范，上级便安排她担任大队党支部书记，段树成任副书记。段与彭两人开始关系还比较融洽，但在1958年大炼钢铁时，木匠出身的段树成不赞成毁林烧炭去炼钢铁，又认为搞农业生产要因地制宜，因而与彭梅秀发生了一些矛盾。庐山会议后"反右倾"时，彭梅秀组织对段树成进行批斗，并将其定为"右倾机会主义分子"，段树成党支部副书记的职务也被撤掉了。

4月18日，刘少奇将段树成请来。段树成向他谈了许多的情况，说天华大队的粮食产量、养猪数、工分值等等都是虚报的，实际没有那么多。社员口粮一天只有七八两，不够吃。全大队患浮肿病的超过100人。他还说：这里是先进单位，对外开放参观，上面给补贴；因为办公共食堂，山上的树已经砍得差不多了；大队有一个篾席厂，是大队干部的吃喝点，干部经常晚上去吃喝，当然不得浮肿病。刘少奇对段树成反映的情况很重视，还要他以后参加大队干部会议，有什么意见可以在会上讲出来。

彭梅秀听说刘少奇找段树成谈话后，很不高兴，站在路上骂人，称刘少奇为"刘胡子"，说"刘胡子"来把天华大队搞乱了。刘少奇并没有把这件事记在心上,觉得彭是基层干部,又是个女同志,不过是一时的气话。这件事却使刘少奇深感了解真实情况并不是一件那么容易的事。后来他多次讲:"她骂我'刘胡子',其实我没有胡子,她是要赶我走。我是国家主席,还有公安厅长带人保护着,想随便找人谈谈话,都要受到刁难。这说明听到真话、调查真实情况是多么不容易!"[1]

4月19日,刘少奇听取了中央调查组对天华大队有关情况的汇报。听完汇报后,刘少奇说:现在有一股风,一切从上面意图出发,这是非马克思主义的。我们应该一切从实际出发,这也是共产党的纪律。

当谈及食堂问题时,刘少奇说:食堂是社会主义的阵地,这是对的,这句话没有错,但这是社会主义的阵地之一,不是最主要的阵地。食堂是强制组织起来的,就不是社会主义阵地,是平均主义阵地。至于说食堂是两条道路斗争的焦点,这句话不对。在食堂问题上,我们违背了群众的大多数,我们和多数群众的斗争是两条道路的斗争吗?不是,群众不是反社会主义,仅仅是领米回家做饭吃,怎么能说是两条道路的斗争呢?群众一个是忍,一个是用怠工消极抵制我们,促使我们觉悟。[2]

1961年前后国民经济遭到严重困难,原因固然很多,但根本的还是由于轻率地发动了"大跃进"和人民公社化运动。而这场运动之所以能够发动并且持续三年之久,又与调查研究不够密不

---

[1] 黄峥执笔:《王光美访谈录》,中央文献出版社2006年版,第240页。
[2] 中共中央文献研究室编:《刘少奇年谱(1898—1969)》下卷,中央文献出版社1996年版,第513页。

可分。此时,刘少奇深感了解真实情况的重要。他在4月22日听取中央调查组的汇报时,感慨地说:从实际出发,"实际"是什么,大家不清楚,中央不清楚,省委也不清楚,县委也不清楚,公社也不清楚,大队也不清楚!从"实际"出发,那个"实际"若干是假的。不讲以前,一直到现在,报纸上登的东西有些还是假的。现在报纸上天天报道许多消息,什么生产队生产搞得怎么怎么好,肥料搞得怎么好,整田搞得怎么好,等等,有些是假的!在这次退食堂当中,社员有什么意见,要让他讲,要讲一点民主嘛!一个七十岁的老公公不是说"这一下上面睡醒了"吗,这个"上面"是什么呀?从你们公社算起,到县委,到省委,到中央,都是"上面",过去都在睡觉,都不了解实际情况。[1]

公共食堂关系到千家万户农民的利益,解散食堂成为广大群众的共同呼声。但是,由于几年来对食堂所谓"优越性"的片面宣传,尽管它已成了各级干部的一块心病,可谁也不敢提出要解散食堂。为解除基层干部对解散食堂的思想顾虑,刘少奇指出:现在90%以上的人要求散,不散就脱离了90%的群众。共产党员的义务是要经常了解群众的要求,反映群众的要求。食堂不讲散,讲退。愿意退的,自己退出去。愿意在食堂吃饭的,可以还在食堂吃饭。刘少奇建议天华大队党总支,由群众自愿选择退留。不久,天华大队的十几个食堂陆续解散。

---

[1] 中共中央文献研究室编:《刘少奇年谱(1898—1969)》下卷,中央文献出版社1996年版,第514页。

五、"房屋问题要彻底解决"

人民公社化运动之初，大搞生活集体化，建立公共食堂、托儿所、敬老院等，占用了社员的房屋。人民公社在办商业、工业、学校、信用部等机构时，也占去了不少社员的住房。还有些地方在积肥时，又拆掉了一些房屋。结果，不少社员失去自己的房屋，挤住在集体统一安排的房子里。

随着公共食堂的解散，社员必须有自己做饭、饲养家禽家畜的地方，房子问题就突现出来。刘少奇深知房子对于农民的重要性，他为此明确表示：拆了人家的房子，一定要赔，大队、公社干部要负这个责任。赔，一定要赔清，使社员基本满意，不能敷衍了事。如果这回敷衍了事，就不能教育公社和大队干部，以后他还会搞。大队要从公积金里面拿出一部分钱搞房屋退赔，不能拿其他的钱搞房屋退赔。总而言之，房屋问题要彻底解决，一年解决不了，两年；两年解决不了，三年；三年解决不了，四年；四年解决不了，五年。[1]

4月27日，中央调查组就天华大队房屋情况和处理意见写了一份报告。报告说，天华大队现在社员的住房不到原有房屋的一半。公社化前，全大队有房屋1415间，按当时1186人计算，每人占1.19间；现在社员住房只有621间，占原有房屋的43.88%，每人只有0.52间。房屋减少的原因是公路局养路队占用13间，大队养猪场、工厂、幼儿园、疗养站和大队办公房占了107间，

---

[1] 中共中央文献研究室编：《刘少奇年谱（1898—1969）》下卷，中央文献出版社1996年版，第515—516页。

生产队、公共食堂占用 117 间，几年来拆毁 394 间，没有人住的空房 163 间。社员住房搬动面达 60%，搬动的原因主要是自己的房子被拆毁或被占用，不得不住别人的房子。由于占用、拆毁的房子太多，造成社员居住十分拥挤。住房最少的一个生产队，每四个人才有一间房子。而社员频繁搬家，造成相互间住的房屋相当混乱，而且社员对于房子也不注意爱护。

为了解决社员住房问题，调查组和大队干部通过研究，提出一个初步处理方案：一是大队、生产队占用的社员住房，在不影响集体经济的原则下，能够退的全部退还给社员；二是将能够住人的房子充分利用起来，让社员搬回自己的房子。同时确定房屋的产权，凡应当退回社员的房屋原则上都应退回。如果毁坏了的大队负责修理，修理所需的材料谁拆谁赔偿，自己房屋被拆或被占用而住别人房屋者，由大队或生产队付给原房主价款或租金。

刘少奇对这个方案很重视，他致信中共湖南省委第一书记张平化说："湖南农村的房屋问题，是一个目前就需要处理、而要在二三年内才能解决的重要问题。调查组在广福公社天华大队关于房屋情况的调查和处理意见，可以作为各地处理农村房屋问题的参考，请你考虑，是否可将这个文件发给各地？"接到刘少奇指示的当天，湖南省委将此信和中央调查组的报告转发全省。

在天华大队调查期间，刘少奇了解到饲养员冯国全父子，因他们喂养的一头耕牛于 1957 年 2 月死亡，解剖后，在肺内发现一根三寸多长的铁丝，即被认为有意破坏而受到批斗、关押。刘少奇在初步调查后对此案表示怀疑，认为牛皮那么厚，牛劲那么大，铁丝怎么能穿进去？当即指示对这件事要调查，不仅要向当事人了解情况，还应问问老兽医或专门学过这种医的人。根据刘少奇的指示，湖南省公安厅组织了复查，查明铁丝是一个小孩出于好奇喂给牛吃的，冯氏父子被冤枉了，遂为其平了反。省公安厅还为此向湖南省委和公安部专门写了《关于长沙县广福公社天华大队社员冯国全破坏耕牛一案的调查报告》。刘少奇审阅这个报告后致信公安部部长谢富治："各地如冯国全这样的冤案还是有的，应由各地公安政治机关进行认真的调查研究，作出合乎实际情况的结论。"

刘少奇在天华大队总共调查了18天，这期间，他只在4月26日因接见外宾去了一次长沙。在这十几天的时间里，他不是开座谈会或听取中央调查组的汇报，就是到农民家访问，同社员谈话。这使他掌握到了许多以前所不知道的真实情况，对农业生产和农民生活的困难程度有了真切的感受。4月30日，在天华大队的调查就要告一段落了。这天上午，刘少奇召集中央调查组研究安排下一步的工作，并告诉调查组要从始至终贯彻群众路线，去掉恩赐观点。他说，这个问题讲起来容易，办起来不容易。这三年，就是没有让群众当家作主。搞拆房子呀，搞居民点呀，如果让群众当家作主，这些就办不成。不过那个时候，群众在那个风浪里面也搞得糊里糊涂了，如果那个时候要他表决，他也赞成。所以，走群众路线不能在一股风之下表决，要经过反复商量酝酿。特别是关系多数群众利害的问题，不能急急忙忙做决定。

这天下午，他又在省、市、县委工作队全体干部会议上作了讲话，着重谈了如何做好调查研究工作和实行群众路线问题，指出：真正把情况调查清楚，对每一个问题、每一个问题的各个方面都调查清楚，我看这不是一件容易的事。不容易就是人的主观世界要反映客观世界不容易，要经过一个过程，甚至是一个曲折的过程,才可能对客观实际认识清楚。作调查是认识世界,认识世界的目的是为了改造世界,在改造世界中又进一步认识世界。认识世界和改造世界要统一起来,认识世界以后改造世界,在改造世界中更深刻地认识世界。

当天晚上,他同天华大队部分干部谈话,希望他们吸取教训,改正错误,共同把天华大队搞好。随后,他乘车离开天华,回到家乡宁乡县花明楼公社炭子冲大队,继续他的湖南农村调查。

朱德与农村公共食堂的解散

在1958年的"大跃进"和人民公社化运动中,各地农村纷纷建立公共食堂,几亿农民吃起了名副其实的"大锅饭"。公共食堂既限制了农民的吃饭自由,又是典型的平均主义,可在人民公社化后一段时间里,却被当作"共产主义幼芽"而备受赞扬,1959年庐山会议后,又被当作"社会主义阵地"而继续维持。朱德通过深入的农村调查,发现了公共食堂的许多弊端,在庐山会议上曾力主解散公共食堂,成为党内较早提出解散公共食堂的中央领导人。在1961年春的全党大调查中,他又专题致信中共中央和毛泽东,反映农民要求解散公共食堂的强烈愿望,为公共食堂的最终解散起了重要作用。

一、办公共食堂"不要强迫命令"

1958年夏,"大跃进"进入高潮,部分农村为解决劳动力不足的问题,曾自发地建立了一些公共食堂。这一所谓"新生事物"刚出现,就被抬高为"进一步解放劳动力,特别是解放女劳动力,提高劳动力的利用率和劳动生产率的最有效的措施"[1]而

---

[1]《办好公共食堂》,《人民日报》1958年10月25日。

被大加提倡。这年8月，中共中央在北戴河召开政治局扩大会议，决定在全国农村建立人民公社。此次会议通过的中共中央《关于在农村建立人民公社问题的决议》明确规定："公共食堂、幼儿园、托儿所、缝衣组、理发室、公共浴堂、幸福院、农业中学、红专学校等等，把农民引向了更幸福的集体生活，进一步培养和锻炼着农民群众的集体主义思想。"[1]于是，公共食堂成为建立人民公社一项不可或缺的内容，并在实现人民公社化的同时实现了公共食堂化。至1958年底，全国的公共食堂达340多万个，在食堂吃饭的人口占全国农村总人口的90%。

客观地讲，当时发动"大跃进"和建立人民公社，是为了迅速改变我国经济文化落后的面貌，加快我国社会主义建设的进程，在不长的时间内把我国建设成为一个强大的社会主义国家。所以，"大跃进"和人民公社化运动启动后，不但党的领导人热情很高，认为中国从此找到了建设社会主义的好形式、好方法，各级干部和广大人民群众也以极大的热情投入运动之中，表现出了很高的生产工作积极性。在这种情况下，"运动开始时，朱德的热情也是比较高的"，他也认为"'大跃进'可以更快地发展我国的社会生产力，改变我国'一穷二白'的落后面貌"，"人民公社是建成社会主义并向共产主义过渡的最好的组织形式"，也多次谈过社会主义建设总路线、"大跃进"和人民公社的意义。[2]

但是，朱德在经过调查研究后，逐渐发现"大跃进"和人民

---

[1] 中共中央文献研究室编：《建国以来重要文献选编》第11册，中央文献出版社1995年版，第447页。

[2] 中共中央文献研究室编：《朱德传》，人民出版社、中央文献出版社1993年版，第679页。

公社存在不少问题。当时,人民公社被定性为过渡到共产主义的"金桥",因而许多人都认为这种过渡的时间越短越好,产生了急于实现两个过渡的思想(即由集体所有制过渡到全民所有制,由全民所有制过渡到共产主义),为此不切实际地提出许多"大办"的口号,如"大办工业""大办交通"等。因为并不具备各种"大办"的条件,致使瞎指挥、浮夸风和"共产风"十分盛行。针对这种情况,1958年11月4日,朱德在视察天津大沽化工厂时就表示,建立人民公社不能强迫命令,能办到的就办到,一时办不到的可以慢慢来。快或慢要从具体情况出发。[1]12月17日,他在听取河南省委负责人汇报工作后,又表示:我们是不是能够很快就实现共产主义呢?条件尚不具备时,太急了,也是不行的。中国没有经过资本主义发展阶段,还需要补课。现在我们还没有一样产品按人口平均能够超过人家,在生产方面还很落后,要教育大家不要自满。人们总想走得愈快愈好,但不能违背客观规律,光想快不行。大炼钢铁有缺点,要不断地在实践中吸取教训,才能找到正确的发展出路。当前部分干部对群众的生活问题注意得不够,使有些人生了病。领导干部中有官僚主义,应该检讨。在抓好生产的同时,一定要抓好群众的生活问题,这样才能把生产搞得更好。[2]在当时一哄而上大办人民公社,不少人认为共产主义很快就会到来的时候,朱德这样的认识尤显可贵。

1958年10月起,毛泽东也发现了"大跃进"和人民公社化

---

[1] 中共中央文献研究室编:《朱德传》,人民出版社、中央文献出版社1993年版,第679页。

[2] 中共中央文献研究室编:《朱德年谱(新编本)》(下),中央文献出版社2006年版,第1707页。

运动中乱子不少，相当多的干部头脑中有一大堆的糊涂思想。在他的主持下，中共中央从1958年11月至1959年6月庐山会议前，先后召开了第一次郑州会议、武昌会议、中共八届六中全会、第二次郑州会议、上海会议和中共八届七中全会，开始了局部的纠"左"。对纠"左"朱德是积极支持的，他根据这些会议的精神，花了许多精力参与纠"左"工作。

1959年2月，朱德前往广东视察。2月17日，他在同江门地委负责人谈话时说："农村办公共食堂，都吃一样的饭菜，象军队一样，这有点生硬。军队都是年轻人，又是作战部队，可以这样办。社员的生活如果这样长期搞下去，就成问题了。这是一个关系到几亿人口吃饭的大问题。"[1]这时，公共食堂办的时间还不是很长，许多问题还没有充分暴露，而此前召开的中共八届六中全会通过的《关于人民公社若干问题的决议》仍明确规定"要办好公共食堂"，因而朱德并没有对公共食堂的利弊作过多的评价。但他对公共食堂能不能办下去、有没有必要办下去表达了自己的忧虑，实际上表明他并不赞成办公共食堂的做法，也由此开始格外关注公共食堂的问题。

1958年秋冬，因全民大炼钢致使农村劳动力短缺，大量成熟了的庄稼未能及时收回，加之这一年各地大放高产"卫星"造成农业获得特大丰收的假象，国家加大了对粮食的征购，致使农村留粮大为减少，而公共食堂建立之初，片面鼓吹"吃饭不要钱"，甚至提倡"放开肚皮吃饭"，导致粮食浪费严重，到1959年春，农村粮食紧张的问题日益凸现。在这种情况下，广大农民强烈要

---

[1]《朱德选集》，人民出版社1983年版，第371页。

求解散公共食堂。针对公共食堂出现的各种问题，中共中央在第二次郑州会议后调整人民公社有关政策的同时，对公共食堂的态度也有所变化，提出了"争取巩固，坚持自愿，积极办好"的方针。1959年5月26日，中共中央发出《关于人民公社夏收分配的指示》，要求通过夏收分配，认真整顿公共食堂，规定："公共食堂必须是积极办好，自愿参加。既要使参加食堂的社员真正自愿，又不能采取放任自流的态度，把食堂一风吹散。"[1]当时，虽说对于办公共食堂规定了要"坚持自愿"的原则，但由于有"积极办好"这个大前提，因而不少地方明知群众对食堂意见很大甚至食堂勉强维持都很困难，也不敢解散食堂。而这时，朱德则明确表示，公共食堂一定要坚持自愿原则，而不可强迫命令。

在调查研究中，朱德发现公共食堂问题不少。他感到许多地方并没有贯彻自愿原则，他认为，对于那些群众要求解散的食堂不必勉强维持，否则就不能调动群众的积极性。1959年6月10日，朱德在听取旅大市委负责人汇报时说："在农村里，粮食要分到各家各户，愿意在农村公共食堂里吃饭的，就加入食堂；不愿的，就在家里吃，不要强迫命令。要鼓励农民建立自己的家务，盖房子，搞家具，这样人心就稳定下来了。家庭巩固了，有饭吃，有衣穿，就可以更好地向前进。无论工业、农业，都要想方设法发展生产，这是最重要的。去年人民公社化以来，农村搞供给制太多，有些地方搞了十几包，如包吃、包穿等，钱都没

---

[1] 中共中央文献研究室、中央档案馆编：《中共中央文件选集（1949年10月—1966年5月）》第31册，人民出版社2013年版，第189页。

有用了,家庭也不要了,不能这样做。"[1]几天后,他在听取中共吉林省委汇报时说:"吃饭不要钱不行。要把粮食分给个人,由个人负责调剂,加点菜和薯。过去我们说粮食问题不大,是因为把粮食分到社员家里,自己掌握。一办食堂,就会造成很大的浪费。不吃大锅饭,可以节省很多东西出口,换回来更多的钢铁、机器。只有生活资料归个人所有,归个人支配,才能调动社员的积极性。有些人怕因此发展了资本主义,这种顾虑是多余的,因为生产资料掌握在集体和国家手中。群众的生活应该是越富越好。"[2]

6月20日,朱德与董必武、林枫等人就公共食堂问题联名致电中共中央和毛泽东,其中说:"在当前群众的生活中,食堂问题是一件大事。""这里大部分群众不愿意参加常年食堂,原因是:(一)东北冬季时间长,各家都需要烧炕取暖,如果食堂和家里立两炉火,浪费很多煤火;(二)食堂设备条件差,不能做到家里那样饭热炕暖;(三)自留地分下去后,在家里做饭可与饲养家畜家禽结合起来;(四)群众感到食堂吃饭,对来人待客、婚丧嫁娶有诸多不便。"他们还建议:"在今年的夏秋分配中,应该强调把粮食分到户,允许社员自己在家里做饭。愿意入食堂者,可以自由结伙,重新集中粮食。"[3]这里,虽然朱德等人没有明确表示要

---

[1] 中共中央文献研究室编:《朱德年谱(新编本)》(下),中央文献出版社2006年版,第1729页。

[2] 中共中央文献研究室编:《朱德年谱(新编本)》(下),中央文献出版社2006年版,第1731页。

[3] 中共中央文献研究室编:《朱德传》,人民出版社、中央文献出版社1993年版,第691页。

解散公共食堂，但对于公共食堂的否定态度已是很明朗了。

二、公共食堂"全垮掉不见得是坏事"

为了总结"大跃进"以来的经验教训，中共中央政治局决定于 1959 年 7 月在庐山召开扩大会议。毛泽东在去庐山的途中，于 6 月 22 日在专列上接见了中共河南省委第一书记吴芝圃及书记处书记史向生等人。在谈话中，毛泽东对河南省委的领导说："食堂要坚持下来，又可以坚持下来。我不是要你们的食堂垮，我是希望能够坚持下来。"又说："不要去提倡食堂坚决垮台，是坚决自愿，坚决办好。"[1]由此可以看出，毛泽东对农村公共食堂不但极为关注，而且希望公共食堂能够坚持下来。

朱德参加了这次庐山会议，而且在会上的发言中，讲得最多的是公共食堂问题。7 月 6 日，朱德在中南组会议上发言：办公共食堂，对生产有利，但消费吃亏。供给制是共产制，工人还得发工资，农民就那样愿意共产吗？食堂自负盈亏，公家吃总亏，办不起来不要硬办，全垮掉也不见得是坏事。家庭制度应巩固起来，否则，有钱就花光。原则上应回到家庭过日子。如不退回到家庭，粮食够不够？食堂要吃饱吃好，人心才能稳定。要让农民富裕起来，农民富了怕什么？不会成富农路线，这是有关五亿人口安定的问题。[2]

---

[1]《同吴芝圃等人的谈话》(1959 年 6 月 22 日),《党的文献》1995 年第 4 期。
[2] 中共中央文献研究室编：《朱德年谱（新编本）》(下)，中央文献出版社 2006 年版，第 1736—1737 页。

7月9日，朱德在同中共广东省委第一书记陶铸谈话时说："去年最大的是两件事：一是大炼钢铁；一是公社化。结果该搞的未能搞成。私人的坛坛罐罐归了公，农民的家务被搞掉了，使国家也受到了很大损失。现在应退回去，首先要把农民的家务恢复起来。""可以允许公社社员搞些副业。""吃'大锅饭'我一向就有些担心。当这么多的人的家是当不好的。"[1]过了两天，他又对中共湖南省委第一书记周小舟说："食堂若不退回去，就要改造，以自愿为原则。把粮食分到户和节约粮食结合起来。农民是劳动者，又是私有者，去年试验了一下，他们知道在家吃饭比在公共食堂吃好，可以把粮食节约下来，把猪、鸡、鸭喂起来。这样，看起来是保留了私有制，但实际上对公有制是个补充。这两年我们只强调最好是消灭私有制。现在保留一点私有制，保留家庭副业，农民才愿意多生产出一些东西来供应市场，你不这么搞，他就不生产。去年吃大锅饭把东西吃掉了，这是个极大的教训。"[2]从这些谈话中可以看出，朱德其实是主张解散公共食堂的。

当年在办公共食堂问题上，河南是比较积极的省份。6月30日，河南省委给毛泽东和中共中央写了一份关于公共食堂问题的报告。报告说：河南办公共食堂，已有了一年多的历史，在实际生活中发生了深刻影响。公共食堂具有解放劳动力，适合公社化后集体生产的组织形式等八大优点。河南省委认为，要办好食堂，必须将中央关于积极办好、自愿参加的方针交给群众讨论，

---

[1] 中共中央文献研究室编：《朱德传》，人民出版社、中央文献出版社1993年版，第693页。

[2]《朱德选集》，人民出版社1983年版，第372页。

让他们从亲身体验中认识到公共食堂的优越性，教育干部和社员认识大集体与小自由的关系，改善食堂的经营管理，继续加强对食堂的领导。毛泽东对这个报告很重视，7月10日，他作出批示，将河南省委的这份报告印发给庐山会议与会人员，希望各地参考和借鉴河南巩固公共食堂的经验。

为了解"大跃进"和人民公社特别是公共食堂的问题，7月16日，朱德特地将吴芝圃找来谈话。吴芝圃汇报说，河南现在只有5%的人不愿吃食堂，大多数人仍然愿意吃食堂，这是历史形成的。朱德听后有些不以为然，对吴芝圃说："参加农村食堂，还是要实行自愿的原则。想回家吃饭的也要允许，对他们不要歧视，不要戴帽子。"他又说，即使食堂都垮了，也并不影响公社的巩固。人们不向公社要吃要穿，公社反而会巩固起来。如果去年不吃"大锅饭"，像高级社那样再维持几年，农民就皆大欢喜了。至少肉、蛋、鸡会有得吃。成立公共食堂靠党团员带头，退出去也要靠党团员带头。[1]朱德实际上是委婉地批评了河南勉强将农民留在公共食堂的做法。

7月23日是庐山会议由纠"左"到反右的转折点。这天上午，毛泽东在会上作了长篇讲话，开始对彭德怀进行批判。在讲话中，毛泽东专门讲到了公共食堂问题，说食堂是个好东西，未可厚非。他说，我赞成积极办好，赞成那些原则，自愿参加，粮食到户，节约归己。如果在全国能保持二分之一，我就满意了。毛泽东认为，食堂不但节约劳力，还节省粮食，包括油盐柴草菜蔬，比在家里吃得好。如果没有后一条，食堂就不能持久。他还

---

[1]《朱德选集》，人民出版社1983年版，第373页。

对朱德说:"总司令,我赞成你的说法,但又跟你有区别。不可不散,不可多散,我是个中间派。科学院昌黎调查组说食堂没有一点好处,攻其一点,不及其余,是学《登徒子好色赋》的办法。"[1]话语之中可以看出,毛泽东对朱德一再主张解散公共食堂是有所不满的。

尽管如此,朱德在当天中央政治局扩大会议第一小组发言中,仍然表示:"去年农业是好收成,粮食为什么还紧张?主要是吃大锅饭吃掉了。好的,吃了;坏的,烂了。农民对私有制习惯了,分散消费可能节省一些。要实行按劳分配,多劳多得,各自生活,不要吃大锅饭。一吃大锅饭,房子也不修了,锅碗瓢盆也不买了。如果把粮食分到户,就可以维持下去。如果是供给制,什么都包下来,就维持不下去。"[2] 7月25日,他在同中共甘肃省委第一书记张仲良、新疆维吾尔自治区党委第一书记王恩茂谈话时又说:"人民公社不等于大锅饭,要集体生产,分散消费。农村的公共食堂要坚持自愿参加的原则,实行经济核算,生活得好坏由个人自己负责。恐怕有百分之六十到七十的人愿意在家里吃饭,这样才适合当前我国生活水平较低的条件。"[3] 7月29日,朱德在同农业机械部部长陈正人谈话时还说:"要巩固人民公社,首先要解决好粮食问题,要把粮食分到户,吃食堂自愿参加,不

---

[1] 中共中央文献研究室编:《朱德年谱(新编本)》(下),中央文献出版社2006年版,第1742页。

[2] 中共中央文献研究室编:《朱德年谱(新编本)》(下),中央文献出版社2006年版,第1742页。

[3] 中共中央文献研究室编:《朱德年谱(新编本)》(下),中央文献出版社2006年版,第1743页。

要强迫命令，这样才能节约粮食。"[1]可见，在庐山会议已经转向的情况下，朱德对公共食堂的否定态度并没有改变。

由于在庐山会议前朱德"对农业问题，特别是对公共食堂和对家庭制度巩固等问题，都有自己的看法和意见"，并且在庐山会议上明确表示不赞成办公共食堂，于是会上一些人批评他"右"。[2]加之庐山会议后期批判彭德怀的时候，朱德仍肯定彭德怀的信有积极的一面，肯定彭德怀的检讨"态度是好的"，因而被认为对彭德怀的批判"未抓到痒处"。在随后召开的中央军委扩大会议上，朱德也被视为"右倾"而遭到错误批判，并不得不作了检讨。不久，他由中央军委副主席变成了中央军委常委，他在中央军委扩大会议上的检讨也被作为党内文件下发。从历史的发展看，如果当时能够重视朱德的意见，在公共食堂问题上真正贯彻自愿原则，解散那些本已办不下去的食堂，后来农村的形势也就不至于那样紧张。

三、再次反映农民呼声，促成公共食堂的解散

庐山会议之后，一度有所纠正的"左"倾错误再度泛滥，且较之1958年有过之而无不及。公共食堂也被当作"社会主义阵地"而大力加以维护。1959年9月22日，《人民日报》发表《公共食堂前途无量》的社论，其中说：1958年中国出了许多新鲜事

---

[1] 中共中央文献研究室编：《朱德年谱（新编本）》（下），中央文献出版社2006年版，第1744页。
[2] 《康克清回忆录》，解放军出版社1993年版，第446页。

情,公共食堂在广大农村普遍建立就是其中的一桩。在人民公社化前后,涌现了数以百万计的农村公共食堂,受到几亿农民的热烈赞扬。可是新生事物总是在斗争中生长起来的,农村公共食堂也不例外。社论表示:"公共食堂有深厚的社会经济根源,有党和人民的爱护和支持,它绝不是一阵风吹起来的,也不是一阵风吹得散的。个别的暂时被吹掉了,迟早也总是要吹回来的。"由于庐山会议后开展全党范围的"反右倾",不赞成办公共食堂被视为"右倾"的重要表现,这样一来,公共食堂果真"吹"回来了。至1959年底,我国农村已办公共食堂391.9万个,参加食堂吃饭的约4亿人,占人民公社总人数的72.6%。

然而,进入1960年后,我国经济遭遇了比1959年更严重的困难,特别是农村的形势极为严峻。由于自然灾害频繁,更由于"共产风"、浮夸风、瞎指挥风和强迫命令风再度盛行,1960年粮食产量再次大幅度下降。而国家为保证城镇居民最低限度的粮食供应不得不在农村实行高征购,农民留粮很少,以至于难以保证其最低生活需要。本来农民的口粮就严重不足,而口粮又不是直接分给农民而是存放于公共食堂,并且将在不在食堂吃饭与走什么样的道路挂起钩来,使亿万农民只得在公共食堂吃着名副其实的"大锅饭"。这进一步加重了农村的困难,致使农民生活异常艰难。为了克服严重的困难,1960年11月,中共中央发出"十二条"。以此为标志,开始了农村政策的调整。1961年3月,中共中央又制定了"农业六十条",强调要坚决刹住"共产风",缩小社队规模,允许农民经营自留地和家庭副业等。随后,中共中央又号召全党大兴调查研究之风,要求各级干部带着"农业六十条"草案,深入农村了解党的农村政策贯彻情况,听取农民对"农业六十条"的修改意见，以进一步解决农村和农业问题。

朱德虽因在庐山会议上主张解散公共食堂而遭受错误批判，但他并没有由此放弃对这个问题的关注。1960年3月，朱德回到家乡四川仪陇县时，坚持在公共食堂吃饭，对食堂的真实情况有了进一步的了解。"农业六十条"草案出台后，朱德积极响应中共中央开展调查研究的号召，不顾已是75岁的高龄，前往四川、陕西、河南、河北四省视察，公共食堂问题再次成为他调查的重点。回到北京后，他于5月9日致信毛泽东说："就我们在农村看到的情况说来，那里的社员吃饭也是'两道烟'，即在食堂做一道，社员打饭回家再加工一道，对人力和物力浪费不少。一到西安，陕西省委对食堂的反映就十分强烈了。据他们汇报，多数群众愿意回家自己做饭，少数群众愿意留在食堂吃饭。群众说食堂有五不好：1.社员吃不够标准；2.浪费劳动力；3.浪费时间；4.下雨天吃饭不方便；5.一年到头吃糊涂面。"

朱德在信中还说，干部反映食堂有十一"砸"（即整苦了之意）：（1）把眼熬砸了；（2）把会开砸了；（3）把批评挨砸了；（4）把脸伤砸了；（5）把上级哄砸了；（6）把群众整砸了；（7）把劳动力费砸了；（8）把树砍砸了；（9）把牲口草烧砸了；（10）把锅打砸了；（11）炊管人员把鬼日砸了。朱德在信中还告诉毛泽东：河南荥阳县贾峪公社大塽滩生产队食堂，是一个较好的食堂，曾得到过县委的锦旗，可是全队36户中，除两户五保户和两户单身汉愿在食堂吃外，其余32户都要求回家吃饭。禹县干部反映：在食堂问题上，费了不少力，受了不少气；挨了不少骂，作了不少难；食堂办不好，生产受影响；领导还叫干，群众有意见。据豫东地区调查，允许群众回家吃饭不到一个月的时间，浮肿病即下降了40%到50%。[1]

与此同时，中共中央和各级党委相继组织了大批调查组深入农村调查，刘少奇、周恩来等也亲往湖南、河北农村调查。这样，全党上下对公共食堂的诸多弊端有了深切的体会，对广大农民解散公共食堂的强烈愿望有了真切的感受。1961年5月至6月的中央工作会议通过了《农村人民公社工作条例（修正草案）》，其中规定："在生产队办不办公共食堂，完全由社员讨论决定。"随着这个文件的贯彻，全国农村勉强维持三年之久的公共食堂按照农民的意愿相继解散。农村公共食堂的解散，是全党调查研究后得出的共识，朱德在其中起到了重要作用。

朱德是党内较早发现公共食堂的弊端并一再主张解散公共食堂的中央领导。他之所以能较早发觉公共食堂存在的问题且对此明确持否定态度，是与他了解农村、了解农民分不开的。在庐山会议上同吴芝圃谈话时，朱德就说过："要认真研究一下农民的心理，要向农民讲清楚，并让其讨论，否则没有人敢讲话。"[2]1958年一哄而起大办人民公社，原因固然有很多，但其中一条，就是过高估计了农村生产力的发展和农民的觉悟水平，生产关系超越了生产力所能承载的程度，以至于认为中国的社会主义建设和在实现共产主义的问题上，也可以再来一次农村包围城市，这实际上是不了解农村和农民所造成的结果。应当说，新中国成立后，曾在民主革命时期处理农民问题得心应手的中国共

---

[1]《朱德选集》，人民出版社1993年版，第374—375页。
[2] 中共中央文献研究室编：《朱德传》，人民出版社、中央文献出版社1993年版，第694页。

产党人，一度忽视了对农民心理的了解。农民是愿意走社会主义道路和向往共产主义的，但农民同时又是小私有者，将小农经济改造为社会主义经济是一个很长的过程，至于在农村实现共产主义那就需要更长的时间。在人民公社化运动中大办公共食堂，实际上是没有看到小农经济和小农思想改造的长期性，企图一蹴而就实现共产主义，违背了农民的意愿和不顾农村生产力发展水平。

朱德之所以能在公共食堂问题上做到实事求是，一再不赞成办公共食堂，就在于他本人了解农民。他在庐山会议中南小组的发言中说："去年成绩是伟大的。但对农民是劳动者又是私有者这一点估计不够，共产搞早了一点。"[1]既然农民是小私有者，就应当在坚持公有制的同时，考虑适当保留农民一定的个体所有制。在人民公社化过程中对公共食堂大唱赞歌，一个重要的原因就是认为公共食堂建立后可以彻底消灭私有制，理由是建立公共食堂后，社员不但不必私人留粮，也不必有自留地和家庭副业，这样就彻底堵住了农村资本主义自发势力，并能培养社员的共产主义思想。可朱德并不这样看，他认为，既然农民具有劳动者和私有者双重身份，那么制定有关政策的时候，就必须从这个实际出发，考虑农民的部分所有制问题。1959年5月20日，他在同国务院副总理李富春谈话时指出：农业的基本问题是全民所有制、集体所有制和个人所有制相结合的问题。不与个人所有制结合，农民就没有积极性。我看要退回去，退到允许个人所有制的

---

[1] 中共中央文献研究室编：《朱德年谱（新编本）》（下），中央文献出版社2006年版，第1736页。

存在是合理合法的。否则，农民总要向外跑，不安定。[1]同年6月1日，他在听取抚顺市委负责人等汇报工作时说：去年副食品一度紧张，主要原因是在所有制问题上搞混了，违反了生活资料个人所有的原则。实践证明，如果生活资料不归私有，群众就没有劲头搞生产。[2]

朱德了解农民，不仅是因为他出身农民，更重要的是他在新中国成立后花了大量的时间、精力从事农村调查。朱德在党内并不直接负责农村工作，但在1958年至1961年这几年，除了参加中央召开的会议和完成出访任务外，其余的时间他都是在各地视察和调研。因而他了解农村的真实情况，懂得农民的心思，也就知道农民在想什么、盼什么，希望有什么样的政策，并由此反映农民的愿望，最终促成了公共食堂的解散。

---

[1] 中共中央文献研究室编：《朱德传》，人民出版社、中央文献出版社1993年版，第690页。

[2] 中共中央文献研究室编：《朱德年谱（新编本）》（下），中央文献出版社2006年版，第1727页。

农村人民公社基本核算单位的下放

1960年前后，由于"大跃进"和人民公社化运动及其他方面的原因，我国农村出现了新中国成立以来从未有过的严重困难。为克服困难，中共中央出台了一系列的政策措施，并于1961年上半年制定了"农业六十条"草案和修正草案，以解决广大农民群众关心的供给制、公共食堂等问题。但是，"农业六十条"草案仍规定以生产大队为基本核算单位，这就使得生产大队内部生产队之间的平均主义问题仍没有解决。为此，在调查研究的基础上，中共中央决定将基本核算单位下放到生产队，从而极大地调动了生产队和社员的生产积极性，对农村经济的复苏起到了重要作用。

一、"农业六十条"草案没有解决生产队之间的平均主义问题

1961年3月，在全党调查研究的基础上，毛泽东亲自主持制定了"农业六十条"草案，抑制了以"一平二调"为特征的"共产风"，恢复了社员的自留地和家庭副业，缩小了社队规模。同年5月下旬到6月上旬，中共中央在北京召开工作会议，对草案作了修改，形成了"农业六十条"修正草案，取消了农民普遍反

对的"吃饭不要钱"的供给制和吃"大锅饭"的公共食堂。"农业六十条"草案和修正草案,是全党恢复实事求是传统和大兴调查研究之风取得的一个重要成果。"农业六十条"修正草案公布后,各省、市、自治区分别召开三级干部会议,统一思想认识。各级党组织还召开各种形式的座谈会,在了解存在的具体问题的基础上,有针对性地宣传"农业六十条",并结合各地的实际制定一些补充规定。在此后二三个月的时间里,农村的"共产风"基本上得到遏制,党同农民的关系有了改善,农民的生产积极性显著提高,各地的生产普遍有了起色。

但是,"农业六十条"的贯彻执行在各地也存在一些问题,如对"共产风"的退赔很不彻底,其中退赔到社员手中的,仅占平调数字的20%—30%;有的地方没有按规定给社员留足自留地;也有的地方没收社员自留地的粮食顶上交任务或顶分配口粮。广大群众对"农业六十条"既热烈拥护,但又普遍存在"怕变"的心理。

尤其重要的是,"农业六十条"草案和修正草案贯彻落实后,虽然社、队规模有了缩小,但以生产大队为基本核算单位没有改变。生产大队仍然承担着"统一管理各生产队的生产事业","在全大队范围内统一分配归大队所有的产品和收入"的职能,对生产实行包工、包产、包成本、超产奖励的"三包一奖"制度;生产队仅仅是一个组织生产的单位,没有生产经营的自主权和劳动产品的处分权。这就使得生产队之间的平均主义问题依然没有从根本上解决。当时,全国平均每个大队约有6—7个生产队。同一生产大队内部,各生产队的自然条件、原有基础、劳动力强弱、队干部能力大小各不相同,而产品和收入在全大队范围内统一分配，实际上还是穷的生产队"共"富的生产队的"产"。

山东省历城县南郊公社东八里洼大队有5个生产队，各队的生产条件基本相同，第一生产队生产好、增产多，超产粮食18000斤，第二生产队只超产4000斤。结果大队从第一生产队提走超产粮食9000斤，从第二生产队只提走了2000斤。第一生产队感到吃亏很大，又听说第二生产队搞了瞒产私分，实际超产粮不止那么多，更感到吃亏，该队队长干脆躺倒不干了。

包工、包产、包成本、超产奖励的"三包一奖"办法，没有真正解决生产队与生产队间的平均主义问题。湖北省武昌县锦绣生产大队的社员说："养儿当兵，种田纳粮，我们没有意见，就是对明明看到我们队生产的粮食，调给别的生产队吃，思想不通。"这个大队的群众还说，自从办起高级社以来，年年制定"三包"，调整"三包"，处理"三包"，从正月初一到腊月三十至少有五次吵"三包"的高潮，每次总吵个半个月二十天。开干部会不行，开社员代表会；社员代表会不行，开群众大会。开会把人熬到眼泡肿，还是搞不合理，只好说："算了，算了，今年不说了，明年再来。"[1]

另据河北省委工作组在保定地区的调查，满城县城内生产大队为了搞"三包一奖"和夏秋分配，大队和生产队两级，春、夏、秋三季要搞5次10套方案，要算49个百分比、1191笔账。群众说："年年搞三包一奖，年年稀里糊涂，吃亏沾光心里不清楚。"干部和会计人员反映，搞"三包一奖"一年有三愁："算

---

[1] 孝感地委工作组：《武昌县锦绣生产大队试行以生产队为核算单位的调查》，1961年8月12日。

账、吵嘴、熬油灯"。实行"三包一奖",对社员应分部分的分配方法是,把包产以内的总收入刨除扣除部分后,全大队按照一个平均工值进行分配。这样,使收入多的队不能多分,收入少的队也不少分。虽说有超产奖励,但奖励的产量往往只占超产量的很小一部分,超产的大部分交给了大队。对此,群众不满意地说:"这好比新出嫁的姑娘住娘家,带回去的东西少,拿走的东西多。"在"三包一奖"中,因为分配是按一个平均包工值确定的,包工多包产低的队就会多分,包工少包产高的队就会少分。河北涿县西皋庄大队,1960年包产时第二生产队有10亩低洼地,每亩只包产28斤豆子,每亩包工9个。这个队算了一笔账,就算这10亩豆子颗粒不收,按亏产罚30%计算,共要罚款8.4元;每亩包工9个,按每个工决算时分值0.35元计算,能分款31.5元。除去赔款还净得23.1元。如果把这些工用去搞副业,还可得100多元。其他队的社员说:"三包一奖好是好,就是投机取巧管不了。"[1]

二、农民创造的"分配大包干"引起了毛泽东的重视

毛泽东一直把"农业六十条"当作他的心爱之作,对于贯彻执行"农业六十条"之后生产队之间存在的平均主义,也是他在"农业六十条"修正草案通过后关注和思考的一个重要问题。

1961年8月23日至9月16日,中共中央在庐山举行工作会

---

[1] 河北省委工作组:《关于分配大包干的调查报告》,1961年8月17日。

议，重点讨论工业、粮食、财贸和教育等问题，但毛泽东此时的注意力仍主要在农业方面，关注"农业六十条"的执行情况。在会议的第一天，毛泽东说："讲到社会主义革命，则不甚了了。公社工作条例六十条，讲的是所有制、分配、人与人的关系，都是社会主义。这个问题究竟如何？你们说有了一套了，我还不大相信。不要迷信广州会议、北京会议搞了一套，认为彻底解决问题了。我看还要碰三年，还要碰大钉子。会不会亡国，蒋介石来，打世界大战？不会。会不会遭许多挫折和失败？一定会。现在遭了挫折和失败，碰了钉子，但还碰得不够，还要碰。再搞两三年看看能不能搞出一套来。对社会主义，我们现在有些了解，但不甚了了。我们搞社会主义是边建设边学习的。搞社会主义，才有社会主义经验，'未有先学养子而后嫁者也'。说没有经验，已经搞了十二年，也有一些，但也只有十二年。"[1]

　　毛泽东的这段话，大致反映了他当时的心情。对于"农业六十条"，他倾注了大量的心血，也希望有了这个东西，农村和人民公社的发展就有了规矩，就不至于出大的乱子。但是，是否有了"农业六十条"农村和人民公社就不会再出问题，农民的积极性就能提高，农村的形势就能根本好转，毛泽东心中也是没有底的。对于社会主义"不甚了了"，的确是他的肺腑之言。

　　在这次会议上，中共中央中南局负责人陶铸、王任重向毛泽东反映，"农业六十条"解决了生产队的问题，但土地、牲畜、劳力归生产队所有，而分配则以大队为基本核算单位，所有权与

---

[1] 中共中央文献研究室编：《毛泽东年谱（1949—1976）》第5卷，中央文献出版社2003年版，第12页。

分配权有矛盾。如何解决这个问题，自决定调整农村政策以来，毛泽东一直在思考和探讨。

1961年2月，毛泽东在同中共浙江省委和湖南省委负责人谈话中，就提出了核算单位是以大队为基础还是以生产队为基础的问题。他建议不要小队，把小队改为生产队，相当于原来的初级社，把生产队改为生产大队，要两个省考虑是将核算单位放在过去的高级社好还是放在初级社好，也就是放在生产队好还是放在生产小队好。这是党内领导人最早提出可以将基本核算单位放在相当于后来的生产队。

广州会议期间，陶铸给毛泽东报告了关于广东南海县大沥公社沥西大队试行生产队包干上调任务的情况调查。沥西大队在试行"三包""四定"的基础上，在全大队实行统一分配的前提下，定死各生产队对大队的包干上调任务。完成上调任务后，超产部分全为生产队自行处理。试行这个办法后，各生产队和社员的积极性被进一步调动起来，整个大队的生产面貌完全改观。这实际上就是以生产队为基本核算单位。毛泽东认为这不失为一种解决生产大队内部平均主义问题的办法，就在这份材料上批道："印发各同志。请各组讨论，这个办法是否可以在各地推广。"[1]

1961年3月，中共山东省委农村工作部召开有部分县委书记、县委农村工作部部长、公社党委书记、生产队（即后来的生产大队）支部书记和生产队队长、生产小队（即后来的生产队）队长、社员参加的座谈会，征求他们对人民公社体制问题的意见。从座谈会反映的情况看，几年来之所以各地普遍发生瞒

---

[1]《建国以来毛泽东文稿》第9册，中央文献出版社1996年版，第445页。

产私分，小队不重视大田生产，社员不积极生产，不爱护耕畜、农具和公共财产等现象，除了经营管理工作跟不上等原因外，最根本的是由于在一个基本核算单位，小队与小队之间经济水平不平衡，生产好坏与收入多少差别很大，而收益由生产队统一分配，产生了平均主义。生产资料的所有权属生产队，而劳力、耕畜、农具等生产资料的管理又在生产小队。生产小队承担各项生产任务，但又没有分配权。要解决这个矛盾，就必须使生产资料所有权与使用权、生产权与分配权统一，核算单位应当就是直接的生产单位，也就是应当将基本核算单位下放到生产小队一级。[1]毛泽东将这份材料批给了负责"农业六十条"草案起草的陶铸、陈伯达阅看。

但是，这两份材料并未引起与会人员的太多注意。当时，人们关注的重点在供给制和公共食堂等问题上。因此，在"农业六十条"草案和修正草案中，都没有定死生产队对大队的包干上调任务的内容，而是强调要"认真执行包产、包工、包成本和超产奖励的三包一奖制"，并且重申生产大队是基本核算单位。这就不可能从根本上解决生产大队内部的平均主义问题。

1961年9月下旬，毛泽东在从外地视察回北京的途中，于9月27日在河北邯郸邀集河北、山东省委和邯郸、邢台、保定、石家庄、张家口等五地委的负责人谈话。

谈话一开始，毛泽东问河北省委代理第一书记刘子厚："你们想扯什么问题？"刘子厚回答说："还是上次谈的大包干问题。"这正是毛泽东所关心的，他说："这是一个大问题。不以脚

---

[1]《建国以来毛泽东文稿》第9册，中央文献出版社1996年版，第460—461页。

为基础,以腰为基础,脚去生产,腰在分配,闹平均主义。"

毛泽东问山东是怎么做的,中共山东省委分管农业的书记周兴介绍了山东一些地方搞大包干的情况。毛泽东说:"噢!那就是交公积金、公益金、管理费,还有征购粮。我过济南时说,河北唐县有一个公社几年来连年增产,并不闹大队统一核算,统一分配,他们分配大包干,年年增产,生活好,也能完成征购任务,真正调动积极性靠这一条。三包一奖,算账算不清,强迫命令定局,搞平均主义。三包一奖搞了六年之久,从来没有搞清楚这个问题,反正他有办法对付你瞒产。"刘子厚对此也颇有同感,说道:"三包一奖太麻烦,保定有个调查,三十七道工序,四十九个百分比,一千一百二十八笔账。张家口比较简单的办法,也有八百多笔账。"毛泽东说:"这是烦琐哲学嘛。"刘子厚说:"三包一奖年年吵个一塌糊涂,一年至少吵四次,一次吵多少天。"毛泽东说:"最后吵得没办法了,来个强迫命令算了。"

在听取刘子厚汇报河北实行大包干的经过后,毛泽东说:"广州会议时,河北要在全省实行小队核算。山东开了个座谈会,也提出了这个问题,讲所有制名义在大队实际在小队。生产在小队,分配在大队,这不是矛盾吗?在广州开会时,我批了一个文件,让大家议一议,大家议的结果都不赞成。农村现在二十户左右的生产队,有人说规模太小。二十户不小了,山里头更小一些也可以,十来户、七八户搞一个核算单位。二十户有八九十人,三十个、四十个整半劳动力,不算少啦。生产队有四十来个劳动力,就是个大工厂嘛,再大了管不好。河北平均四十二户,有八十个到九十个整半劳动力,已经很大了。这个工厂难办,它是生产植物、动物的工厂,是生产活的东西,钢、铁是死的东西。"

刘子厚说:"今春在北京开会讨论这个问题的时候,熟人开玩笑说,你们退到初级社了。"毛泽东说:"问题是搞不搞积累。大队、公社有一部分积累,就没有退到初级社。"

刘子厚说:"有人说对基本建设不利。"毛泽东说:"是否不利?定一条,要抽些劳力,搞些积累。有些基本建设大队可以不干涉,如打井小队也可以搞嘛。全县的全社规模的基本建设,由社、县来办。"刘子厚说:"第三是说征购辫子多了,头绪多了。"毛泽东说:"你还是抓大队嘛。"刘子厚又说:"第四是说,如果有的队遭灾,不利互相支援。第五是说不利于向机械化发展。"毛泽东说:"你现在哪一年实现机械化?还是遥遥无期嘛,现在是靠人力劳动。"

接着,毛泽东又问中共保定地委第一书记李悦农:"你们唐县哪公社是这个办法,有个材料没有?"李悦农回答说:"没有文字材料。唐县的峒笼公社十一个大队,名义上是县对区都实行'三包一奖',实际上是大包干,被评为'右倾'他们也不改,群众拥护。"毛泽东说:"他们粮食年年增产,牲口也很壮,照他的办就行了,还有什么讲的。"过了一会儿,毛泽东又说:"整风整社,'六十条'是根据,可是'六十条'就是缺这一条。山东那个材料很有意思,广州附近某县实际也是这个办法。湖北为这个办法还在吵,他们心中无底。荆门县金山大队试了。叫他们去试一试,问问社员、小队长,多找几个大队去问问。你们河北最好写个报告,我批给他们试试,省、地两级去调查研究一番。指导唐县那个大队的情况,写个报告,四五千字,不要太长,太长了人家不看。"

刘子厚又汇报到按劳分配问题。毛泽东觉得这是不成问题的问题，顺口说道："按劳分配就是嘛。还有什么问题？还讨论了什么？"刘子厚介绍了他们准备实行的实物分配办法。所谓实物，当然主要是粮食。毛泽东说："唐二里那个地方，口粮按劳分配部分5%到10%，太少了。湖北孝感规定每人口粮360斤，这不行。有了这些基本口粮，就可以不做工了。最好定180斤，吃不饱就得努力。看来基本口粮高了不行。高了就没有积极性了。"毛泽东还说："什么叫队为基础，就是以现在的生产队为基础，就是过去的小队。三级所有，基础在队，在脚。这样搞上十年、八年，生产发展了就好办了。"[1]

9月29日，毛泽东将自己亲笔作的《邯郸谈话会记录》，批印给中共中央政治局常委们进行讨论、研究。同一天，他致信政治局常委说："我们对农业方面的严重平均主义的问题，至今还没有完全解决，还留下一个问题。农民说，六十条就是缺了这一条。这一条是什么呢？就是生产权在小队、分配权却在大队，即所谓'三包一奖'的问题。这个问题不解决，农、林、牧、副、渔的大发展即仍然受束缚，群众的生产积极性仍然要受影响。""我的意见是'三级所有、队为基础'，即基本核算单位是队而不是大队。"他还说："在这个问题上，我们过去过了六年之久的胡涂日子（一九五六年，高级社成立时起），第七年应该醒过来了吧。也不知是谁地谁人发明了这个'三包一奖'的胡涂

---

[1]《领袖莅临邯郸纪实》，中共党史出版社1994年版，第34—38页；中共中央文献研究室编：《毛泽东传（1949—1976）》（下），中央文献出版社2003年版，第1176—1178页。

办法，弄得大小队之间，干群之间，一年大吵几次，结果瞒产私分，并且永远闹不清。据有些同志说，从来就没有真正实行过所谓'三包一奖'。实在是一个严重的教训。"[1]

三、下放基本核算单位成为全党的共识

受毛泽东的委托，1961年10月3日，邓子恢主持召开中央有关部门负责人座谈会，讨论以生产队为基本核算单位的问题。10月6日，邓子恢向毛泽东报送了《关于座谈基本核算单位下放到生产队问题的情况报告》，不但完全同意将基本核算单位下放到生产队，而且还总结出了这样做的几个好处：

（一）可以彻底克服队与队之间的平均主义，大大调动社员的积极性，从而更好地发展农业生产；

（二）把生产权与分配权统一起来，解决了自高级社以来大队与小队之间长期存在的责权不明的矛盾，从而取消了"三包一奖"这个糊涂制度，结束了大、小队干部一年吵几次的情况，减少了许多工作麻烦，使大家能更好地分工合作，搞好农业生产；

（三）便于干部遇事与群众商量，社员也才好充分发表意见，真正建立起生产上的民主管理制度；

（四）分配权下放，大队成为各生产队在经济上的联合组织，大队的支配权只限于各队上交的公积金、公益金、管理费，大队直属企业有限，这也减少了大队干部贪污、多占，有利于防止官僚主义与"五风"为害；

---

[1]《毛泽东文集》第8卷，人民出版社1999年版，第284—285页。

（五）分配权下放可以减少大队干部，节约开支，大队干部也可更好地集中精力把直属企业办好，把党与政治工作做好。

10月7日，毛泽东起草了《中共中央关于农村基本核算单位问题给各中央局，各省、市、区党委的指示》，连同《邯郸谈话会记录》，河北省关于"分配大包干"的五个材料，中共湖北省委关于试行以生产队为基本核算单位给中南局并报中央、毛泽东的请示报告，山东省委农村工作部《关于农村人民公社体制问题的座谈意见》和山东省委关于"三包一奖"问题的情况报告，广东省委调查组关于南海县大沥公社沥西大队试行生产队包干上调任务的情况报告，一同下发到各地。

中共中央的指示中肯定了以生产队为基本核算单位的做法，认为"它最大的好处，是可以改变生产的基本单位是生产队，而统一分配单位却是生产大队的不合理状态，解决集体经济中长期以来存在的这种生产和分配不相适应的矛盾"。中共中央要求各级党委的负责同志，都要亲自下乡，并派得力的调查组下去，广泛征求群众意见。各县还可选择一两个生产队进行试点，以便取得经验。[1]

10月23日，中共中央转发了河北省邢台地委《关于南宫县贯彻大包干政策的通报》。这个通报介绍了南宫县贯彻大包干政策的具体做法和大包干政策所产生的积极效果。中共中央认为南宫的经验很好，要求各地认真研究，参照办理。

10月下旬至11月上旬，邓子恢率工作组回到家乡福建龙岩，

---

[1] 中共中央文献研究室编：《建国以来重要文献选编》第14册，中央文献出版社1997年版，第738—739页。

就基本核算单位的试点问题进行调查，并于11月23日向中共中央和毛泽东报送了《关于农村人民公社基本核算单位试点情况的调查报告》。邓子恢在《调查报告》中说，对基本核算单位下放，各级干部和群众一致拥护，认为这对克服平均主义、官僚主义，贯彻民主办社，勤俭办社，调动社员积极性，发展农副业生产都有很大好处。但也有少数大队干部感到权力受到了限制，思想上有抵触；小队干部和群众也有一部分过去在大队分配中占便宜的人，主张维持现状不变。这些人经过说服，经过大多数群众通过，也只好赞成。

邓子恢在《调查报告》中着重谈到了以生产队为基本核算单位后要注意解决的几个问题。认为基本核算单位下放后，现有的小队应基本不动，个别调整，有些小队范围太大需要划分者，可以小乡村一村一队，大乡村一村数队，生产队的规模应以30户左右为宜，最少不得少于20户，各小队划分应经公社批准；体制下放后大队的职权，主要是承担政权方面工作、党与政治工作、联村社工作、办好大队企业等四个方面。报告中还介绍了几个大队土地调整、新三包（公积金、公益金、管理费）提留、社员口粮分配的具体办法，并提出了他对这些问题的看法。

对于邓子恢的这个报告，毛泽东看后作了充分肯定，并以中共中央的名义将其转发给各中央局和各省、市、自治区党委。毛泽东在批语中说："邓子恢同志这个报告很好，发给你们参考。因为目前各地正在普遍试点，此件可发至地、县、社三级党委参考。认真调查研究，对具体问题作出具体的分析，而不是抽象的主观主义的分析,这是马克思主义的灵魂。"[1]中共中央和毛泽东还要求在12月20日以前,各省委第一书记带若干工作组,采取邓子恢的方法下乡去,做十天左右的调查研究工作。

下放基本核算单位,毕竟是涉及人民公社体制变革的大问题。为了做好这项工作,各省区吸取了人民公社化时一哄而上的教训,相继进行了以生产队为基本核算单位的试点。

中共广西区党委在调查中发现,"农业六十条"修正草案下发后,群众对调整社队规模、贯彻食堂自愿参加原则,粮食征购三年不变,劳逸结合,恢复自留地,允许生产队和社员开荒,口粮分配到户,开放农村集市贸易,以及干部作风的改进,都是满意的。他们说:"有了六十条,生活好过多。""过年过节吃肉,去年是看大队的老牛,今年是看自己的鸡鸭,明年就要看自己的猪肥不肥了。"

尽管如此,"群众集体生产的积极性还不是那么高涨,集体生产部分的增产也还不那么显著",还有相当数量的社员,愿意多搞自留地和开荒,不愿多出集体工,表示出集体工所得的工分,只要能拿回口粮就算了。也有一些生产队不愿多要土地,甚至把一部分土地丢下不种,让社员去"开荒"。他们的想法是,反正大队要统一分配,生产少一点也可以得到统一调节。贯彻"农业六十条"后,社员的自留地和开荒地都种得很好,集体生产则起色不大。

出现这种现象的原因,主要是队与队之间、人与人之间的平均主义没有解决,因而在分配上仍是一拉平。生产队是生产的基

---

[1]《建国以来毛泽东文稿》第9册,中央文献出版社1996年版,第605页。

本单位，而大队则是分配单位，虽然也搞了"三包一奖"，但并没有解决平均主义的问题。为了穷队、富队收入不拉平，也曾采取了富队降低包产产量，按土地面积、产量多少计算包工包资等办法，但富队包产包低了穷队不同意，包高了又不能解决穷、富队间的平均主义问题，最后往往是富队吃亏，穷队多占，社员说这是"多产不多得，生龟养死鳖"。

试行生产队为基本核算单位后，对生产"立竿见影起了显著的推动作用"。广西区党委给中共中央和中南局的报告中说："试点的绝大多数生产队干部和社员群众，在确定了生产队核算后，立即动手扩大冬种，增加积肥，增置农具，积极进行备耕工作，社员出工也比过去整齐得多。"因此，以生产队为基本核算单位，"看来是非搞不可"。[1]

中共青海省委经过试点后总结说："下放基本核算单位，对于充分调动广大农民群众集体生产积极性，成效显著，出现新的气象。""争工分抢活干的人多了，撂荒几年的耕地现在都抢着种。许多生产队购置、修补农具，不少社员把这几年乱拉私藏的农具拿出来。""社员们说，这种闹生产的劲头与1957年的情况差不多，'十二条'下放了生产权，现在又下放了核算权，保证明年生产能加一番。"[2]

中共山东省委经过试点后认为，凡是实行了以生产队为基本核算单位的地方，"气象焕然一新，广大农民群众的集体生产积

---

[1]广西区党委：《关于基本核算单位试点情况给中央、中南局的报告》，1961年11月13日。

[2]中共青海省委：《调整农村人民公社基本核算单位试点工作初步总结》，1961年12月20日。

极性大大提高，开始出现了新的生产高潮。事实表明，普遍实行以生产队为基本核算单位，已经是人心所向，大势所趋"，"对此，必须肯定，不要再犹豫不决"。[1]

1961年10月下旬至11月初，陕西省在158个生产大队进行以生产队为基本核算单位的试点。中共陕西省委11月底在给中共中央及西北局关于试点情况的报告中说，以生产队为基本核算单位，绝大多数干部群众热烈拥护，积极支持，说这是"心中想"，"随心愿"，"毛主席在北京，能摸到咱农民的心"。在确定基本核算单位为生产队以后，"立竿见影，生产和各项工作进一步出现了不少新气象：生产队干部的积极性提高了，社员出勤率和生产效率显著提高；社员关心集体和爱护耕畜农具的现象增多；秋收、秋播质量高，进度快，扩大了播种面积；生产队干部和社员积极添置牲畜、农具；几乎所有试点（队）都提前完成了粮食征购任务"。[2]

黑龙江在1961年10月20日前后，共派出12个工作组，在全省选择了16个公社的33个生产大队，进行以生产队为基本核算单位的试点。中共黑龙江省委在给东北局并中共中央关于试点情况的报告中说："把基本核算单位由生产大队下放到生产队，是广大基层干部和群众的要求，而且这种要求早在去冬今春贯彻十二条、六十条时，就有人提出，这次工作组就基本核算单位放在哪一级好的问题，向广大基层干部和群众广泛征求意见

---

[1]《山东省农业合作化史》编辑委员会编：《山东省农业合作化史料集》上册，山东人民出版社1989年版，第457页。

[2] 中共陕西省委：《关于试办以生产队为基本核算单位的情况报告》，1961年11月29日。

时，迅速得到强烈反映，绝大多数人都主张基本核算单位放到生产队。"[1]

对于基本核算单位下放到生产队，毛泽东十分关心，也抓得很紧。1961年12月14日，毛泽东在无锡听取中共江苏、安徽两省委和南京军区负责人的汇报时指出：关于农村基本核算单位下放问题，贯彻要快一点，传达下去可以调动积极性。有人认为这是倒退。这不是倒退，是前进。不是讲底子薄吗？主要是生产队底子薄，要使生产队由薄变厚，就要发展生产力，就要以生产队为基本核算单位。要肥料就要养猪，要把猪养好，把牛养好，也是生产队来管。要明确大队干什么，生产队干什么，不弄清楚，生产队的积极性起不来。

毛泽东同时认为，有了"农业六十条"，又有了基本核算单位下放到生产队一级，农村的问题就差不多可以解决了。在听取汇报的过程中，中共江苏省委第一书记江渭清告诉他：今年农村粮食计划分配比去年少，但加上自留地、十边田生产的粮菜，估计70%的社员生活可以比上年好一些。毛泽东听后连连点头，并且说："久卧思起，现在是起床的时候了。到了谷底，就要上山了。"他认为，最困难的日子已经过去了，形势逐渐好起来了，下放基本核算单位到生产队，是农村政策的底线，不能再向后退了。[2]因此，在这次谈话中，他明确表示："包产到户这事，不可干。"

---

[1]《中共黑龙江省委关于农村人民公社基本核算单位问题的调查试点情况的报告》，1961年11月22日。

[2]《七十年征程——江渭清回忆录》，江苏人民出版社1996年版，第461—462页。

三天后，毛泽东在济南听取中共山东省委负责人的汇报。毛泽东在听取汇报中插话说："基本核算单位下放到生产队，牲口就不会死，农具破坏也不会那么严重。大平均主义六年没有解决，现在解决了。有人说，这是不是退步？是不是社会主义？这不是退步，按劳分配就是社会主义。照顾五保户、困难户，有共产主义因素。还有积累，还有征粮，有了前途。这是整个人民的利益。"[1]

四、以生产队为基本核算单位被规定为至少三十年不变

1962年1月11日至2月7日，中共中央在北京召开扩大的中央工作会议，即著名的七千人大会。会上，毛泽东着重讲了民主集中制的问题，他强调："不论党内党外，都要有充分的民主生活，就是说，都要认真实行民主集中制。"毛泽东在讲话中还主动地承认了错误。他说："凡是中央犯的错误，直接的归我负责，间接的我也有份，因为我是中央主席。我不是要别人推卸责任，其他一些同志也有责任，但是第一个负责的应当是我。"[2]

七千人大会上，刘少奇代表中共中央作了政治报告。报告中，刘少奇总结了几年来工作中的四个方面的主要缺点和错误，其中第二点就是关于人民公社的问题。他指出："在农村人民公

---

[1]中共中央文献研究室编：《毛泽东传（1949—1976）》（下），中央文献出版社2003年版，第1187页。
[2]《毛泽东文集》第8卷，人民出版社1999年版，第296页。

社的实际工作中,许多地区,在一个时期内,曾经混淆集体所有制和全民所有制的界线,曾经对集体所有制的内部关系进行不适当的、过多过急的变动,这样,就违反了按劳分配和等价交换的原则,犯了刮'共产风'和其他平均主义的错误。"[1]他强调,全民所有制和集体所有制不能混淆,集体所有制转变为全民所有制,不可能在一个短期内完成,而需要一个很长的时间。"如果混淆了这两种所有制的界线,不顾生产力发展水平,违反了客观可能的条件和农民的自愿,要过早过急地把集体所有制改变为全民所有制,就会犯剥夺农民的错误,就会损害以至破坏工农联盟。"[2]这是对人民公社化以来党在农村工作中经验教训的深刻总结。

七千人大会之前,毛泽东为了让下放基本核算单位到生产队的决策变为全党全国实行的政策,认为必须起草一个文件,把这个问题交到全党面前进行研究,以取得共识。毛泽东把这个任务交给了田家英。田家英在对山西长治农村进行调查后,为中共中央起草了《关于改变农村人民公社基本核算单位问题的指示》草案。七千人大会对这个《指示》草案进行了讨论,讨论中一个重要意见是许多人提出要规定以生产队为基本核算单位四十年不变。一位中央负责同志提议将"四十年"改为"至少二十年内",并要毛泽东斟酌。毛泽东亲笔将其改为"至少三十年内"。他就此批示道:"以改为'至少三十年'为宜。苏联现在四十三年了,

---

[1]《刘少奇选集》下卷,人民出版社1985年版,第353页。
[2]《刘少奇选集》下卷,人民出版社1985年版,第362页。

农业还未过关,我们也可能需要几十年,才能过关。"[1]

经过七千人大会的讨论,又经过在此前后的试点,在此基础上,1962年2月23日,中共中央发出了《关于改变农村人民公社基本核算单位问题的指示》(以下简称《指示》)。《指示》总结了以生产队为基本核算单位的四点好处:一是能够比较彻底地克服生产队之间的平均主义;二是生产队的生产自主权有了很好的保障;三是更适合当前农民的觉悟程度;四是更有利于改善集体经济的经营管理。《指示》强调:"在我国绝大多数地区的农村人民公社,以生产队为基本核算单位,实行以生产队为基础的三级集体所有制,将不是短期内的事情,而是在一个长时期内,例如至少三十年,实行的根本制度。基本核算单位一经确定之后,就要稳定下来,不能任意变动。"[2]

《指示》还规定,生产队的规模,大体上以二三十户为宜;大队和生产队干部补贴工分的总数,一般不要超过全大队工分总数的2%左右,最多不能超过2.5%;土地、牲畜、农具等,只要是基本合理的,一般不再变动,群众要求变动的要充分协商,适当调整。此外,《指示》还对大队企业、林木、水利、债务等问题的处理作了具体规定。中共中央要求各地在春耕开始前后,即将调整基本核算单位的工作做完,至于少数生产大队,如果还要看一看、等一等,也应当容许,等秋后再由他们考虑基本核算单位是否改变。

---

[1]《建国以来毛泽东文稿》第10册,中央文献出版社1996年版,第48页。
[2] 中共中央文献研究室编:《建国以来重要文献选编》第15册,中央文献出版社1997年版,第180页。

由于基本核算单位的变化,"农业六十条"修正草案中许多内容已不能适应新的形势,为此,1962年6、7月间,中共中央对"农业六十条"再一次进行了修订,形成了《农村人民公社工作条例修正草案》。新的修正草案第二十条明确规定:"生产队是人民公社中的基本核算单位。它实行独立核算,自负盈亏,直接组织生产,组织收益的分配。这种制度定下来以后,至少三十年不变。"[1]

新的修正草案中,大幅度删改了原"农业六十条"中关于生产大队的条文,只保留了两条,而关于生产队的条文,则由原来的10条增加到22条,也就相应地增加了生产队的责、权、利的相关内容,明确规定:生产队范围内的土地,都归生产队所有;生产队劳动力,都由生产队支配;生产队集体所有的牲畜、农具,公社和大队都不能抽调;生产队对生产的经营管理和收益分配,有自主权。

明确以生产队为基本核算单位,是对"农业六十条"的一个重要突破。同时,针对有些生产大队仍然愿意实行以大队为核算单位,党内有少数人不赞成甚至反对基本核算单位下放的情况,新的修正草案对此作了灵活处理,并提出:"有些生产大队,现在仍然作为基本核算单位,只要群众同意,就应该积极办好。这些生产大队,应该参照第四章关于基本核算单位的规定,处理各项工作。"[2]

---

[1] 中共中央文献研究室编:《建国以来重要文献选编》第15册,中央文献出版社1997年版,第625页。

[2] 中共中央文献研究室编:《建国以来重要文献选编》第15册,中央文献出版社1997年版,第625页。

1962年9月27日，中共八届十中全会通过了《农村人民公社工作条例修正草案》。至此，历时一年多的"农业六十条"正式定型，成为农村人民公社的"宪法"。据1962年10月的统计，全国共有农村人民公社71551个，比核算单位下放前增加了15534个，增加27.73%；生产大队713385个，增加了5087个，增加0.71%；生产队5468244个，增加895502个，增加19.58%。全国每个公社平均有9.97个生产大队，每个大队平均有7.6个生产队，每个生产队平均23.6户。全国共有基本核算单位5219516个，其中包括：作为基本核算单位的生产队5161617个，占基本核算单位总数的98.89%；生产大队41678个，占总数的0.8%；公社77个，占0.001%；此外，还有由生产大队和生产队结合核算的16144个，占基本核算单位的0.3%。[1] 由于毛泽东强调以生产队为基本核算单位"至少三十年不变"，这一制度历经"四清"运动和"文化大革命"，一直坚持到十一届三中全会后农村家庭联产承包责任制的实行。这对于稳定农村局势，调动农民的生产积极性，保证农业生产的平衡发展，起了重要作用。

---

[1]国务院农林办公室公社处：《农村人民公社各级组织、规模一年来的变化和问题》，1963年2月7日。

20世纪60年代初包产到户的兴起

中共十一届三中全会后,中国农村普遍推行以包产到户为基本特征的家庭联产承包责任制,包产到户也被称誉为"中国农民的伟大创造"。其实,这个伟大创造在1962年就已发生,只是它还没有来得及在全国推广就被当作"单干风"而遭受打击并夭折,留下了历史的遗憾。

一、安徽"责任田"

"农业六十条"自起草到修改的全过程,都是着力调整生产大队与生产队的关系,解决队与队之间的平均主义的问题,但是,生产队内部社员与社员之间的平均主义仍然没有克服。

"农业六十条"修正草案规定了劳动定额和评工记分制度,指出凡是有定额的工作,都必须按定额记分,对于某些无法制订定额的工作,则采用评工记分的方法。以宁夏永宁县王太大队为例,这个大队根据社员技术的高低、劳动的辛苦程度和在生产中的重要性,将农活分为五个等级。其中一级活的标准是技术要求高、劳动强度大,又是关键性的活计,如挖大渠、播种、薅水稻、割小麦等25种,二级活有挖支渠、薅草、蹚水等26种,此外还有三级活25种,四级活12种,五级活8种。这个大队以三级活为基本级,每天报酬为 7 个工分,二级活和一级活则上推为 8 分、9 分,四级活和五级活则下推为 6 分、5 分,然后在此基础上进行评工记分。[1]这种做法虽然也在一定程度上体现了按劳分配的原则,但农活复杂多样,轻重不一,制订定额是一件相当麻烦的工作。实际上,相当多的农活是无法制订定额的,而且即使是同样的定额等级,劳动的质量和效果也会因人而异。

人民公社在废除供给制与工资制相结合的分配办法后,普遍推行了评工记分的方法,按工分的多少与生产队的收益确定分值,以此为依据进行分配。这种方法带来了另一个问题,就是评工工作既烦琐费时,又很难处理好社员间的关系。常常是早早收工开始评工记分,评到半夜也评不清楚,社员之间为工分争论不休成为常事。所以,不少生产队都嫌评工记分麻烦,在评工记分时常常确定男女劳动力的基本工分。除了农忙时节,每个人都按照基本工分记分。比如,一个青壮年男劳动力一天 10 个工分。这样,一旦基本工分确定下来,不管劳动能力的强弱、劳动态度的好坏、技术水平的高低,只要是同一年龄段的劳动力,每天的工分就固定不变。社员整天在一个生产队中集体劳动,相互之间又往往沾亲带故,真正评起工来谁也磨不开脸面,也不可能天天评工。于是,评工流于形式,记分是平均主义,成了"大概工"。

虽然"农业六十条"中也强调生产队必须认真执行按劳分配、多劳多得的政策,避免社员间在分配上的平均主义,但首先是作为分配基础的工分上的平均,再加上生产队采取基本口粮和

---

[1]《永宁县王太大队怎样实行定额管理》,《宁夏日报》1961 年 8 月 10 日。

按劳动工分分配粮食相结合，在粮食分配中人头占了相当大的比重，实际上由原来分配上的"大锅饭"变成了"二锅饭"，原来劳动中的"大呼隆"变成了"二呼隆"。社员间的平均主义仍然存在，并影响社员生产积极性的进一步发挥。

社员与社员间的平均主义问题，显然是定额管理和评工记分所无法解决的，而是必须对人民公社的管理体制进行更大的突破。

对于如何克服社员间的平均主义，调动农民更大的生产积极性，迅速扭转农村的困难局面这个问题，许多干部都在思考。中共安徽省委第一书记曾希圣便是其中之一。

在"大跃进"和人民公社化运动中，安徽曾是最积极的省份之一，结果付出了惨痛的代价。作为省委第一书记，曾希圣对安徽在"大跃进"和人民公社化运动中出现的严重问题及由此而造成的严重困难，是有责任的。但是，曾希圣在困难面前不是推卸责任，而是积极地探求解决困难的办法。

1960年冬，中共中央决定重设六个中央局，即华北局、华东局、东北局、中南局、西南局和西北局。中共中央华东局成立后，曾希圣就任第二书记，不久又兼任中共山东省委第一书记。一个人同时兼任两个省的党委第一书记，在当时仅曾希圣一人，也足见中共中央和毛泽东对他的信任。

1960年冬，在中共中央召开的一次各中央局书记会议上，曾希圣听毛泽东说"可以把高级社时期实行田间管理农活包工到户的办法恢复起来"，很受启发，认为过去的包工到户，由于责任不明，社员只关心工分，不关心产量，只争工分，不讲质量，只关心自留地，不关心大田生产，而且评工记分手续烦琐，等工、窝工、混工现象很严重，所以效果并不好，恢复农村经济可以考虑走包产到户的路子。1961年2月，曾希圣辞去山东省委第一书记之职，在途经蚌埠时，安徽省委常委张祚荫向他讲了这样一件事情：1960年，宿县有一位70多岁的老农，得到公社允许，带着生病的儿子到山区养病和生产自救。父子俩开了16亩荒地，交给公社粮食1800斤，自己还有自用口粮、种子和饲料粮1500斤，喂鸡养猪得了现金60元。这位老人根据自己的经验，向有关领导建议，最好把田包给社员去种，统一分配，不然不少社员混工分，没有责任心，生产搞不好。曾希圣听了这件事后，认为这位老人是一位有社会主义觉悟的人，他创造了包产到户的方法，值得推广。

回到合肥后，曾希圣立即召开省委书记处会议，研究包产到户问题。会上，曾希圣提出了"按劳动底分包耕地，按实产粮食记工分"的联产到户责任制的新办法。安徽省委书记处研究后同意试行这个办法，但考虑到这个办法虽然没有包产到户之名，却是行包产到户之实，而大家对庐山会议后包产到户被当作"走资本主义道路"而大加批判记忆犹新，建议先请示一下华东局第一书记柯庆施，看看他的态度。柯庆施对这件事也拿不准，答复说，这个办法不推广，每个县先搞一个典型试验一下。

1961年2月下旬，安徽省委组织工作组来到合肥市郊蜀山公社井岗大队南新庄生产队，进行"按劳动底分包耕地，按实产粮食记工分"的联产到户责任制的试点。结果在这个队的29户中，25户积极拥护，3户赞成，只有1户被撤了职的大队干部不赞成。经过讨论，社员们认为这个办法既不是单干，也不是土地还原，因为土地和大型农具仍然公有，包产部分也不是谁种谁收，而仍是统一分配。在工作组的帮助下，先按劳动底分划出田块，再根据田块的好坏逐丘定出产量、用工量，并计算出需要统一用工的大农活、技术活与包到户的用工比例，最后逐块定出产量总数。包产到队，定产到田，以产计酬，大农活包到组，小农活包到户，按大小农活的比例计算奖赔，简称"责任田"。[1]安徽省委工作组在试点中认为，联产到户具有十大好处：一是人人有责，大家都会动脑筋想办法来增加生产；二是所有能够参加劳动的人都参加劳动；三是人人都要努力学习生产技术；四是自留地和大田在用肥方面能够统筹兼顾，清除矛盾；五是社员能够更好地安排自己的劳动时间和休息时间，更好地做到劳逸结合；六是大家都会更加爱护耕畜农具；七是能够保证农活质量，不窝工，不出废活；八是能够限制那些投机取巧的人；九是户户都会更好地培养丰产田，并且能够做到更加精打细收，颗粒不丢；十是能够更快发展养猪养家禽，以及其他副业。

在试包的过程中，也有少数干部对责任田提出怀疑，担心这样做是变相单干，会使中农合算，贫农吃亏，使困难户没有办法，会发生瞒产私分，队、组干部只顾种自己的地，放松领导等。针对这种情况，根据曾希圣的意见，安徽省委做出了《关于推行包产到队、定产到田、责任到人办法的意见》，下发到各地、市、县委。《意见》对部分干部的上述疑虑一一作了解答，并总结出了推行"责任田"的种种好处。1961年3月中旬，安徽每个县都搞起了一两个"责任田"试验点，一些社、队则干脆自发地搞起"责任田"。在不长的时间里，全省搞"责任田"的生

---

[1] 安徽省农村经济委员会等：《安徽"责任田"资料选编》，1987年编印，第3页。

产队达到了 39.2%。

1961年3月7日，曾希圣来到广州参加"三南"会议，并将安徽"责任田"的一份材料让田家英转送毛泽东。田家英看到材料里讲到一些缺乏劳动力的社员，特别是孤儿寡母在生产和生活上遇到困难，无法控制自己的感情。3月18日，他致信毛泽东说："寡妇们在无可奈何的情形下，只好互助求生。她们说：'如果实行包产到户，不带我们的话，要求给一条牛，一张犁，8个寡妇互助，爬也要爬到田里去。'看到这些，令人鼻酸。工作是我们做坏的，在困难的时候，又要实行什么包产到户，把一些生活没有依靠的群众丢下不管，作为共产党人来说，我认为，良心上是问不过去的。"田家英在信中还说，依靠集体经济克服困难，发展生产，是我们不能动摇的方向。为了总结多方面的经验，我们应当进行各种各样的试验。包产到户的办法，也不妨试一试，但是只能是试点。从宿松的材料看，包产到户，在安徽已经不是简单的试点了，已经是在大面积推行。这种做法，应该制止。对于搞包产到户，毛泽东也是不赞成的。田家英的信引起了毛泽东的共鸣，他立即将这份材料和田家英的信批给中央政治局常委和各中央局的书记看。当时，有人赞成田家英的意见，但陈云对此不以为然，并且说："安徽搞包产到户，应该允许人家试验嘛！"[1]

1961年3月15日上午，曾希圣向毛泽东汇报了"责任田"的情况。此时，毛泽东正在全力探索如何解决人民公社内部的两

---

[1] 董边等：《毛泽东和他的秘书田家英》增订本，中央文献出版社1996年版，第89—90页；中共中央文献研究室编：《毛泽东年谱（1949—1976）》第4卷，中央文献出版社2013年版，第563页。

个平均主义问题，所以对曾希圣说："你们试验嘛！搞坏了检讨就是了。如果搞好了，能增产十亿斤粮食，那就是一件大事。"曾希圣立即打电话告诉安徽省委说："现在已经通天了，可以搞。"过了几天，毛泽东又通过柯庆施转告曾希圣说：可以在小范围试验。[1]

这期间，安徽省委向各地、市、县委第一书记发出了一封信，认为包产到队、定产到田、责任到人的办法，符合中共中央关于当前农村人民公社的十二条政策，对调动广大群众的生产积极性，加强社员的责任心，恢复和发展农业生产有很大意义。同时附上《关于推行包产到队、定产到田、责任到人办法的意见（第二次修改稿）》。这个文件认为："只要符合社会主义原则，符合十二条政策，任何有利于发挥人民公社的优越性，有利于迅速发展农业生产，特别是粮食生产的办法都可以采用。"[2]

这时，安徽的"责任田"已经不是小范围而是大范围了。3月18日，毛泽东将田家英给他的信批给了曾希圣及刘少奇、周恩来、邓小平、彭真、柯庆施阅读。为使"责任田"不至于夭折，曾希圣于3月20日给毛泽东写了一封信，为"定产到田、责任到人"的办法进行辩解。信中说："群众所提的逐丘定产、逐丘定工，按劳动力强弱承包一定数量的田亩，再以工除产，得出每个劳动日的产量，以产量来计算工分，这实际上就是包产到户的办法，但我们并不是一成不变地采纳这个办法。"信中认为，

---

[1] 薄一波：《若干重大决策与事件的回顾》下卷，中共中央党校出版社1993年版，第1080页。

[2] 安徽省农村经济委员会等：《安徽"责任田"资料选编》，1987年编印，第31页。

群众所提的包产办法，有它的好处，也有它的坏处。好处是改变了计算工分只计数量、不讲质量的缺点，堵塞了投机讨巧的空子，能更好地体现多劳多得的政策，能提高每个社员对包产的责任心和生产积极性；坏处是可能产生"各顾各"的危险，有些农活可能出现争先恐后的现象，自私自利的思想可能发展，困难户的困难可能得不到解决等。

曾希圣解释说，"定产到田、责任到人"的做法既吸取了包产到户的好处，又规定办法防止了它的坏处，这主要是因为做到了"分配统一""大农活和技术性农活统一"等"五个统一"。"所以这个办法不是人们所理解的'包产到户'，实际上是田间管理包工到户，再按产量给奖的办法。也可以说是集体农活与零散农活相结合的包产办法。"他还将这种办法总结了八点好处，即：（一）包产比较落实；（二）包产指标增加；（三）出勤率大大提高；（四）参加农业生产的人数增多；（五）麦田管理有显著加强；（六）男女老少积极积肥；（七）积极修添农具；（八）搞私有的减少。信中最后说，从试点看，情况是好的，增产的可能性很大。当然，这个办法"需要在实践中继续摸索，才能最后作出结论"。[1]对于曾希圣的这封信，毛泽东没有表态。

4月23日，曾希圣在安徽省地、市、县委第一书记会议上作总结报告时，又专门讲到了包工包产责任制问题。他认为高级社以来的包工包产办法，责任不明，社员只争工分，不讲质量，评工记分手续相当麻烦，且不容易做到合理。这样一来，社员只

---

[1] 黄道霞等主编：《建国以来农业合作化史料汇编》，中共党史出版社1992年版，第649—650页。

顾自留地，不关心大田生产。这些情况在高级社时就存在，公社化后，责任制就更差了，并且把高级社那一套包工包产的办法也打掉了，所以省委提出"责任田"这个包工包产新办法，以解决责任制的问题。并且认为这个办法能加强社员责任心，更好地贯彻按劳分配原则。

广州中央工作会议之后，安徽省委既不想将"责任田"停下来，又担心这种办法会被认为是包产到户，加之邻近的一些省份听说安徽搞了包产到户，许多生产队也要求仿效安徽的做法。于是，安徽省委于1961年4月27日向中共中央、毛泽东和华东局做出报告，把"定产到田、责任到人"的办法改称为"包工包产责任制"。报告辩解说："少数群众把这个办法误解为'包产到户'，甚至误解为'分田'，也有的希望多吃超产粮，故意把它说成包产到户"，"实际上，这个办法不是'包产到户'，更不是'分田'，这和'六十条'中所说的'实行严格的田间管理'责任制，'有的责任到组，有的责任到人'是完全一致的。"报告还要求中共中央把安徽的做法通知邻省，以免在群众中发生误解。[1]

1961年7月24日，安徽省委再次就"田间管理责任制"问题报告中共中央、毛泽东和华东局，将这种责任制概括为"包产到队，定产到田，大农活包工到组，田间管理农活（即小农活）包工到户，按大小农活的用工比例计算奖赔"，并介绍了具体的做法，提出了解决困难户的几条办法。报告认为，"经过几个月

---

[1] 中华人民共和国国家农业委员会办公厅编：《农业集体化重要文件汇编（1958—1981）》（下），中共中央党校出版社1981年版，第502页。

的试行，看来这个办法是不违背社会主义原则的"。理由是：第一，这个办法"不是包产到户，不是单干"。因为"它并没有违背集体经济的基本原则"，"它并没有改变生产资料所有制，土地、耕畜、大农具仍是集体所有的"，"并没有改变产品收入的分配办法"，"并没有改变集体的劳动方式"，这种办法"只是社会主义集体经济的一种管理办法"。第二，这个办法不会造成两极分化。"社员间的收入水平的差别不会因为实行这个办法而扩大"，对困难户则有多种照顾，他们的生活会有保障。第三，这个办法不会加重社员的私心。社员管理的"责任田"不是长期固定的，而是会随时进行调整，社员不会将"责任田"视为自己的私有田，而且大农活仍然统一做，社员对田间管理也只有操作权而没有所有权，所以不会增加他们的私有观念。报告还总结了实行"田间管理责任制"的七条好处，并且强调：这个办法"是适合当前生产力的发展水平和群众的觉悟水平的，是符合当前农业生产以手工操作为主的特点的。只要正确地贯彻执行，它能够发挥对组织和推动生产的积极作用"[1]。

以曾希圣为首的安徽省委刚开始实施"责任田"的时候，也许仅是一项渡过难关的临时措施，并没有想到这是对人民公社体制的重大突破。但在随后的实践中，他们的认识也在不断深化。安徽省委1961年7月24日对于"责任田"所作的理论分析，尤其是对"责任田"不是分田单干的论述，将土地的操作权（也就是使用权）与所有权分离，认为实行"责任田"后，社员只有

---

[1] 中华人民共和国国家农业委员会办公厅编：《农业集体化重要文件汇编（1958—1981）》（下），中共中央党校出版社1981年版，第510页。

土地的操作权，而土地、耕畜、农具的所有权仍是集体的，从理论上回答了如何划分单干与包产到户的关系，是很有见地的。

7月，曾希圣又到蚌埠就"田间管理责任制"问题向途经这里的毛泽东作了汇报，并再次讲到了实行这种办法的好处。曾希圣说："过去包产的办法，只有队长一个人关心产量，社员只关心自己的工分，现在的办法，不仅队长关心产量，而且每个社员也关心产量。田间管理，长年包工好处很多，缺点是：（1）可能私心重；（2）年年要调整，增减人口都要调整'责任田'。群众反映不光包'责任田'有私心，评工记分也有私心，过去评工分是抢工分，现在是要把田做好。这个私心比那个私心好，这个私心能提高产量。"[1]毛泽东表示："你们认为没有毛病就可以普遍扩大。""如果责任田确有好处，可以多搞一点。"[2]

毛泽东认为安徽"责任田""可以多搞一点"，并不是表明他已经认同了"责任田"，而是此时他正在为解决队与队、社员与社员间的平均主义问题寻求办法。在他看来，安徽"责任田"也不失是一种解决两个平均主义的办法，可以一试。

有了毛泽东这个表态，安徽全省的"责任田"迅速增加。1961年8月中旬，实行"责任田"的生产队达到了74.8%，10月中旬增加到84.4%。到1961年底，则更是增加到91.1%。据国家粮食部副部长周康民对肥东等六县的调查，社队干部对"田间管理责任制"反映良好。他们说在当时的生产条件下，这个办

---

[1] 安徽省农村经济委员会等：《安徽"责任田"资料选编》，1987年编印，第7页。
[2] 中共中央文献研究室编：《毛泽东年谱（1949—1976）》第5卷，中央文献出版社2013年版，第3页。

法是一个好办法,对鼓舞社员的生产积极性、增产粮食很有好处。肥东县长乐公社涧南大队有两个生产队:一个在路东,叫路东生产队,实行"田间管理责任制"的办法;一个在路西,叫路西生产队,实行包产到队的老办法。两个生产队的生产条件大致相当,路西队还稍好些,但由于责任制不同,路东队夏收粮食作物每亩达112斤,而路西队却只有100斤,秋季作物路东队每亩245斤,路西队只有195斤。[1]

1961年9月,毛泽东通过邯郸谈话会,从河北一些地方"分配大包干"中得到启发,并决定将基本核算单位下放到生产队。这也使得他对安徽"责任田"的态度发生了变化。如果说,此前他还认为"责任田"也不妨是解决公社内部平均主义的一种试验,那么,基本核算单位下放到生产队后,他认为已经找到了克服公社内部平均主义的根本途径,就没有必要再搞"责任田"之类了。虽然安徽省委一再强调,他们的"田间管理责任制"不是包产到户,不是单干,但其本质还是搞包产到户,而在毛泽东看来,搞包产到户就会有滑向单干的危险。1960年底以来,毛泽东为解决人民公社的问题付出了很多的精力。在他的努力下,中共中央出台了一系列的政策措施。但以生产队为基本核算单位是毛泽东调整人民公社体制的底线,他认为不能再退了,再退就退到分田单干的道路上去了。

毛泽东这种态度的变化,从1961年11月13日中共中央发出的《关于在农村进行社会主义教育的指示》中可以看出来。《指

---

[1] 安徽省农村经济委员会等:《安徽"责任田"资料选编》,1987年编印,第111—112页。

示》说:"目前在个别地方出现的包产到户和一些变相单干的做法,都是不符合社会主义集体经济的原则的,因而也是不正确的。在这类地方,应当通过改进工作,办好集体经济,并且进行细致的说服教育,逐步地引导农民把这些做法改变过来。"[1]

1961年12月中旬,毛泽东将曾希圣找到江苏无锡,以商量的口吻说,有了以生产队为基本核算单位,是否还要搞"责任田"?又说,生产恢复了,是否把这个办法变回来?曾希圣说:群众刚刚尝到甜头,是否让群众再搞一段时间?毛泽东没有再说什么,但他对不要再搞"责任田"的态度其实已经明朗了。

尽管如此,安徽省委仍于1962年1月27日发出《关于实行以生产队为基本核算单位和加强田间管理责任制中几个问题的通知》,认为不能否认"田间管理责任制",不能说这个办法搞错了。一年来的事实证明,凡是搞得好的,生产都有了很大的发展,群众都很拥护。"应该切实总结好的经验,克服存在的问题,继续充实和完备这个办法,不应该全盘否定"。[2]

二、各种形式的包产到户

在安徽大搞"责任田"时,其他一些地方也出现了各种形式的包产到户。1961年9月,中共中央农村工作部在一份关于各地贯彻执行"农业六十条"情况的简报中说:"在一部分生产力

---

[1] 中共中央文献研究室编:《建国以来重要文献选编》第14册,中央文献出版社1997年版,第767页。

[2] 安徽省农村经济委员会等:《安徽"责任田"资料选编》,1987年编印,第134页。

破坏严重的地区，相当一部分干部和农民对集体生产丧失信心，以致发展到按劳分田、包产到户、分口粮田等变相恢复单干现象。……更值得注意的，是推行'包产到户'的做法，尽管这种地区并不占多数，表现形式和具体做法也各有不同，但带有一定的普遍性，差不多每个省、市、区都有发现。个别地方则是有领导地自上而下地执行这种做法。"[1]

中共广西壮族自治区党委监察委员会反映，在广西各县举办的贯彻以生产队为基本核算单位的训练干部会议上，"主张单干和实行单干的占到会干部的四分之一"，"在生产较好的地区，有这种思想和行为的人约占5%"，在"五风"和受灾严重的地区占60%。柳城县参加三级干部会议的417人中，272人主张单干。龙胜县1867个生产队，其中有790个生产队已经包产到户，占生产队总数的42.3%；三江县有15.3%的生产队实行包产到户，8.4%的生产队包产到组。[2]

当时，明确提出要搞单干的干部、社员为数是很少的。这里所说的"单干"，实际上就是包产到户。广西区党委监察委员会曾将单干归纳为七种形式，其中第一种是分田到户，第二种就是包产到户。至于单干产生的原因，主要是"农村有些基层党员、干部，由于几年来受到'五风'的危害，对人民公社集体经济的优越性发生动摇和怀疑；对'六十条'政策和调整以生产队为基

---

[1] 黄道霞等主编：《建国以来农业合作化史料汇编》，中共党史出版社1992年版，第648页。
[2] 王祝光主编：《广西农村合作经济史料》上册，广西人民出版社1988年版，第361页。

本核算单位产生误解；一些社员和干部资本主义思想的滋长"[1]。经过这几年的困难，广大农民的确对人民公社的"优越性"已有了很大的怀疑。

当时，广西的包产到户以桂林地区的龙胜县比较突出。1958年以来，由于"共产风"、浮夸风、强迫命令风、瞎指挥风和干部特殊化风等"五风"的影响，龙胜的农业生产遭到严重破坏，粮食产量下降，人民生活困难。据1960年对108个生产大队的统计，社员年平均口粮在300斤以下的有93个大队，占86%，有的生产队人均口粮不足150斤。加上分配上仍勉强维持供给制，农民在公共食堂吃平均主义"大锅饭"，社员出工不出力，生产得不到发展，收益也大幅度降低。1959年全县人民公社的收益分配中，最高的队平均每人分得77元，按全年出工300天计，平均一个劳动日值0.26元；最低的队平均每人分得33元，平均每个劳动日0.11元。扣除口粮款，多数社员成了超支户。

口粮减少、收入降低所带来的是人民生活水平的急剧下降和浮肿病患病率上升。1961年4月，中共龙胜县委组织了以县委书记为团长的慰问检查团，对全县的疾病及治疗情况进行了一次检查。据当时的统计，至这年4月22日，全县有病人8885人，占总人口的8.2%。其中，浮肿病3750人，占病人总数的42.2%；干瘦病1839人，占总数的20.7%。病人中是劳动力的5316人，占全县劳动力总数的11.6%。[2]个别地方的情况更为严重。该县

---

[1] 王祝光主编：《广西农村合作经济史料》上册，广西人民出版社1988年版，第363页。
[2] 龙胜各族自治县人民委员会：《关于重点灾区疾病慰问检查情况综合及今后意见》，1961年5月5日。

泗水公社三宅大队有95户380人，共有4个自然屯，8个生产小队。这个大队1961年5月22日统计有病人53人，占大队总人口的13.9%，其中浮肿病43人，干瘦病8人，其他病2人；到6月30日统计，病人增加到140人，占总人口的36.8%。[1]

从1961年春开始，龙胜各地自发地搞起了三包（指包工、包产、包费用）到组（作业组）和三包到户。到1961年6月，龙胜全县18个公社189个生产大队中三包到组、三包到户的情况都不同程度地存在。据统计，三包到组的有25个大队，占大队总数的13.2%，三包到户的有81个大队的374个生产队，占大队总数的42.9%，生产队总数的20.7%。该县泗水公社的每个大队都有三包到户的生产队，这个公社92个生产队中有86个搞了三包到户，占生产队总数的93.5%。

1962年春，龙胜县委将当时生产队的情况分为四类：第一类是坚持集体统一经营，即坚持统一生产计划，统一劳力调配，统一分配；第二类是包工不包产，即将部分或全部耕地包到户，按田亩确定工分数量，实行长年包工，不定产量，产品归生产队统一收割和分配；第三类是包工包产到户，包产以内的按产计工分，统一分配，超产部分按比例分成或全给社员，即群众所称的"吃尾巴"；第四类是按人口或基本口粮分田到户，各种各收，各交公粮，对五保户、困难户适当照顾。另外，还有少数高、深山散离户和生产组，经县、社批准，只交公粮。据这年春的统计，龙胜全县属于第一类和第二类的生产队有688个，占生产队

---

[1] 中共龙胜县委：《转发县委疾病慰问组泗水小组关于三宅大队病情综合报告》，1961年7月1日。

总数的 35.9%；属于第三类的生产队有 830 个，占 43.4%；属于第四类的生产队有 218 个，占 11.4%。[1]

1962 年 6 月，甘肃省临夏回族自治州党委决定在全州范围内推行"包工包产到户"和"大包干到户"。在前后一二十天的时间内，全州就有 5943 个生产队实行了这种办法。甘肃农民说："我们已经连续 5 年没有吃饱饭了，这样做，是迫不得已的。""我们的脑子想进步，就是肚子太反动了。"[2]这从一个侧面反映了许多干部群众热衷于包产到户的原因。陕西不少地方也搞起了包产到户，据后来中共陕西省委的一份报告，全省有百分之十几的生产队不巩固或很不巩固，"其中有极少数（大约2%）已经瓦解，实行了'分田到户''包产到户'"。该省清涧县的情况尤为突出，"单干倾向严重的占 17%，已经瓦解和接近瓦解的占 14% 多"。单干的形式主要有分田到户、包产到户、过分划小核算单位等。[3]

到 1962 年秋，湖南全省有 25200 多个生产队"已经分田单干"，占全省生产队总数的 5.5%。这些生产队，"有的实行了分田到户，有的实行了'井田制'（即口粮田分到户，征购粮田集体耕种。——引者注），有的实行了包产到户"[4]。四川省峨眉县的青龙、燕岗、双福三个公社，"一年多来，在省委一再强调要

---

[1]《中共龙胜县委农村工作部给中共桂林地委农村工作部的报告》，1961 年 7 月 3 日。
[2] 黄道霞等主编：《建国以来农业合作化史料汇编》，中共党史出版社 1992 年版，第 705 页。
[3] 陕西省农业合作史编委会编：《陕西省农业合作重要文献选编》下册，陕西人民出版社 1993 年版，第 1037 页。
[4] 黄道霞等主编：《建国以来农业合作化史料汇编》，中共党史出版社 1992 年版，第 749 页。

坚决纠正的情况下,这里的包产到户等单干,却由少到多、由隐蔽到公开地大量发展起来"。其中双福公社1961年大春生产时只有4个生产队搞包产到户,1962年小春生产时发展到34个,1962年9月初发展到99个,占99%。[1]浙江嵊县19个公社1861个生产大队中,土地落户的有68个大队,占3.7%,包产到户的有134个大队,占7.2%。该县儒岙公社60个大队中,包产到户的大队占78%。丽水、泰顺两县也有20%的大队搞了包产到户。

三、邓小平等人的主张

1962年初的七千人大会后期,按照毛泽东提出的要把大会开成"出气会"的要求,各代表团纷纷开展了自我批评。在"大跃进"和人民公社化运动中,安徽"五风"比较严重,曾希圣在会上受到了批判,遭到了撤职处分。结果,曾希圣推行的"责任田"也连带被批判,说"责任田"是"犯了方向性的严重错误","带有修正主义色彩"。

新的中共安徽省委成立后,立即着手纠正"责任田"。1962年3月20日,安徽省委常委会议通过了《中共安徽省委关于改正"责任田"办法的决议》。《决议》认为,安徽全省大部分地区实行的"责任田"办法,"与中央'六十条'和关于改变农村人民公社基本核算单位问题的指示的精神是背道而驰的"。"因为这

---

[1] 中共四川省委农村工作部工作组:《峨眉县青龙、燕岗、双福三个公社包产到户情况调查》,1962年9月5日。

个办法是调动农民的个体积极性,引导农民走向单干,其结果必然削弱和瓦解集体经济,走资本主义道路。"《决议》没有看到安徽推行"责任田"以来农村面貌发生的变化,认为1961年安徽农村经济的复苏,粮食产量的增加,"责任田"的办法虽然起了某些暂时作用,"但主要还是中央'十二条'和'六十条'所发挥的作用,如果不搞'责任田',坚决按照中央的方针政策办事,农村的情况可能更好一些"。其实,正是有了"十二条"和"农业六十条",才使曾希圣等人的思想有了解放,才敢于冒风险进行"责任田"的试验。

新安徽省委将"责任田"的"严重后果"归结为六个方面:第一,出现了严重的单干倾向;第二,产生了两极分化的苗头;第三,削弱和瓦解了集体经济;第四,影响了国家征购和生活安排;第五,影响了按劳分配原则的贯彻;第六,对基层组织起了腐蚀和瓦解作用。新安徽省委为此提出在1962年内要将"责任田"大部分改过来,其余部分在1963年改过来。

"责任田"得到了安徽广大农民的拥护,在新的安徽省委大张旗鼓地纠正"责任田"时,当时的一份调查显示:仍有10%左右的社员,主张继续搞包产到户,不愿改正"责任田";有20%左右的社员不愿搞"责任田",这主要是干部、党团员、积极分子、困难户和劳动力少、技术差的户;其余70%的社员处在中间状态。当然,这个统计数字未必可靠,但即使是这10%和70%,也说明实施"责任田"是深得人心的。

1962年4月14日,中共贵州省委作出《关于解决包产到户问题的意见》。这个文件说,贵州包产到户的现象,在1961年春夏之间即在少数生产队出现。当时虽然也采取了一些措施进行纠正，但未引起各级党组织的足够重视，因而在1961年冬和1962年春又有了蔓延和发展。贵州省委对包产到户的后果所作的估计是："如果任其发展下去，必然会使我省农村人民公社的三级集体所有制从根本上受到破坏，使已经有了将近七年历史的社会主义农业集体经济解体，使现在已经受了很大破坏的农村生产力再一次遭到更加严重的摧残，使农村的社会主义阵地逐步丧失，使目前财政经济上的困难愈来愈加严重，使我们严重地脱离广大人民群众，从而动摇社会主义建设的基础，其后果是不堪设想的。"贵州省委认为，"包产到户已经成为目前农村工作中的主要危险"，"必须下定决心，坚决地、毫不犹豫地来解决包产到户的问题"。[1]其他各省份也相继作出决定，赶快终止正在萌芽中的包产到户。

但是，包产到户的问题并没有就此了结，七千人大会后，包产到户再起波澜，党内对这一问题出现了不同的看法。

邓子恢是党内明确主张可以搞包产到户的领导人。"农业六十条"起草和修正前后，邓子恢深入农村进行了广泛的调查研究，了解到农民要求"分田到户"的呼声很高。他感到，既要调动农民的积极性，又要防止分田单干，就必须把集体经济与个体经济的优越性结合起来，而克服各自的缺点。因此，他主张建立在集体经济组织统一经营下，全面推行和建立包工、包产和超产奖励的生产责任制。[2]

---

[1] 黄道霞等主编：《建国以来农业合作化史料汇编》，中共党史出版社1992年版，第701页。

[2]《邓子恢传》编辑委员会：《邓子恢传》，人民出版社1996年版，第553页。

1962年4月,邓子恢来到广西桂林检查工作,中共桂林地委向他汇报时说,龙胜县已经有许多生产队包产到户了,希望他谈谈如何处理这个问题。邓子恢的态度比较明确,认为"解决包产到户问题,要从有利于生产、有利于团结出发,实事求是地解决"。他对桂林地委说,不应该包产到组、包产到户而现在已经到组、到户的,就马马虎虎,睁个眼闭个眼算了。等秋收以后再慢慢搞,不要影响生产。他还说,集体的优越性,主要体现在多用劳动力,开辟生产门路,但如果组织不好,窝工浪费,优越性就没有了。单干在一定条件下有它的优越性,但发展下去,要两极分化,所以我们要走集体化的道路。[1]

回到北京后,邓子恢根据调查的情况,向中共中央和毛泽东报送了《关于当前农村人民公社若干政策问题的意见》。他指出:"各级干部思想上仍然存在着不断革命论,而不认识革命发展阶段论,对三十年不变(指以生产队为基本核算单位。——引者注),一般认为只是一时权宜之计。干部思想另一个毛病就是平均主义根子未完全挖掉,总想在生产资料特别在土地上,把穷队富队的经济基础适当拉平。"[2]他认为,个体生产的危险性在于以个体经济作为主要社会制度,从而产生剥削,产生阶级分化,最后走上资本主义道路。如果能保持集体经济作为农村社会制度的主体,加之政权在我们手里,国民经济的骨干是全民所有制,在这种条件下允许社员在一定范围内经营一些"小自由""小私有",在农业生产力还处在以人力、畜力经营为主的当前阶段,

---

[1]《邓子恢文集》,人民出版社1996年版,第584页。
[2]《邓子恢文集》,人民出版社1996年版,第589页。

能调动农民劳动积极性和责任心,是只有好处没有坏处的。"可惜这种想法尚未被全体干部所完全理解,他们不适当地把农民依靠自己劳动、自产自销的经济看作资本主义,而又过于害怕它对社会主义会起破坏作用。"[1]

从上面可以看出,邓子恢当时考虑较多的是如何调动农民的生产积极性,如何使集体经济能够吸取个体经济的优势问题,对包产到户并未明确地加以赞成或反对。七千人大会后,安徽强行纠正"责任田",许多干部虽不能公开反对,但内心不赞成这一做法。1962年4月,中共宿县符离集区委书记武念慈给邓子恢来信,向他保荐"责任田"。信中说,符离集区从1961年3月开始试行"责任田",当年粮食增产18%,深受干部群众欢迎。对于省委纠正"责任田"的决议,区委的干部进行了多次学习和讨论,思想仍然不通。这封信引起了邓子恢的重视,乃派农村工作部副部长王观澜带领调查组前往安徽当涂调查。

1962年6月中旬,邓子恢收到了王观澜报送来的《当涂县责任田的情况调查》。调查报告说,"责任田"做到了生产资料、生产计划、劳动力、分配和上交任务"五统一",把农民的个人利益和集体经济紧密结合起来,社员的生产热情空前高涨,对恢复生产起了积极作用。邓子恢看了王观澜的调查报告后认为,既然大多数"责任田"不涉及所有制问题,只是集体经营管理的一种形式,就不应加以否定,而应总结经验,加以提高。为了稳妥起见,他又让调查组到符离集所在的宿县调查。结果调查组得出了与当涂调查相同的结论,并且反映当地的干部纷纷要求允许他

---

[1]《邓子恢文集》,人民出版社1996年版,第594—595页。

们试三年,等粮食过了关再改过来。

看了这些报告,结合自己对包产到户问题的了解和思考,邓子恢认为包产到户是可行的。1962年7月11日,邓子恢到中共中央高级党校作关于农业问题的报告,着重讲了生产责任制的问题。他指出,现在集体经济的经营管理大部分没有搞好,主要是社员积极性不高,责任心不强,责任制没有建立起来,不能因材使用,分工合作。他认为,农活生产责任制不和产量结合是很难包的。因此,他强调:"不能把作为田间管理责任制的包产到户认为是单干,虽然没有统一搞,但土地、生产资料是集体所有,不是个体经济,作为田间管理包到户,超产奖励这是允许的。"[1]

当时,党内赞成包产到户的,并非只有邓子恢一人。此前的1961年6月中旬,李富春在上海参加华东局会议后返回北京的途中,下车到安徽滁县专区嘉山县管店公社的车站、丘郢两个生产队,了解麦收情况,并同当地农民进行了交谈。农民们告诉他,由于搞了包产到户,责任到田,生产积极性高多了,并且说:"现在自己种自己收,多种就多收,多收就多吃。"受此启发,李富春觉得包产到户是可行的。他在7月10日给中共中央的一份报告中说:"生产力破坏严重、群众对集体经济失去信心的地区,除了说服农民和支援农民搞好集体经济外,也可以根据农民的意见采取某些过渡的办法,如安徽的'责任田',河南的'借地',等等。"[2]

七千人大会后,受毛泽东委派,田家英率调查组到湖南进行

---

[1]《邓子恢文集》,人民出版社1996年版,第608页。
[2]《李富春选集》,中国计划出版社1992年版,第290页。

贯彻执行"农业六十条"情况的调查。调查组调查了毛泽东家乡湘潭的韶山南岸生产队、毛泽东外祖父家湘乡的大坪大队和刘少奇家乡宁乡的炭子冲大队。调查组一进韶山，就发现群众普遍要求包产到户和分田到户，而且呼声很高。对这一情况，田家英没有思想准备，在1961年3月的"三南"会议上，他还是明确地反对包产到户的。通过进一步调查讨论，田家英一方面觉得搞包产到户明显对恢复生产有利，但另一方面又觉得这个问题重大，不能轻举妄动，因为韶山是个特殊的地方，对全国影响很大。带着这种矛盾的心情，田家英1962年5月中旬前往上海向毛泽东汇报。结果，毛泽东说："我们是要走群众路线的，但有的时候，也不能完全听群众的，比如要搞包产到户就不能听。"而此时也在上海的陈云看了调查报告后，却评价说："观点鲜明。"[1]

从上海回来后，田家英又到韶山进行了一段时间的调查，于1962年6月底回到北京，将调查的情况向刘少奇作了汇报。刘少奇对包产到户内心是赞成的。1961年4、5月间，他在湖南宁乡调查时针对包产到户问题就讲过，"有些零星生产可以包产到户"，例如田塍、荒地等。所以，田家英的汇报刚开个头，就被刘少奇打断了。刘少奇说："现在情况已经明了了。"接着就提出关于实行包产到户的主张，并且详细地讲了对当时形势的看法。当田家英问可不可以将他这些意见报告毛泽东时，刘少奇干脆地

---

[1] 董边等：《毛泽东和他的秘书田家英》增订本，中央文献出版社1996年版，第90—91页。

说:"可以。"[1]

邓小平对包产到户也是赞成的。1962年6月下旬,中央书记处听取华东局农村办公室汇报。华东局认为安徽搞"责任田"就是单干,是方向性错误。会上赞成和反对的各占一半。邓小平说:"在农民生活困难的地区,可以采取各种办法,安徽省的同志说,'不管黑猫黄猫,能逮住老鼠就是好猫',这话有一定的道理。'责任田'是新生事物,可以试试看。"[2]7月2日,中共中央书记处开会,讨论如何恢复农业的问题。邓小平说:"现在所有的形式中,农业是单干搞得好。不管是黄猫、黑猫,在过渡时期,哪一种方法有利于恢复生产,就用哪一种方法。我赞成认真研究一下分田或者包产到户,究竟存在什么问题,因为相当普遍。你说不好,总要有答复。对于分田到户,要认真调查研究一下。群众要求,总有道理,不要一口否定,不要在否定的前提下去搞。要肯定,形式要多样。公社、大队为基础都可以,不要轻易否定一种。但现在大队是少数,小队也发生了问题,不如包产到户。分田到户也有好的。过渡时期要多种多样,退的时期退够才能进。"[3]

1962年7月7日,邓小平在接见出席共青团三届七中全会的全体与会者时说,现在出现了一些新情况,如实行"包产到户""责任到田""五统一"等。以各种形式包产到户的恐怕不只是20%,这是一个很大的问题。这样的问题应该是百家争鸣,大家出主意,

---

[1] 董边等:《毛泽东和他的秘书田家英》增订本,中央文献出版社1996年版,第91页。

[2] 薄一波:《若干重大决策与事件的回顾》下卷,中共中央党校出版社1993年版,第1084—1085页。

[3]《邓小平文集(1949—1974年)》下卷,人民出版社2014年版,第146页。

最后找出个办法来。他还说:"生产关系究竟以什么形式为最好,恐怕要采取这样一种态度,就是哪种形式在哪个地方能够比较容易比较快地恢复和发展农业生产,就采取哪种形式;群众愿意采取哪种形式,就应该采取哪种形式,不合法的使它合法起来。"他进一步指出:"就是有些包产到户的,要使他们合法化。"[1]在这里,邓小平对包产到户的倾向性是不言而喻的。

还有一些地方用变通的办法搞起了包产到户。1962年3月,经国务院副总理李富春、中南局第一书记陶铸同意,中共河南省委决定借一部分土地给灾情严重的豫北、豫东地区的群众生产自救。5月,中共河南省委又作出《关于迅速落实借地工作的通知》,允许人均耕地2—3亩的地区,借地加自留地不超过耕地的15%,在人均耕地1亩左右的地区,借地加自留地可不超过20%,借地期限规定3—5年。在盐碱地、沙荒和生产力破坏严重的地区,还可以酌情多借一些地给社员。1961年8月26日,中共湖南省委发出通知,提出凡是集体单位不能充分利用的冬闲田,允许借一部分给社员个人种植冬菜和冬种春收作物。借田的数量,一般地区可以1—3分,灾区可以3—5分。借给社员耕种冬闲田的收入,全部归社员个人所有。

1962年上半年,不但党内高层有相当多的领导人倾向于包产到户,许多基层干部更是希望能坚持包产到户。在明令取消"责任田"的情况下,中共安徽太湖县委宣传部干部钱让能还甘冒风险,直接写信给毛泽东,保荐"责任田"。

钱让能在信中一开始就说:"根据太湖县一年多来实行责任

---

[1]《邓小平文选》第1卷,人民出版社1994年版,第323—324页。

田的结果,我想作一保荐,不过与省委1962年3月20日关于改正'责任田'的办法的决议,是相违背的。尽管如此,我总认为'责任田'的办法是农民的一个创举,是适应当前农村生产力发展的必然趋势,是'六十条'和以生产队为基本核算单位的重要补充。有了它,当前的农业生产就如鱼得水,锦上添花。"钱让能说:"一年多的实践证明,尽管有人责难它'糟了''错了',然而广大农民群众总认为是'好了''对头了'。记得去年春,我在推行这一工作的过程中,农民群众的那股劲头是我十多年来(除土地改革外)的第一次见到。"

钱让能为"责任田"辩护说,搞"责任田"不是单干,不是发展资本主义,也不是什么方向性的错误。相反,"责任田"是社会主义集体经济的一种管理方式,它并未改变生产资料所有制,土地仍然是集体所有,仍然是按劳取酬,并未改变集体的劳动方式。对于安徽省委纠正"责任田",钱让能不以为然,认为"急急忙忙地收回'责任田',吵吵闹闹地指责'单干',很可能因为一部分是好心的同志不知底里,一部分还是以'本本主义'的观点害怕农民不跟我们走"。

钱让能说:"据我们调查摸底,拥护'责任田'的起码占80%以上,甚至于占90%以上。站在90%以上的人民大众这一边同呼吸,该不能算是尾巴主义吧!怕80%甚至90%以上的人不跟我们走,这恐怕也不能算是马克思列宁主义!哪能有马克思列宁主义者害怕90%以上的人民大众的道理呢!坚定地站在人民群众一边,这是一个马克思列宁主义者的根本立场问题。"[1]

---

[1] 黄道霞等主编:《建国以来农业合作化史料汇编》,中共党史出版社1992年版,第720—724页。

1958年的"大跃进"是从农业开始的,也正是因为农业生产的所谓"大跃进",才导致作出中国生产力已经实现了超常规发展这种脱离实际的判断,认为农村原有的生产关系和组织结构,已经不能适应形势发展的需要,于是人民公社顺应而生。多少年来,中国共产党一直以农村作为革命的重心,党的许多领导人也都出身农民,应该说,他们很了解农村和农民。长期的农村革命战争环境,使党的干部一方面对农村和农民有一种特殊的感情,另一方面又感到处理农村和农民问题能得心应手。的确,中共领导的新民主主义革命和社会主义革命事业,都是首先从农村取得成功的。中国革命走的是农村包围城市的道路,中国的社会主义改造首先是完成了农业的合作化。这样一来,使党内许多人产生了一种中国农民觉悟高,搞各项事业从农村开始比较容易成功的错觉。结果,急急忙忙地实现人民公社化,带来了一系列的问题,从而也使中国农民付出沉重的代价。

实际上,进入社会主义阶段后,许多人并不真正地了解农村和农民,尤其是不了解农村生产力发展水平和农民的觉悟程度。对于当时的中国农民来说,对社会主义毫无疑问是向往的,也是愿意走社会主义道路的。但是,将一向分散生产和生活的农民组织起来,集体生产劳动,产品大体平均分配后,他们中相当多的人的觉悟,还不足以达到自觉劳动的程度。他们首先会不满平均主义,反对平均主义,而当对平均主义无力改变后,他们又会接受平均主义,觉得少劳动、少付出才不致吃亏。当农民接受平均主义后,他们的生产积极性自然得不到发挥。而且,在当时农业生产基本靠手工操作的情况下,农村的生产活动还不需要大机器生产那样的劳动者的相互协作,也达不到"田间管理车间化"的条件，多数农活并不需要"大呼隆"式的集体劳动。采取安徽这种"定产到田、责任到人"的方法，不失为既保证生产资料集体所有，又调动劳动者积极性的合理办法。遗憾的是，当时人们的认识还达不到这一点。历史的进步总是有代价的，我们今天对联产承包责任制的比较正确的认识，也正是由于曾经有过 20 世纪 60 年代初包产到户的曲折经历。

七千人大会后，实行以"田间管理责任制"等不同面貌出现的包产到户，已成为党内党外许多人的共同呼声。包产到户其实并不是新事物，早在刚刚实现农业合作化的 1956 年，一些地方就已出现"田间管理包产到户""分户田间管理责任制"等形式多样的包产到户。在 1957 年下半年进行的农村社会主义教育运动即农村两条道路的大辩论中，包产到户遭到严厉批判，这一事物还刚在萌芽时期就夭折了。1959 年上半年人民公社的整顿过程中，包产到户再次出现苗头，但在随后的"反右倾"运动中，被当作"走资本主义道路"再遭批判。然而，包产到户却有顽强的生命力，在"农业六十条"贯彻执行的前后，又一次冒了出来，并且涉及的人口和地区，都大大地超过了第一次和第二次。究其原因，就是自人民公社化运动以来，分配中的平均主义严重地窒息着广大农民的生产积极性，加上农村出现了自新中国成立以来最为严重的经济困难，农民生活水平大幅度下降，从而使广大农民对人民公社的集体经济失去了信心，于是包产到户由开始时的星星之火，很快呈燎原之势。

四、毛泽东的态度

1962年夏,上至国家主席、党的副主席和总书记,下至基层干部和群众,都把包产到户当作恢复和发展农业生产、解决生产队内部平均主义问题的良方,但是包产到户到底能不能公开合法,还有一个必经的关口,就是毛泽东在这个问题上的表态。因为自"大跃进"以来,党内生活已不大正常,党内民主也遭到破坏,个人专断作风开始滋长。"大跃进"之初,毛泽东对主张反冒进的周恩来、陈云等人的批评,庐山会议对彭德怀的批判,损害了党内的民主决策机制。在重大问题上,最终的决定权在毛泽东那里。他对包产到户的态度,也就决定了包产到户的命运。

然而,毛泽东并不看好包产到户。在他看来,有了"农业六十条",又有了以生产队为基本核算单位,人民公社的问题就已经解决。搞包产到户就是搞单干,这也就是在农村要"走资本主义道路"。毛泽东对人民公社内部的平均主义是反对的,所以他才决定将基本核算单位下放到生产队,但他又认为,生产队内部又不能没有一点平均主义,不能搞彻底的按劳分配,否则就不能给贫苦农民以适当的照顾,就不可避免地要出现农村的两极分化。毛泽东对农民尤其是贫苦农民有着深厚的感情,对他们的处境十分同情。搞互助合作,引导农民走集体化道路,就是为了避免农村的两极分化,实现共同富裕。毛泽东认为,如果在共产党领导下,农民仍然穷的穷、富的富,那就有悖于党领导农民搞革命的初衷,搞包产到户就会产生这样的后果。

1962年7月初,毛泽东从外地回到北京。7月6日,陈云致信毛泽东,希望就恢复农业生产的有关问题同他交换意见。此前的这年5月，陈云在上海找商业部部长姚依林、粮食部副部长陈国栋谈恢复农业生产的问题，认为包产到户还不彻底，与其包产到户不如分田到户。用重新分田的办法，可以刺激农民的生产积极性，以便恢复农业的产量。陈云还要姚依林帮他算一笔账，分田到户后，农业生产每年能增产多少，国家能掌握多少粮食。姚依林担心地说，这个问题，毛主席怕不会接受。陈云说，毛主席是实事求是的，我去讲。先搞分田到户，这样更彻底一点。集体化以后再搞。7月6日下午1时，毛泽东接到陈云的信。当天下午4时，毛泽东就找陈云谈话。陈云阐述了个体经营与合作经济在我国农村相当长的时间内还要并存的问题，认为当前要注意发挥个体生产积极性，以克服困难。陈云还说，分田到户不会产生两极分化，不会影响征购，恢复只要四年，否则需要八年。当时毛泽东没有表态。但第二天传出消息说，毛泽东很生气，严厉批评说，"分田单干"是瓦解集体经济，是修正主义。[1]陈云后来回忆说："一九六二年我同毛主席谈话后，毛主席很生气，在北戴河开会，批了三个文件给我们看，并对陈云、邓子恢、田家英批得很厉害，把问题上纲到主张分田单干。说分田单干，我还没有发展到那个程度。我说，我只是根据家乡调查的结果，觉得个人搞积极性高一点。"[2]

接着，毛泽东约见了田家英。田家英在汇报中说，全国各地已经实行包产到户和分田到户的农民，约占30%，而且还在继续

---

[1] 薄一波：《若干重大决策与事件的回顾》下卷，中共中央党校出版社1993年版，第1086页。

[2]《陈云文集》第3卷，中央文献出版社2005年版，第522页。

发展。与其让农民自发搞，不如有领导地搞活经济。将来实行的结果，包产到户和分田单干的可能达到40%，另有60%是集体的和半集体的。搞包产到户和分田单干，是临时的措施，等生产恢复了，再把他们重新引导到集体经济。在听取汇报的过程中，毛泽东一言未发。田家英汇报完后，毛泽东突然问田家英：你是主张集体经济为主，还是以个体经济为主？又问是田家英个人的意见，还是其他人的意见。田家英回答说是个人的意见。对此，毛泽东没有表态。[1]没有表态本身就是一种表态。

其实，毛泽东反对包产到户的态度已是十分明朗，他对邓子恢、田家英主张包产到户非常不满，对刘少奇、陈云、邓小平没有抵制甚至还赞成也不高兴。1962年7月8日，毛泽东召集刘少奇、周恩来、邓小平、陈伯达、田家英等人开会，介绍了河南、山东两省的夏收情况，说形势并不那么坏，建议刘少奇等找河南、山东、江西的同志谈谈，了解一下农村的形势。在这个会议上，毛泽东明确表示不赞成包产到户，并批评田家英回到北京不修改"农业六十条"，却搞什么包产到户、分田单干。毛泽东还提出要搞一个巩固人民公社集体经济、发展农业生产的决定，由陈伯达主持起草。陈伯达很快就拿出了初稿，并在1962年7月19日和20日主持召开了各中央局书记参加的起草委员会会议。

7月17日，毛泽东应邓子恢之请与邓谈话。邓子恢向毛泽东力荐安徽的"责任田"，认为"责任田"能做到主要生产资

---

[1] 董边等：《毛泽东和他的秘书田家英》增订本，中央文献出版社1996年版，第92—93页。

料、生产计划、劳动力、分配和上缴任务统一于集体，即"五统一"，不是单干。"责任田"实际上是一种联产计酬的生产责任制，有强大的生命力，广大农民不愿改变。毛泽东听后没有表示意见，在邓子恢起身要走的时候说，把你给我的报告（指1962年5月中共中央农村工作部《关于当前农村人民公社若干政策问题的意见》）和符离集区委同志的汇报送来，我要看看。[1]第二天，毛泽东同中共中央办公厅主任杨尚昆谈话，其中一个重要内容是关于"是走集体道路呢，还是走个人经济道路"的问题。杨尚昆在当天的日记中写道："我觉得事态很严重！！十分不安！"[2]

7月20日，毛泽东找各中央局第一书记谈话。毛泽东问与会者：你们赞成社会主义还是赞成资本主义？接着又说：当然不会主张搞资本主义，但有人主张搞包产到户。现在有人主张在全国范围内搞包产到户，甚至分田到户。共产党来分田？！对农民，要让他自愿，如果有的人非要包产到户不可，也不要采取粗暴态度。问题是要分析农民的基本要求是什么，我们如何领导。有人似乎认为我们和农民搞了几十年，现在好像不行了，难道我们就这样脱离群众？他又说，有人说恢复农业要八年时间，如果实行包产到户四年就够了，你们看怎么样？难道说恢复就那么困难？这些话都是在北京的人说的，下边的同志说还是有希望的。目前

---

[1] 中共中央文献研究室编：《毛泽东年谱（1949—1976）》第5卷，中央文献出版社2013年版，第114页。

[2]《杨尚昆日记》（下），中央文献出版社2001年版，第196页。

的形势究竟是一片黑暗,还是有光明?[1]

在毛泽东明确表示不同意实行包产到户后,刘少奇不得不收回自己的意见,站到毛泽东的立场上来。1962年7月18日,刘少奇在给中直机关和中央国家机关下放干部的讲话中,专门讲到巩固集体经济的问题。他说:"现在人民公社的集体经济不够巩固,相当多的集体经济发生动摇,许多地方的农民,甚而至于干部,要求单干,要求分田到户,或者包产到户。""对于这个问题,中央正在讨论,即将规定若干政策措施。"他要求下放干部下去后要抓巩固集体经济的问题。[2]但同时,刘少奇又认为农业生产必须实行责任制,他指出:"我看实行责任制,一户包一块,或者一个组包一片,那是完全可以的。问题是如何使责任制跟产量联系起来。"[3]

此时的刘少奇,在包产到户问题上其实是矛盾的。一方面,他对形势的估计与毛泽东明显不同。毛泽东认为,有了"农业六十条"和基本核算单位下放,农村的问题就基本上可以解决,形势正在好起来。刘少奇则认为形势还不能令人过于乐观。他在1962年5月11日中央工作会议上的讲话中说:"从经济上来看,总的讲,不是大好形势,没有大好形势,而是一种困难的形势。"[4]因此,他主张"要退够"[5],其中也包括要允许包产到户。

---

[1] 中共中央文献研究室编:《毛泽东年谱(1949—1976)》第5卷,中央文献出版社2013年版,第117页。

[2]《刘少奇选集》下卷,人民出版社1985年版,第461页。

[3]《刘少奇选集》下卷,人民出版社1985年版,第463页。

[4]《刘少奇选集》下卷,人民出版社1985年版,第444—445页。

[5] 王光美、刘源等著,郭家宽编:《你所不知道的刘少奇》,河南人民出版社2000年版,第93页。

另一方面，为了党的团结统一，刘少奇不得不公开与毛泽东保持一致。

　　毛泽东对包产到户的批评并没有就此停止。1962年8月2日，毛泽东在北戴河同北京、河北、山西、内蒙古等省、市、自治区党委负责人谈话时说，从全国看，今年的收成比去年好，去年比前年好，错误在纠正嘛！有少数人把形势看得很黑暗，也有少数人说一片光明。从整个形势看，前途一片光明，有些问题。问题主要是反映在国内的阶级斗争，也就是究竟是搞社会主义还是搞资本主义，斗争的时间相当长，一百年以后还有这个问题，这种形势要看到。[1]由此看来，毛泽东已将农村出现的包产到户，看作是两条道路斗争的重要表现和阶级斗争的重要内容。在谈话中，毛泽东还讲到生产队规模和管理的问题，认为生产队以20户左右为宜，太大了不好。并且说：田间管理责任制要搞好，有的地方按地段包工到组、到户、到人，这是进步的管理办法，不能说不好。第二天，毛泽东在同陕西、甘肃、青海、宁夏、新疆五省区的党委负责人谈话时又说，即将召开的中央工作会议要解决是走社会主义道路还是走单干道路的问题，还说无产阶级与资产阶级的斗争是长期的。

　　8月5日，毛泽东同邓子恢、陈伯达等人及柯庆施（时任中共中央华东局书记、中共上海市委第一书记）、李葆华（时任中共中央华东局第三书记、中共安徽省委第一书记）、陶铸（时任中共中央中南局第一书记、中共广东省委第一书记）、王任

---

[1] 中共中央文献研究室编：《毛泽东年谱（1949—1976）》第5卷，中央文献出版社2013年版，第122页。

重(时任中共中央中南局第二书记,中共湖北省委第一书记)谈话。他说:我"周游"了全国,找各大区的同志都谈了一下,每个省都说去年比前年好,今年比去年好。看来并非一片黑暗,有的同志把情况估计得过分黑暗了。当然也不是像1958年浮夸时讲的都是一片光明。我是中间派,应当说基本上是光明的,有许多问题还亟待解决,还要花几年的工夫,才能得到解决。对于包产到户和单干问题,毛泽东说:有人说,人民公社要垮掉百分之六十,留下百分之四十。还有人说,全部解散搞单干,四年农业生产就可以恢复。已经搞了单干的,不能勉强去扭,过了半年或一年看出两极分化了,这个问题就解决了。允许百分之几到百分之十几闹单干是可以的,还有百分之九十是集体嘛!如果全部闹单干或大部闹单干我是不赞成的。如果那样搞,党内势必分裂。他还说,我是五年计划就去见马克思了,而阶级斗争要贯串整个历史时期。我在七千人大会上的讲话,讲到建成社会主义要五十年、一百年或更多的时间。讲这一段话的意思是要人们懂得,有资产阶级存在,不要忘记阶级斗争。[1]

五、包产到户的夭折

1962年8月6日至24日,中共中央在北戴河召开工作会议,主要讨论农业、财贸、城市等方面的问题。这又是一次著名的北戴河会议。会议开幕的当天,毛泽东就提出了阶级、形势和矛盾

---

[1] 中共中央文献研究室编:《毛泽东年谱(1949—1976)》第5卷,中央文献出版社2013年版,第125—126页。

等问题。他说,现在有一部分农民闹单干,究竟有多少?现在这个时期,这个问题比较突出。是搞社会主义,还是搞资本主义?是搞分田到户、包产到户,还是集体化?农村合作化还要不要?主要就是这样一个问题。已经包产到户、分田到户的,现在暂时不要动,不要去强迫纠正,但是要注意做工作。他还说阶级还要分层。小资产阶级就是要分阶层的,可以分为富裕阶层,比较贫穷的阶层,还有中间阶层。资产阶级、地主富农要争夺小资产阶级搞单干,无产阶级如果不注意,集体化就不能巩固。因为小资产阶级有富裕阶层存在,闹单干的可能性就长期存在,这是单干的社会基础。

在8月9日的中心小组会议上,毛泽东在讲到形势、单干等问题时说:现在有两种人,一种是只讲黑暗,一种是讲大部黑暗,略有光明。任务是从分析形势提出来的,既然是一片黑暗,那任务的提法就不同,就证明社会主义不行,因而就要全部单干,小部集体。然后又必然反映到方针、措施和世界观上来。他接着描绘了一幅搞单干(也就是包产到户)后的"可怕图景":搞单干,两年都不要,一年多就会出现阶级分化,其中有共产党的支部书记,贪污多占,讨小老婆,放高利贷,买地;另一方面是贫苦农民破产,其中四属户、五保户,这恰恰是我们的社会基础,是我们的依靠。你是站在三分之一的富裕农户的立场上,还是站在三分之二的基本农民群众的立场上?问题就是这样摆在我们的面前。[1]他还说,单干从何而来?在我们党内,有相当大部

---

[1] 中共中央文献研究室编:《毛泽东年谱(1949—1976)》第5卷,中央文献出版社2013年版,第130页。

分小资产阶级成分，包括许多农民，其中大部分是贫下中农，但有一部分是富裕中农出身，或者本人就是富裕中农，也有一些知识分子，家庭是城市小资产阶级，或者是资产阶级子弟，还有封建、官僚、反动阶级家庭出身的。有的人对社会主义革命缺乏准备。

北戴河会议批判"单干风"，首当其冲的是邓子恢。在8月9日的会议上，有人指责邓子恢在困难面前发生动摇，是代表富裕中农阶层搞资本主义农业的要求，是富裕中农的代表。为此，邓子恢在8月10日的华东组会议上不得不进行申辩，但他仍然认为安徽的"责任田"是做到了"五统一"的，也是符合陶铸广西龙胜的《座谈记录》关于集体经济的四条标准的，不是单干。他说："我现在对'责任田'还是这种看法，要作具体分析，安徽的'责任田'也有搞好了'五统一'的。"[1]

迫于压力，邓子恢只得在第二天的中心小组会议上作了自我批评，承认自己对于包产到户的看法与毛泽东、中共中央的方针相违背，是方向性的错误。但是，邓子恢并未因检讨而过关。第二天，毛泽东在一份材料上对邓子恢作了措辞严厉的批评："过了一年……邓子恢同志就动摇了，对形势的看法几乎是一片黑暗，对包产到户大力提倡。""他没有联系一九五〇年至一九五五年他自己还是站在一个资产阶级民主主义者的立场上，因而犯了反对建立社会主义集体农业经济的错误。"[2]

---

[1]《邓子恢文集》，人民出版社1996年版，第614页。
[2]《建国以来毛泽东文稿》第10册，中央文献出版社1996年版，第137页。

北戴河会议后，接着于9月24日至27日在北京召开中共八届十中全会。会上毛泽东把党内一些认识上的分歧，当作阶级斗争的反映，提出了所谓的"黑暗风""单干风"和"翻案风"问题。并强调，在无产阶级革命和无产阶级专政的整个历史时期，在由资本主义过渡到共产主义的整个历史时期，存在着无产阶级和资产阶级之间的斗争，存在着社会主义和资本主义这两条道路的斗争。阶级斗争和资本主义复辟的危险性问题，从现在起，必须年年讲，月月讲，使我们对这个问题，有比较清醒的认识，有一条马克思列宁主义的路线。

主张包产到户的邓子恢再次受到批判。1962年9月25日，当董必武在讲话中讲到"单干风"问题时，毛泽东插话说：邓子恢同志曾当面和我谈过保荐"责任田"，我跟他谈了一个半钟头的话，我就受了一个半钟头的训，不是什么谈话，是受他的训。会上，毛泽东还多次批评田家英的60%包产到户、40%搞集体的主张，并批评邓子恢领导的中央农村工作部搞资本主义，邓子恢是"资本主义农业专家"。[1]

9月26日，八届十中全会召开全体会议，由刘少奇、邓小平、周恩来等人讲话。在刘少奇讲话时，毛泽东就包产到户和单干问题作了不少插话。

刘少奇说：在1959年、1960年遭到困难面前，有三种态度：第一种，坚持克服困难，坚持毛主席、中央的革命道路，继续胜利前进。第二种，在困难面前被吓倒、放弃社会主义道路，向后

---

[1] 薄一波：《若干重大决策与事件的回顾》下卷，中共中央党校出版社1993年版，第1088—1089页。

倒退，单干。这时，毛泽东插话说：名义上没有放弃社会主义道路，说是经营管理方式，实际上就是单干。

刘少奇接着说：第三种，利用我们暂时的困难，向党发起进攻，企图推翻党的领导。第二种态度是动摇、不坚定，丧失信心，不懂得马列主义；第三种是敌对阶级的态度。毛泽东说：第二种是不懂马列主义，属于认识问题，过几年一看形势好些，就改了，当时没有想到全局和前途，没有想到国际国内关系。

刘少奇说：毛主席《关于正确处理人民内部矛盾的问题》中提出的六条标准，最重要的是两条：一条是社会主义道路，一条是党的领导。毛泽东说：主张包产到户和单干，可以建议，但不能采纳。

刘少奇说：今年5月会议（指5月召开的中共中央工作会议）对困难估计多了些。单干风大，实际单干的不多，并不严重，只有安徽、甘肃多一点。已经单干了的，可以重新组织起来，不愿意的不勉强，先组织那些愿意组织起来的。毛泽东说：有一家就一家，有几家就几家。十家有三家、五家、七家愿意的就组织起来，不愿来的就不来，也不要骂他们是走台湾的道路，但要说他们的方向是不正确的。将来要来还可以来，现在不要闻风而来。散得很多的地方，如安徽可以分二年、三年，说服愿意的先组织起来，一年增加一些。[1]

针对包产到户的问题，八届十中全会专门作出了《中共中央关于进一步巩固人民公社集体经济、发展农业生产的决定》（以

---

[1] 中共中央文献研究室编：《毛泽东年谱（1949—1976）》第5卷，中央文献出版社2013年版，第157页。

下简称《决定》)。《决定》肯定了以生产队为基本核算单位至少三十年不变,同时也规定:"人民公社的各种体制、各级规模和条例(即'农业六十条'。——引者注)中的各项重大规定,经过群众讨论,确定以后,也长期不变。"[1]《决定》提出:"是单干力量大,还是集体经济的力量大;是单干能够使农民摆脱贫困,还是集体经济能够使农民摆脱贫困;是单干能够适应社会主义工业化,还是农业的集体化能够适应社会主义工业化;这些问题是需要回答的。"[2]对于这些问题,《决定》的出台本身就是最好的回答。

这次全会还通过了修改后的《农村人民公社工作条例修正草案》。由于这次全会大讲阶级和阶级斗争,"农业六十条"修正草案也就增加了相关的阶级斗争的内容。如第八条规定:"公社、生产大队、生产队,在选举管理委员和监察委员的时候,应该注意使老贫农和下中农占优势。"第五十七条规定,人民公社中的党组织,"要教育党员、团员和干部,正确地执行党在农村中的阶级路线,依靠老贫农和下中农,巩固地联合其他中农"[3]。

八届十中全会后不久,中共中央撤销了中央农村工作部,理由是中央农村工作部"十年没有干过一件好事"。邓子恢的农村

---

[1] 中共中央文献研究室编:《建国以来重要文献选编》第15册,中央文献出版社1997年版,第608页。

[2] 中共中央文献研究室编:《建国以来重要文献选编》第15册,中央文献出版社1997年版,第613页。

[3] 中共中央文献研究室编:《建国以来重要文献选编》第15册,中央文献出版社1997年版,第617、646页。

工作部部长自然也当不成了，被调到国家计划委员会当了一名挂名的副主任。

八届十中全会批判"单干风"后，各地相继作出了一系列的纠正包产到户或所谓单干的决定。1962年10月，中共甘肃省委向中共中央和毛泽东报送了《关于临夏回族自治州"包工包产到户"和"大包干到户"情况的检查报告》，表示要在1963年内将临夏的包产到户纠正过来，并要求全省将巩固人民公社集体经济当作全党当前最根本的任务。10月11日，中共陕西省委向中共中央和西北局报告说："现在，农村情况已经发生了根本变化。单干风基本上刹住了，各级领导干部中没有人公开主张包产到户了，公社、党支部和生产队的干部也不再继续搞分田到户、包产到户了。有些瓦解了的生产队，又在重新组织起来。"[1]中共安徽省委向中共中央表示，将在1963年春耕以前把全部"责任田"改正过来。中共湖南省委在给中共中央关于纠正"单干风"的报告中说："已经分户单干的生产队，拟组织专门的力量进行工作，使之回到集体道路上来。"[2]各地相继作出了类似的规定。至此，包产到户再度夭折，包产到户问题也长期成为禁区。这种状况，一直延续到中共十一届三中全会的召开。

包产到户没有改变生产资料集体所有制的性质，但也应看到，由于劳动力强弱、技术水平高低的差异，即使是同等条件的包产到户，各个社员间收入的多少还是有区别的。也正是这种区

---

[1] 黄道霞等主编：《建国以来农业合作化史料汇编》，中共党史出版社1992年版，第745页。

[2] 中华人民共和国国家农业委员会办公厅编：《农业集体化重要文件汇编（1958—1981）》（下），中共中央党校出版社1981年版，第664页。

别，才能克服平均主义，刺激社员的生产积极性。既然有区别，那么出现一定程度的贫富差别也是难免的。只要采取正确的政策加以引导，再加上保持生产资料集体所有制不变，是不可能产生新的剥削阶级的。当然，在实行包产到户的情况下，对农村中的弱势群体的照顾，也的确是一个必须妥善解决的问题。但如果能坚持统一分配，在政策上对这些人作出明确的保护性规定，就不致使他们的生活水平与其他社员有太大的差距。实际上，担心包产到户后会出现两极分化，进而产生新的剥削阶级，是没有必要的。然而，在当时的历史条件下，还难以有这样的认识。

国民经济调整时期的城镇人口精减

1959年至1961年在共和国历史上被称为"三年困难时期"。为了克服严重的经济困难,中共中央进行了一系列的政策调整。针对"大跃进"造成的全国职工队伍和城镇人口的急剧增加,中共中央和国务院作出了大精减的决策。在一年多的时间里,近3000万城镇人口被精减到了农村,他们以个人利益的牺牲换来了共和国经济的复苏。

一、"大跃进",大招工

1957年11月,时值十月革命40周年。受苏共中央的邀请,毛泽东率中共代表团前往莫斯科参加庆祝活动,同时参加64个国家的共产党和工人党代表会议。11月6日,苏共中央总书记赫鲁晓夫在十月革命40周年庆祝大会上,不但大谈社会主义和资本主义和平竞赛的问题,而且明确地提出了苏联"在十五年不仅赶上并且超过美国"的目标。这给毛泽东以很大的启发,在征得国内其他领导人的同意后,在11月18日的各国共产党和工人党代表会议上,他提出了中国要用15年左右的时间在钢产量等方面赶上英国的目标。12月2日,刘少奇代表中共中央向中国工会第八次代表大会开幕式致祝词时,正式公布了这个口号。于是,钢和其他重要工业产品的产量方面赶上和超过英国，就成为工业领域"大跃进"的重要目标。

由于提出钢铁和其他主要工业产品的产量要在15年左右赶超英国，因此"大跃进"启动后，在制订国民经济发展的五年计划和年度计划时，就改变过去那种立足上年的实际情况制订下年计划的方法，而是采取倒算的方法，即先定15年赶超的目标。如15年后英国的钢产量将在现有2100万吨的基础上，发展到4000万吨左右，中国在15年以后要达到4500万吨才能赶上或超过英国。1957年中国的钢产量只有535万吨，那么5年后起码要达到1500万吨；然后翻一番，10年后达到3000万吨；到下一个五年计划达到4500万吨。

按照这样的倒算法，1958年2月，国家经委主任薄一波在一届全国人大五次会议上所作的《关于1958年度国民经济计划（草案）的报告》提出，1958年的工业总产值按1957年的不变价格计算，拟定为643.7亿元，增长14.6%。1958年计划继续施工和开始施工的限额以上建设项目1185个，其中工业建设项目716个。钢铁指标为624.8万吨，比1957年增长19.2%；发电量224.5亿度，增长18%；原煤1.5072亿吨，增长17.2%；其他如机械工业、农机新产品、化肥等工业产品产量的增长也都在30%—50%。这就是后来中央的第一本账。

紧接着，中共中央又在成都召开有部分中央领导人和地方负责干部参加的工作会议。会上，毛泽东对主持1956年反冒进工作的中央领导人，再次作了不适当的批评。也就在这次会议上，国家经委党组报送了《关于1958年计划和预算第二本账的意见》，原定的1958年国民经济发展指标被大幅度提高，作为中央的第二本账。该《意见》规定：工业总产值为903.8亿元，比1957年增长33%；基本建设投资175亿元，增长41.5%；钢为700万吨，增长35.5%，煤炭1.6737亿吨，增长31.1%；发电量246亿度，增长29.3%。此外，粮食、棉花等农产品产量计划也大幅度提高。国家经委党组提出的这个《意见》在成都会议上通过，并得到了4月5日中共中央政治局会议的批准。这就标志着整个国民经济都纳入了"大跃进"的轨道。

随着"大跃进"的全面启动，各种指标也一再被拔高，如钢的指标后来被定为1070万吨，比1957年翻了一番。要实现这些高指标，使我国工业一下子来一个大的"跃进"，仅仅依靠中央企业显然是难以做到的。于是，当时就把工业大发展的希望，主要寄托于地方，希望发挥地方大办工业的积极性。这样，如何发展地方工业，就成了中共中央着重考虑的一个重大问题。

成都会议之前，国家经委写出了一份《让中小型工厂遍地开花的一些设想》的材料，递交成都会议讨论。《设想》特地谈到了县办工业如何发展的问题：一是凡蕴藏有煤炭资源的县份，每县根据情况至少建设一个小煤窑，一座小水泥窑，一个小的炼油厂，一个小的电站等。建设这些小型的基本工业，全部投资不过740万—2165万元，而这些工业建成后一年的生产总值可以超过400万元，两至三年就可以收回全部投资。二是那些有铁矿资源的县份，可以至少建设一座年产400—500吨的小高炉，投资只要8000—10000元，两个月可以建成，半年可以收回全部投资。三是那些有铜矿资源的县份，还可以至少建设一座年产30吨的小铜厂，投资只需8000元，半年可以建成。此外，有些县份还可以根据当地的农副业原料资源，建设小榨油厂、小制糖厂、小造纸厂、小纺织厂等为农村副业加工的小型工厂。总之，有什么资源就办什么工业，每一个县都不应该有空白。

按照这样的思路，各地出现了大办工业的热潮。1958年4月30日，《人民日报》在《全民办工业，厂矿遍城乡》的通栏标题下，报道了部分地区全民办工业的情况。报道说，自中共中央号召大力发展地方工业以来，西北各省区地方工业的投资总额达到1.54亿元，比上一年增加90%，等于"一五"期间地方工业投资的63%；西北地区1958年计划兴建的厂矿中，属于省和自治区建设的较大厂矿有270多个。江西省在1个月的时间内办起工厂5000多个，平均每天约有170个工厂建成。云南省3个月来新建成的中小型厂矿2068个，全省100多个县已大部分拥有电力、炼铁、农机和农产品加工等10个以上的小型厂矿。

当年这样的报道不时见诸报端。据国家统计局这年底公布的数据，1958年共有近700个限额以上的新建厂矿部分或全部投入生产，平均12多个小时就有一个。此外，全国各地兴建的中小型厂矿更是如雨后春笋，仅据辽宁、河南、浙江、广东四个省的统计，1958年新建设的县以上的中小型厂矿就有15000多个。至于各地人民公社办起的工厂则数以百万计。这么多厂矿的新建和扩建，固然对1958年工业生产的发展起到了直接的推动作用，但其结果不但使这年基本建设的投资大幅度增加，仅中央和省一级就达到235亿元，比1957年增长了87%，相当于第一个五年计划总投资的半数，而且导致了这年全国职工人数的急剧增加。

"大跃进"开始后，不少地方向国家劳动部反映人员不足，要求增加新人员，而且各省、市、自治区要求新增人员的数目都不小。对于这种情况，劳动部党组及时向中共中央作了汇报，并且提出，由于现在全国还有大量人员多余，因此，目前除按劳动计划招用临时工外，仍然应坚持不从社会上招收正式职工的方针。各地区所需补充的人员，应该准确地编制劳动计划，进行周密的组织工作，千方百计从现有职工中调剂解决。在成都会议上，毛泽东还对乱招工的现象作了批评。说现在又有大招工的一股风，这可不得了。山东要15万人，山西招临时工17万人。1956年工资冒了10多个亿，如果不注意就是真正的浪费。成都会议讨论通过了《中共中央关于调剂和补充职工问题的意见》，规定各地区各单位的招工计划首先要经过省、市、自治区党委审查，而后报中共中央考虑决定。

但是，情况很快就发生了变化。由于新办企业、扩大基建规模都需要招工，1958年6月，国务院第五办公室召集有关部门研究"大跃进"中的劳动力问题。会议研究认为：1956年多招收的职工已经"吃光"，现在增人的趋势很猛，必须及早准备；由于农业"大跃进"，农村劳动力不易进城，为生产"大跃进"准备劳动力，需要改变冻结劳动力的办法。6月下旬，劳动部党组为"二五"计划时期增加劳动力的问题报请中共中央。6月29日，中共中央同意了劳动部的报告，决定放宽国家对招收新工人的审批管理，确定此后劳动力招收调剂工作由省、市、自治区党委负责，招工计划由省、市、自治区党委确定后即可执行，不必经中央批准，但应力求从城市中招收，一般不从农村中招收新职工。

这个口子一开，各地于是将招工审批权层层下放。不少单位为了放生产"卫星"，随意增加生产任务而大招工；也有些单位担心今后劳动力更紧张而抱着晚招不如早招的心理随意招工；新办的各种工矿企业更是大招特招。职工队伍由此迅速膨胀起来。据第二年5月国家计委党组、劳动部党组《关于1958年劳动工资基本情况和1959年劳动工资安排意见的报告》，1958年末全国国营、公私合营、事业和国家机关的职工总数为4532万人，比1957年末增加了2082万人。其中县级企业新增加的职工1100多万人。在这新增加的2082万职工中，从社会上招收的有1661万人，占80%，而其中从城市招收的只有557万人，仅占26.7%，从农村招收的则为1104万人，占53%。

  1958年冬，针对"大跃进"和人民公社化运动中出现的浮夸风、"共产风"等问题，毛泽东发现很多人"急急忙忙往前闯"，脑子中有一大堆的混乱思想，因此需要大家冷静下来，联系我国社会主义革命和建设的实际，去读一些马列理论著作，以获得一个清醒的头脑。在他的提议下，1958年11月，中共中央召开了第一次郑州会议，接着，又于11月至12月间在武昌举行中共中央政治局扩大会议和中共八届六中全会，总结"大跃进"和人民公社化运动的经验教训，重新审订1959年的国民经济计划，对原定的1959年主要工业产品指标作了调整。这样，许多地方按照北戴河会议预定的工业指标多招职工造成大量人员闲置和劳动力浪费的问题就凸显出来。为此，中共中央于1959年1月5日发出《关于立即停止招收新职工和固定临时工的通知》，要求各级党委立即通知各企业事业单位停止招收新的职工和固定、临时工人，对现有职工人数要根据节约用人、提高劳动效率的原则，确实核定各单位的人员需要量，并且报告省、市、自治区党委备查。2月4日，中共中央又发出《关于制止农村劳动力流动的指示》，要求：各企事业单位一律不得再招流入城市的农民；已经使用的，要立即进行一次清理，已有固定工作确实不能离开的，必须补订企业、人民公社和劳动者本人三方同意的合同，其余的一律遣送回乡。3月11日，中共中央、国务院联合发出了《关于制止劳动力盲目外流的紧急通知》，重申了2月4日的《指示》内容，并且要求各机关、企事业单位、部队、学校，都要立即向所属人员传达2月4日中共中央的《指示》，制止农村劳动力盲目外流。

自从中共中央下达停止招收新职工的指示后，职工人数增加的趋势基本得到了控制，并且有了较大幅度的减少。据国家统计局的统计，1959年1月比1958年末减少职工106万人，2月又比1月减了61万人，两个月共减少了167万人。至1959年3月底，全国县以上工业部门及建筑部门职工人数比1958年末减少了267万人。

1959年3月，国家计委和劳动部根据当时确定的生产计划，建议全国共减少职工509万人。5月初，两部委再次提出，应在原定减人计划的基础上，再精减职工300万人，全年共精减职工800万人。精减的对象主要是来自农村的临时工、合同工及多余的学徒。县办企业和一些停工、窝工企业，应当先减多减，并争取大部分在上半年减下去。

5月27日，中共中央批转了上述两部委《关于1958年劳动工资的基本情况和1959年劳动工资的安排意见的报告》，同意全年减少职工800万的建议，并且指出，这减少800万职工的计划，"是必须完成的，并且在保证完成今年国家确定的生产任务的原则下，凡能多减的还应该多减一些"[1]。中共中央同时强调，减少800万职工是一项十分繁重的任务，各级党委书记要亲自挂帅，加强领导，通过鸣放辩论制订减人指标，一面报请中央，一面贯彻执行。同时做好思想政治工作和组织工作，妥善安置被精减职工，做到走的愉快，留的安心。

截至1959年6月底，全部工业和基本建设部门共精减职工605.4万人。扣除这年上半年新增加的106.8万人和1958年统计漏报的42.5万人，实际精减了456.1万人，完成全年计划精减人数的一半。

二、共和国进入非常时期

历史的发展是有其内在的必然规律的，但是，历史发展的必然性，又常常通过许多的偶然事件表现出来，往往是这样的偶然事件影响或改变了历史的进程。1959年的庐山会议就是如此。

庐山会议中断了1959年上半年的纠"左"进程。庐山会议后，在"反右倾、鼓干劲"的口号之下，人们的头脑再度发热，高指标被重新提了出来。国家计委和建委在9月下旬提出，在今后几个月里，要新开工230个限额以上项目。这样，刚降下来的基本建设项目数量，又增加到1000个以上。11月22日，计委和建委又确定1959年追加13.6亿元的基本建设投资。这些投资，加上原计划的248亿元和上年结转投资20亿元，使基本建设投

---

[1] 中共中央文献研究室编：《建国以来重要文献选编》第12册，中央文献出版社1996年版，第358页。

资又重新回到 1959 年初调整前确定的水平。

1960 年 3 月底至 4 月上旬召开的二届全国人大二次会议，通过了 1960 年国民经济计划。其中工交方面的具体指标是：重工业产值 1270 亿元，比上年增长 32%；生铁 2765 万吨，增长 34%；钢 1840 万吨，增长 38%；水泥 1600 万吨，增长 30%；发电 550 亿—580 亿度，增长 30%—40%；煤炭 4.25 亿吨，增长 22%；发电设备 330 万千瓦，增长 53%；金属切削机床 9 万台，增长 29%。为了保证这些指标的完成，并为今后跃进做准备，基本建设投资确定为 325 亿元（不包括地方和企业自筹的 60 亿元），比上年增长 21.7%。为了完成上述工业指标，除了新建和扩建一批大型的钢铁企业、有色金属企业外，还要求各地兴建一批"小土群""小洋群"钢铁与有色金属企业。

实际上，赌气式地搞新的"大跃进"，并没有使工农业生产真正跃进。进入 1960 年后，国民经济的运行情况日趋不佳。以钢铁日产量为例，1959 年第四季度为 5.38 万吨，1960 年第一季度为 4.98 万吨，4 月上旬为 4.84 万吨。此后更是连续下降。第二季度后，全国 20 种主要工业产品中有 18 种没有完成产量计划，其中低于第一季度的有 11 种。

面对这种情况，本应及时调整不切实际的高指标，可是受"反右倾"的影响，谁也不愿当"右倾机会主义分子"，当"促退派""观潮派"，只能是硬着头皮顶住，采取以前的老办法，集中全力保钢，并采取群众运动的方式"大办钢铁""大办工业"。这种主要通过追加劳动力的"跃进"，使一度有所精减的职工队伍再度迅速扩张。

据国家统计局的统计，截至 1960 年 6 月底，全国职工人数达到4796.6万，比1959年增加了235.7万。截至7月底，全国职工人数达到4889.4万，其中7月就增加了92.9万。8月更是达到5100万。

1960年新一轮"大跃进"的结果是，一方面致使城镇人口大幅度增加，另一方面粮食产量大幅度减少。为了保证城镇居民的最低商品粮供应，不得不加大对农民粮食的征购量，实行高征购。1958年到1960年的三年间，每年粮食征购量都在1000亿斤以上。这三年粮食征购量及与粮食总产量的比重分别是：1958年征购1175亿斤，占29.4%；1959年1348亿斤，占39.7%；1960年1021亿斤，占35.6%。过高的粮食征购量，是以降低农民口粮为代价的。为了保证城镇居民的最低粮食需要，不得不从农民口中挤出粮食。按人口平均计算，全国农村人口的年粮食消费量，1957年为409斤，1959年为366斤，1960年为312斤。过低的口粮，加之没有自留地和家庭副业来弥补口粮的不足，农民又要在公共食堂吃"大锅饭"，致使农村发生大面积的饥荒。

尽管中国农民作出了如此大的牺牲，但并没有换来城市居民生活的改善。相反，1958年以来，城市居民的生活水平也连年下降，粮食供应日益紧张。1960年全国粮食产量为2870亿斤，比上年减少530万斤，减少15.6%。虽然征购量高达35.6%，但当年销售却大于库存620万吨，国家库存粮食比1957年减少了1180万吨。按人均每年需要粮食250公斤计算，这年国家大约差2400万人的粮食。1960年以后，交通沿线的国家粮食库存越挖越空。1960年6月上旬，北京市的粮食库存只够7天的销量；天津市的库存只够10天的销量；上海已经基本没有大米库存，只能靠外贸部门的出口大米过日子；辽宁十几个城市只能销八九天。1960年9月底全国82个大中城市的库存粮食，比上年同期减少了近一半，还不到正常库存的三分之一。

面对如此严重的粮食危机，为了稳定市场，防止粮食脱销，粮食部门可谓想尽了办法。辽宁的大中城市采取各粮站排开轮流卖粮的办法，居民每次只能凭证购买3至5天的口粮定量。北京天天在各粮店之间平衡粮食余缺，并派出大批干部到各地催购粮食，一旦看到发粮车站装车，立即给北京打电话预告粮食到达日期，以便提前安排。上海安排大量汽车在车站、码头等候，一旦粮食到达，立即运到粮店。当时粮食的紧张情况可想而知。

到1960年，"大跃进"导致国民经济比例失调造成的与人民生活密切相关的各类物资短缺充分暴露出来。1960年以来，北京市的饮食供应一直很紧张，排队吃饭的现象非常严重。为了解决这个问题，中共北京市委曾多次进行调查研究，采取了不少措施，使排队吃饭的现象有所减少，但并未解决问题，每天在每个饭店门口排队的人仍然很多。

据典型调查，排队吃饭的人一半以上是临时来京没有长期户口的人，有长期户口的人，也有一部分是家中住着临时来京的人，以致粮食不够吃才去排队的。北京附近的大中城市的饭店进入1960年就已经实行凭粮票供应的办法，只有北京到这年夏天在饭店吃饭仍不收粮票，有些人为此不惜坐火车来北京吃饭。1960年6月21日，北京市在北京火车站进行了一次调查，发现旅客中有300多人是坐火车专门来京排队吃饭的。这些人多来自河北唐山，其中有铁路职工家属，有开滦煤矿的家属，也有农村来的农民。他们白天到处排队吃饭，晚上就在车站广场露宿。

针对这种情况，中共北京市委经过反复研究，决定从1960年8月16日起，除全聚德等18家高级饭店高价销售不要粮票外，其余所有的饭店实行凭粮票供应的办法。凭票供应的范围包括早点、正餐、小吃等主食制品，以及豆浆以外的稀食制品。但是，进入10月，由于市场副食品供应进一步减少，到这些不收粮票的高级饭店就餐的人大量增多，出现了上午8点钟发牌，而顾客早上三四点钟就排队的现象，还发现有人倒卖号牌或雇人排队。主食品销量也剧增，过去每人每餐的主食品一般不超过4两，而现在每人每餐主食品超过了1斤。针对这种情况，北京市服务事业管理局报请市人民委员会批准，对这些不收粮票的高级饭店除外宾外，其他人员就餐一律实行凭粮票供应。

当时城镇供应紧张的不只是粮食。由于片面地"以钢为纲"优先发展重工业，不但工农业比例严重失调，工业各部门间的比例失调也很严重。由于轻工业要为"钢铁元帅"停车让路，加之农业为轻工业提供的原料减少，致使1960年棉纱、棉布、卷烟、糖的产量都要低于1958年，其他轻工业产品产量也都不同程度下降，造成市场商品极度匮乏。以沈阳市为例，1960年同1956年相比，20种主副食品的个人消费水平，有15种下降。1960年3月供应居民的副食品只剩下"七大件"：3两油，1斤咸白菜，15块豆腐，1斤酱油，半斤酱，2两醋和食盐。在用的方面，据沈阳市的典型调查，5户居民中有1户缺铁锅，7户中有1户缺苇席，有的居民没有锅就用面盆烧饭。当时，严重供应不足的日用品有铁锅、灯泡、饭碗、菜刀、笼屉、各种瓦盆、铝锅、饭勺、剪刀、锁、镜子、电池、自行车零件、水桶、木梳、苇席、橡皮、扫把等几十种。

为了解决城镇供应紧张的问题，除了加强对粮食等物资的调运之外，国家进一步强化了票证供应制度。

1953年粮食实行统购统销后，对城镇居民便实施粮食和食油凭证定量供应的制度。1954年又将棉布、絮棉、煤油三种商品纳入凭票凭证供应的范围。1957年少数大城市对猪肉、食糖实行凭购货证供应。1958年和1959年，北京、上海、天津等少数大城市对肥皂、碱、鸡蛋、糕点、自行车、手表、毛衣等货源不足的商品采取限量购买的办法，分别凭专用票或购粮证供应，但除了这些商品，其他的商品一般是敞开供应的。

随着市场供应的紧张，全国各种消费品都逐渐采取了凭票供应的办法。据统计，1960年，商业部门凭票供应的消费品零售额为375亿元，比1959年增长了近70%，在全部零售商品总额中的比重，由42%上升到63%。

以北京市为例，1961年北京市凭票供应的各类票证有：粮票（大米、粗粮）；面票（白面、挂面）；油票（植物油）；高级油票（香油、花生油）；布票（棉布、床单、布制品、人造棉、针织品）；副食证（分平日供应商品和节日供应商品两类，前者有食糖、糖果、黄酱、碱、小苏打、粉制品、鱼、盐，后者有鸡蛋、酱豆腐、豆瓣酱、水果、瓜子、粉丝、粉条、淀粉、虾皮、酒、粽子、元宵、干菜、调味品、茶叶、栗子）；购货证（肥皂、洗衣粉、香皂、毛袜、棉线、布鞋、皮鞋、卫生球、火柴、帽子、冷布、毛围巾、毛线、棉毯、尼龙袜）；煤油证；棉花证；糕点票（平价糕点）；饼干票（平价饼干）；儿童副食票（代乳粉，只供应7岁以下儿童）；肉票（猪肉、牛羊肉）；锅票（铁、铜、铝锅）；盆票（搪瓷面盆）；自行车票；毛衣票

（毛衣、毛线）；胶鞋票等。

1962年又增加了鞋票、豆票、针织品票，另增加凭购货证供应的商品有呢绒及其制品、绸缎及其制品、人造棉及其制品、丝棉、毛毯、皮毛服装、帽子、手帕、轴线、布书包、背包、帆布手提包、箱子、月经裤衩、线手套、行李绳、腿带、腰带、网兜、油布、搪瓷口杯、搪瓷杂件、铝饭盒、铝杂件、缝纫机、收音机、电池、暖水瓶、刀片、剪刀、打火机、火石、民用锁、镜子、牙膏、洗头粉、袋色、凉席、雨伞、竹帘子、木床、桌子、椅凳、木柜、几架、低级茶叶、水果罐头、蔬菜罐头、香烟。

各地凭票供应的商品和范围，虽然同北京不完全一样，但基本情况是大体相同的。1962年1月，商业部制定了城乡供应分组参考目录，将供应城市的商品分为定量计划供应、特需计划供应、凭购货券计划供应、平价敞开供应和少数特定商品高价供应五类。定量计划供应的商品有粮食，食油，食盐，大宗蔬菜（粗菜），肉类，鱼类（包括鱼、虾、蟹、贝），食糖（包括糖果），糕点（包括饼干），棉布及针织品，民用线及木纱团，絮棉，鞋子，卷烟，肥皂，香皂，洗衣粉，火柴，煤炭，煤油。凭购货券供应的商品有绸缎及其制品，呢绒及其制品，毛线及其编织品（包括开司米及其编织品），毛毯，棉毯，丝棉，尼龙袜子及尼龙内衣，丝袜及丝内衣，不收布票的雨衣，手帕，手套，皮带，帆布腰带，各种帽子，油布，皮毛服装，帆布包、旅行袋、行李袋，缝纫机，钟，手表，铝锅，铝制杂件，搪瓷面盆，搪瓷口杯，搪瓷杂件，铁，竹制水瓶，暖水袋，剪刀，雨伞，席子，各种箱子（包括皮箱、帆布箱、人造革箱、樟木箱），各种土副特产品，一部分中西补养药品（如葡萄糖、鱼肝油、补汁及中药补养药品等），干菜，干鲜果，酒类（不包括名酒），各种罐头，三级以上茶叶，名牌酱油、醋、味精、咖啡、可可（带糖），定量和特需供应以外的其他副食品。平价敞开供应的产品是国药（包括部分补养药品），西药及医疗器械（包括一部分补养药品），文教用具，儿童玩具，化妆品，图书，报纸杂志，工艺美术品，木器家具，日杂用品，炊事用具，其他日用品（包括一部分小百货、小五金及一部分高档商品），冷饮。少数特定高价敞开供应的商品包括高价糖果、高价糕点、高价针织品及其他高价饮食。

在加强凭票证供应的同时，还采取措施压缩城乡口粮标准。1960年9月7日，中共中央作出《关于压低农村和城市的口粮标准的指示》。《指示》明确规定："除了高温、高空、井下和担负重体力劳动的职工以外，其余的全部城市人口，每人每月必须压低口粮标准两斤左右（商品粮）。"[1] 9月14日，中共中央又发出《关于整顿城市粮食销量和降低城市口粮标准的指示》，决定立即压低城市居民的口粮标准，对城市的粮食供应总的原则是既减又保。城市居民的口粮定量标准，每人每月平均降低2斤左右。但对高温、高空、井下作业的工人和其他重体力劳动工人的口粮标准不能降低，必须保证。同时查人口、查工种、查口粮定量，加强户口管理，严密粮食管理制度，坚决堵塞一切虚报冒领、浪费粮食的漏洞，削减各种不必要的补助粮。城市的饮食行

---

[1] 中共中央文献研究室编：《建国以来重要文献选编》第13册，中央文献出版社1996年版，第569页。

业用粮，糕点和其他粮食制品，实行严格的凭粮票供应的制度，并且按照食品所用粮食的数量收足粮票。[1]9月23日，中共中央又发出《关于压缩食油销量和加强油脂收购的指示》，决定压低城市居民食用油供应标准。其中，中央直辖市和省、自治区人民委员会所在城市，从原来的每人每月10两标准，压缩到7两；省辖市和专区辖市，由7两压到5两；县城和集镇，由4两压到3两。

1960年前后，由于粮食和副食品供应短缺，相当多的城乡居民出现了营养不良甚至浮肿。1961年1月20日中共卫生部党组在给中共中央的报告中说："一九六〇年以来，由于灾情严重，浮肿病由过去的局部地区逐渐发展到较多地区，从乡村发展到城市，从老弱发展到青壮年。目前除西藏未有报告外，二十七个省、市、自治区均有发生。目前黑龙江、吉林、内蒙、上海等省、市（区）发病人数较少，河南、山东、甘肃等省甚为严重。发病情况虽有少数地区趋于稳定或稍有下降，但多数地区仍在继续上升。现有病人中，整、半劳动力约占半数以上，并有百分之十——二十左右的病人已由浮肿转成干瘦，如救治工作不能很快跟上，则容易造成死亡。"[2]

河北全省11个大中城市1961年6月浮肿病患者46919人，7月55374人，8月上半月上升到63014人。据调查，各城市漏报率很高，实际数目比这还要大。据天津市的调查，有70%——

---

[1] 中央档案馆、中共中央文献研究室编：《中共中央文件选集（1949年10月——1966年5月）》第35册，人民出版社2013年版，第42页。

[2] 中央档案馆、中共中央文献研究室编：《中共中央文件选集（1949年10月——1966年5月）》第36册，人民出版社2013年版，第197—198页。

90%的职工体重下降。天津钢铁一厂的搬运工,劳动能力较之1957年降低了三分之一左右。

由于粮食供应不足、营养不良,城乡居民的体质普遍下降,疾病增多,就连供应相对较好的北京也不例外。北京市自1960年11月初,陆续发现少数学生、工人和干部身体浮肿。11月下旬起,病人逐渐增多,累计至11月28日,全市发现197个单位,约6000人有浮肿现象。其中高等学校发现的病人较多,如河北北京师范学院516人,中国人民大学403人,铁道学院217人,煤炭工业学院202人。此外,19个建筑单位有323人,22个大中型企业有305人,其他运输工人、售货员2552人。

三、只有走压缩城市人口这条路

1958年和1960年的两度"大跃进",本意都是希望中国经济有一个超常规的、跨越式的发展,加速建成社会主义的进程。可是,事与愿违,它不但没有给中国的经济发展带来"大跃进",反而是一个名副其实的大后退。它使中国的经济发展倒退了好几年,许多重要经济指标一直到1965年才恢复到1957年的水平。

严峻的形势,迫使人们去探求中国经济摆脱困境的出路,也促使全党上下不得不对"大跃进"以来的经验教训进行认真的反思。1960年7月5日至8月10日,中共中央举行工作会议,讨论国际形势和国内经济问题,落实和安排国民经济计划。会议期间,长期负责计划工作的李富春提出了调整国民经济的建议,认为对工业要进行整顿、巩固、提高。可就在此时,苏联政府于7

月16日突然照会中国政府，单方面决定召回苏联专家。7月25日，没等中方答复，苏方又通知中国政府：自7月28日至9月1日，将全部撤回在华专家1390人，终止派遣专家900名，并撕毁343个专家合同和合同补充书，废除257个科学技术合作项目。苏联党和政府背信弃义的行为，自然激起了全党和全国人民的强烈愤慨。在这种情况下，一些人出于义愤，不能冷静地思考问题，提出要炼"争气钢"，争取当年生产钢2000万吨，提前实现钢产量赶超英国的目标。结果，这次会议未能对国民经济的调整问题进行深入的讨论。

这时，李富春冷静地分析了当时所面临的形势，认为这种局面不能再持续下去，必须对国民经济进行必要的调整，填平补齐，巩固提高。他将自己的想法同中共中央总书记邓小平交换了意见，得到了邓小平的赞同。

8月下旬，国家计委着手编制1961年的国民经济计划。李富春指出，1961年国民经济计划的方针应当是以整顿、巩固、提高为主，增加新的生产能力为辅，着重解决配套、补缺门、前后左右和品种质量问题，以便争取主动。

李富春的设想得到周恩来的支持。8月30日，周恩来在听取国家计委汇报后，在计委所提的对1961年国民经济实行"整顿、巩固、提高"的方针后，增写了"充实"两字。9月15日，他又将"整顿"改为"调整"，从而形成了"调整、巩固、充实、提高"的八字方针。

1961年1月，中共中央召开八届九中全会，批准对国民经济实行"八字方针"，并且指出："一九六一年应当适当地缩小基本建设的规模，调整发展的速度，在已有的胜利的基础上，采取巩固、充实和提高的方针。"[1]

"八字方针"虽然已经确定，但使各级干部在"大跃进"的惯性中接受调整（也就是降低高速度）的现实，还有一个适应过程。1961年初，各地区、各部门对国民经济调整的决心并不是很大，行动迟缓，以致错过了调整的有利时期，使国民经济发展更为被动。当时，还有相当多的人不愿正视"大跃进"所导致的严重后果，特别是对农业生产的形势估计过于乐观，对粮食的实际产量的估计和可能增产的期望过高，下不了大幅度降低工业指标的决心。结果，1961年第一季度非但没有实现"开门红"，反而使国民经济举步维艰，工业生产出现严重滑坡，25种主要工业产品中，除了食糖以外，其余24种分别比上年第四季度下降了30%—40%，一般只完成全年计划的10%—20%。大批企业被迫停产，物资供应更为紧张，人民的吃穿用状况进一步恶化，职工生产积极性严重受挫，我国经济发展遇到了新中国成立以来罕见的严重困难。

这时，一方面，由于粮食产量连年下降，仅靠降低口粮指标，生产代食品，甚至进口粮食，都难以从根本上解决问题。最根本的出路，在于相应减少因"大跃进"而膨胀的职工队伍和城市人口。另一方面，要使农业生产得以恢复，粮食产量得以回升，除了要纠正农业和农村工作中的"左"倾错误，对农村政策进行调整，提高农民的生产积极性外，还必须加大对农业的投入，其中也就包括劳动力的投入，将工业和基本建设中多余的劳动力充实到农业生产第一线去。因此，在"八字方针"出台的同

---

[1] 中共中央文献研究室编：《建国以来重要文献选编》第14册，中央文献出版社1997年版，第85页。

时，清理劳动力、精减职工的工作也开始启动。

为了解决农村劳动力不足的问题，早在1960年5月，中共中央就作出了《关于农村劳动力安排的指示》，规定农村用于农业和牧业生产的劳动力不应该少于60%—65%，农忙季节用于农业生产的劳动力则应该达到80%以上。然而，这个规定并没有很好地得到贯彻。

同年8月10日，根据日益严重的农业生产和粮食形势，中共中央作出了《关于全党动手，大办农业，大办粮食的指示》。《指示》认为，由于三年来抽调了相当大的一批劳动力转为国家正式职工和临时工、合同工，或者搞短途运输，由于农村基本建设战线拉得过长，占用劳动力过多，由于社办工业和多种经营用人过多等原因，用于农业生产的劳动力，数量减少了，质量也降低了，粮食生产的力量也削弱了。因此，解决劳动力问题已成为当前保证粮食生产的关键。为了解决粮食生产劳动力不足的问题，中共中央明确规定：整顿县社工业，精减人员；县社的文工团和球队等，脱产的一律停办；基本建设战线缩短后，将一批合同工和临时工精减回农村，坚决动员盲目流入城市的人口回农村；等等。

1960年下半年，按照中共中央一系列指示的精神，各地迅速开展了清理劳动力，充实农业生产第一线的工作，精减下放了部分机构和职工。截至1961年2月底，全国共精减下放职工410.6万人。其中，不带工资减回农村的250万人，超额完成了原定的任务；带工资下放农村的160.6万人，仅完成计划的50%。在已经下放的职工中，据13个省、市、自治区的统计，县及县以下单位的职工占43.7%，专区（市）以上单位的职工占56.3%；干部占13.8%，临时工、合同工占33.2%，其他职工占53%。

1961年5月21日至6月12日，中共中央在北京举行工作会议，作出了大幅度精减城镇人口的重大决策。会上，周恩来作了关于粮食问题和压缩城市人口的报告。报告指出：今年农业形势虽有好转，但粮食形势还是继续紧张，库存已经减到最低限度。他从产、购、销、调、存几个方面，对全国粮食情况作了分析后认为，从现在的情况看，农业生产不可能很快恢复，每年要供应城市500亿斤粮食是困难的。解决粮食问题的根本办法，就是从城市压缩人口下乡。如何压？最重要的方针，就是人从哪里来，回到哪里去。

陈云非常赞同周恩来的意见，在发言中对动员城市人口下乡的重要意义作了进一步的说明。他分析说，现在问题的实质，就是城市人口如果不下乡，就只好再挖农民的口粮。虽然有了"十二条"和"农业六十条"，但是，如果粮食的征购任务不减少，这些政策就起不到应有的作用。因为农民最后还是要看国家征购多少粮食。如果征购量还是那么高，农民还是吃不饱，那么，他们的积极性仍然不会高。"所以，面前摆着两条路要我们选择：一个是继续挖农民的口粮；一个是城市人口下乡。两条路必须选一条，没有什么别的路可走。我认为只能走压缩城市人口这条路。"[1]

陈云的讲话，使与会者对粮食问题的严重性和动员城市人口下乡的必要性，有了更明确的认识，也坚定了大量精减职工和城镇人口的决心。会议讨论了如何减少城镇人口和压缩城市粮食销量的具体措施，并在会议的最后一天通过了由周恩来起草的《中

---

[1]《陈云文选》第3卷，人民出版社1995年版，第161页。

央工作会议关于减少城镇人口和压缩城镇粮食销量的九条办法》。这次中央工作会议还明确提出，要在1960年底1.29亿城镇人口的基数上，三年内减少2000万以上，1961年内争取至少减1000万，1962年至少800万，1963年上半年扫尾。

四、2600万城镇人口大下乡

由于"大跃进"和人民公社化运动连续三年多的失误，国家的生产建设和人民的生活出现了严重困难，各级领导干部头脑逐渐地冷静下来，对"大跃进"以来各项方针、政策和决策进行了认真的反思，得出了要对国民经济进行全方位调整的共识。到1961年底，调整工作已初见成效，农村形势继续好转，工业滑坡的现象也开始停止。

但是，形势的发展并不平衡，城市的局势依然严峻，工业并没有扭转被动的局面。尤其重要的是，党内各级领导干部对于调整工作的重要性和紧迫性认识仍不统一。为了统一全党尤其是中高级干部的认识，进一步总结经验教训，动员全党更坚决地执行调整方针，彻底战胜面临的经济困难，中共中央决定召开一次有县级以上党委主要负责人，以及一些重要厂矿、部队负责干部参加的扩大的中央工作会议。因为与会者共达7000人，史称七千人大会。七千人大会于1962年1月11日至2月7日在北京召开，会议中心议题虽然不是讨论和解决精减职工的问题，但是，大会对1958年以来的经验教训作了深入的总结，正确地分析了所面临的形势，使党的中高级干部进一步认识到了国民经济调整的重要性。在一定程度上解放了思想，统一了认识，这就为1962年国民经济调整和精减工作的顺利进行奠定了思想基础。

2月21日，中共中央政治局常委召开扩大会议，即"西楼会议"。陈云在会上作了系统的发言，全面阐述了财政经济的困难和克服这些困难的若干办法。陈云指出，减少城市人口，"精兵简政"，是克服困难的一项根本性的措施。无论是从临时之计看，还是从长久之计看，都必须是如此。陈云认为，家在农村的人，动员他们回乡有困难。但是，总比从农村征购粮食拿到城市里来供给他们要容易得多。去年压缩城市人口1000多万，如果这些人继续留在城市，一年要吃40多亿斤粮食。现在向农民多征购40多亿斤粮食是不可能的，就是多征购10来亿斤，甚至几亿斤，也是困难的。让家在农村的职工回家吃饭，在家里匀着吃，比较好办。对于减人，大家一定要下定决心，否则没有出路。陈云的讲话得到了刘少奇和其他中央领导人的赞同。

七千人大会和西楼会议后，大规模的精减职工和减少城镇人口的工作全面展开。

2月14日，中共中央印发了《关于1962年上半年继续减少城镇人口700万人的决定》。《决定》指出，由于城镇人口和职工过多给国家经济上造成的困难和问题还没有完全解决，因此，继续减少一大批城镇人口和职工，仍是十分重要的任务。中共中央决定1962年上半年全国再减少城镇人口700万，其中职工应占500万以上。争取在春耕或者夏收前完成，以便下半年在此基础上再继续减少城镇人口600万。

随着经济形势一天天明朗，各级干部对精减职工和城镇人口的决心也越来越坚定。到1962年5月中旬，全国城镇人口在1961年底的基础上减少了453.6万，职工减少了514.1万。

为了进一步统一全党的认识，保证调整工作的顺利进行，1962年5月7日至11日，中共中央又在北京召开工作会议（简称"五月会议"）。会议对精减职工和减少城镇人口的问题进行了重点讨论。在对形势作了深入分析和统一认识的基础上，会议决定：在1961年已经减少城镇人口1000万，精减职工800多万的基础上，1962年和1963年两年内，再减少城镇人口2000万，精减职工1000万以上。

1962年5月27日，中共中央、国务院作出了《关于进一步精减职工和减少城镇人口的决定》，强调"在当前国民经济调整工作中，精减职工和减少城镇人口去加强农业战线是一个最基本的环节"，"为了保证国民经济调整工作的顺利进行，继续加强农业战线，争取财政经济状况的根本好转，必须坚决缩短工业战线，调整商业体制，缩小文教规模，精简行政机构，进一步地精减职工和减少城镇人口"。[1]《决定》提出，全国职工人数应当在1961年末4170万的基础上，再减少1056万至1072万。减少城镇人口任务，必须在1962年、1963年两年内基本完成，1964年上半年扫尾。精减职工的任务力争在1962年内或者1963年上半年大部分完成，1963年下半年全部完成。应当先抓紧精减职工，尤其是要工业、基本建设、交通运输、农林部门先行；同时劝说原从农村来的家庭和其他容易下乡的人下乡。

1962年5月中央工作会议之后，大规模的精减职工、减少城镇人口的工作进入高潮。然而，对于这么一件涉及数千万人的

---

[1] 中共中央文献研究室编：《建国以来重要文献选编》第15册，中央文献出版社1997年版，第462页。

大事，我们今天如果翻检当年的报刊，却几乎见不到有关的宣传报道。那么，当时又如何能使广大群众领会精减的精神，接受精减回乡的事实呢？"大跃进"以来，不是年年都说形势大好吗？工农业生产连年"跃进"，怎么还会饿肚子，要精减职工呢？

为了做好精减工作的解释动员，中共中央在1962年5月下发了两份重要的党内文件：《关于减少职工和城镇人口的宣传要点》《关于热情接待下乡职工的宣传要点》。前者是面向职工和城市居民的，后者则是面向农村干部和广大农民的。

这两个《宣传要点》勇敢地承认了国家经济建设所面临的严峻形势和严重困难，向广大群众讲清了精减职工和城镇人口的原因，把经济形势向人民交了底，使精减工作得到了人民的理解和支持。湖北拖拉机厂的工人说："过去对国家的困难不了解，所以有不少糊涂思想。现在知道了国家有这样大的困难，这个担子不能叫毛主席一个人挑，人人都要分挑担子，才能克服困难。"武汉铁路局的职工听了《宣传要点》的报告后说："现在干活是一人干，二人看，晚来早去，提前吃饭，迟到不记账，加班要记上，旷工照拿钱。这种状况不应继续下去，党提出精兵简政，是完全正确的。"[1]

1962年5月的中央工作会议后，全国范围的精减职工和减少城镇人口的工作取得了重大进展。到1962年底，全国共精减职工900万，城镇人口1200万，相应地减少工资总额31亿元，商品粮少销81亿斤。到1963年2月，全国尚有职工3260多万，城镇人口1.18多亿。职工人数与当时的经济水平和生产任务相

---

[1] 湖北省委：《关于我省执行中央两个精简宣传要点的情况报告》，1962年8月5日。

比，仍显过多。为了争取国家财政经济状况的进一步好转，使整个国民经济更加主动，1963年3月3日，中共中央、国务院作出《关于全部完成和力争超额完成精减任务的决定》。《决定》要求1963年全国精减职工160万以上，减少城镇人口800万，并且要求在这年4月底以前完成精减职工任务，在6月底以前完成减少城镇人口的任务。

1963年1—6月，全国共计精减职工128.4万，城镇人口减少了300万。全国职工人数，在1961年1月到1963年6月两年半的时间里，共减少了1887万。其中职工人数从1962年1月到1963年6月共减少了1034万，基本完成了1962年"五月会议"规定的两年减少职工1056万到1072万的任务。全国职工人数从1960年末的5043.8万，下降为3183万。全国城镇人口共计减少了2600万。其中从1962年1月到1963年6月，共减少了约1600万，完成了"五月会议"规定的两年减少城镇人口2000万任务的80%。

鉴于全国精减职工和城镇人口的计划已基本完成，1963年7月6日，中央精简小组向中共中央报送了《关于精减任务完成情况和结束精减工作的意见的报告》，提出："根据目前精减任务完成的情况，同时，考虑到各地区、各部门和各单位急需集中力量在城市开展增产节约和'五反'运动，在农村进行社会主义教育和四清运动，八月份又要调整职工工资，我们认为，这一次全国性的减人工作，现在可以宣布基本结束。"[1] 7月31日，中共中央

---

[1] 中共中央文献研究室编：《建国以来重要文献选编》第16册，中央文献出版社1997年版，第552页。

批转了这个报告,并同意了中央精简小组的建议,要求各地做好结束精减的工作。至此,全国性的精减职工和减少城镇人口的工作基本结束。

精减职工和减少城镇人口,是 20 世纪 60 年代对国民经济的调整工作能否见效的关键。经过全党、全国人民两年半时间的共同努力,全国共精减了近 2000 万职工,2600 万城镇人口,为整个国民经济的好转起到了十分重要的作用。

一、减少了粮食销量,减轻了农业负担。20 世纪 60 年代初严重的经济困难,是由于"大跃进"引起的国民经济比例的严重失调,其直接表现就是粮食的极度短缺。可以说,当时一切问题都是由粮食危机引发的,克服困难最有效的办法也就是解决粮食问题。在农业由于"大跃进"和人民公社化运动遭到严重摧残,粮食大量增产短期内不可能实现的情况下,只有一方面调整农村政策,解决农民生产积极性问题,一方面通过精减职工和减少城镇人口缓解粮食供应的压力。从 1961 年到 1963 年 10 月底,全国非农业人口口粮和食品工业用粮销量共减少了 138.4 亿斤。这样不但保证了城镇必需的粮食供应,而且降低了农村粮食的征购率,减轻了农民的负担,给广大农民提供了一个休养生息的机会。

二、增加了农村劳动力,促进了农业生产的恢复和发展。1960 年前后的粮食歉收,主要原因当然在于"左"倾错误,但农村劳动力的大幅度减少也是其中一个原因。全国在大精减中精减下来的近 2000 万职工中,有 67% 的职工回到了农村。农业生产第一线的劳动力,1962 年底达到了 21373 万人,超过了 1957 年的 20566 万人。这些精减回乡的职工,大多有一定的文化知识和技术专长，思想素质较好，又见过世面，有的原本就是社、队干部。他们大多在回乡之后成为农业生产的骨干，还有相当多的人成为社、队干部，成为恢复和发展农业生产的一支重要力量。加之其他政策调整，我国农村形势在1962年出现明显好转：农业产值1962年比1961年增长了6.2%，1963年又比1962年增长了11.6%；粮食产量1962年达到了3200亿斤，比1960年的2870亿斤增加了330亿斤，1963年粮食产量达到了3400亿斤，又比上年增加200亿斤。这对于城乡人民战胜困难，走出困境起了重要作用。

三、节省了国家工资开支，改善了人民生活。1961年全国职工工资总额比1960年减少了19亿元，1962年又比1961年减少了30亿元。1963年8月，国家给40%的全民所有制职工调整了工资，但工资总额比1962年还略有减少。由于增加了工资和物价的回落，城市居民实际增加了约20亿元的收入。职工的年平均实际工资1962年为440元，1963年增加到507元。由于负担的减轻，农民的年平均收入也由1962年的99.1元增加到1963年的101.3元。如果以1957年的农民消费水平指数为100，则1960年为77.1，1962年为84.4，1963年为91.2。可见，与最困难的1960年、1961年相比，城乡人民的生活都有了较大的改善。

四、企业经营管理和劳动生产率有了提高。在大规模精减职工中，大量的多余人员被精减出来，同时，工业企业贯彻落实了《国营工业企业工作条例（草案）》（即"工业七十条"），加强了企业内部的管理，劳动生产率得到了较大提高。工业企业人员劳动生产率1962年比1961年提高了15.3%，1963年又提高了26.7%。基建施工企业的劳动生产率，1962年比1961年提高了

11.1%，1963年比1962年提高了40.8%。

虽然这次精减过程中也有一些不尽如人意的地方，有的人因为精减安置处理不当还千里迢迢到北京上访，也有的单位曾许诺经济好转后优先录用精减职工，但后来不能兑现而变成历史遗留问题，一直拖到70年代才解决。但是，作为非常时期的非常措施，这场涉及数千万人的大精减，从总体上讲，是非常成功的。不但按照预期计划完成了精减任务，而且并没有出现预想的可能出乱子，甚至大乱子的情况，保持了社会的稳定，2600万城镇居民以他们个人利益的牺牲换来共和国经济的复苏。

麻雀从蒙冤到平反的曲折历程

1955年底，在酝酿1956年到1967年全国农业发展纲要四十条的过程中，麻雀作为"四害"之一，被列入在12年内要彻底消灭的对象。1956年中共中央大力倡导"百家争鸣"的方针，科学家们曾呼吁不应将麻雀作为害鸟看待。可是在随后的"大跃进"运动中，却开展了一场大打麻雀的"人民战争"，全国有一亿多只麻雀被消灭。1959年下半年，由于一批科学家的力争，经毛泽东亲自批准，麻雀从"四害"名单中得以删去。小小麻雀从蒙冤受屈到获准平反，折射出共和国这几年发展的曲折历程。

一、麻雀成为"四害"之一被限期消灭

1955年冬，我国的农业合作化运动在经过对所谓"小脚女人"的批判后进入高潮，原定需要三个五年计划左右的时间才能完成的农业社会主义改造将大大提前已是不争的事实。在农村的所有制改造已稳操胜券的时候，毛泽东和中共中央开始考虑中国农村未来的发展前景问题。1955年11月间，毛泽东离开北京外出考察，并在杭州和天津分别找了部分省、自治区的党委书记讨论农业合作化和农业发展问题，形成了十七条意见（后来被称为"农业十七条"）。这十七条中除了前面三条是关于农业合作化问

题的设想外，其余的都是未来7年或12年农业生产和农村经济社会发展的具体目标。其中，第十三条的内容是："除四害，即在七年内基本上消灭老鼠（及其他害兽），麻雀（及其他害鸟，但乌鸦是否宜于消灭，尚未研究），苍蝇，蚊子。"

12月21日，中共中央给各省、自治区党委发出通知，要求各省、区党委立即召集所属各地委书记和部分县委书记对这"十七条"进行详细研究，准备意见，报送中共中央。按照这个要求，各地就"十七条"的内容进行广泛的讨论，并提出了具体的修改补充建议。至于对除"四害"这一条，各地并无不同意见。

在酝酿"十七条"的过程中，农业部两位负责人曾于这年11月下旬，征求过中国科学院动物研究室鸟类组的两位专家对于麻雀问题的意见。这两位专家说，麻雀分布极广，在农业区肯定是一种害鸟。在农田、谷场、粮库啄吃粮谷，造成很大损失。在果区、林区则有捕虫的益处。麻雀对农作物为害的程度，根据他们在河北省昌黎县凤凰山调查的结果证明：除在夏季育雏期的三四个月内捕虫喂雏外，它一般的时间都是吃粮谷。根据他们在室内试养的结果，每只麻雀每天需吃粮谷五克，全年要吃四斤多。这两位鸟类专家同时又认为，山雀、啄木鸟、青燕子、黄莺等鸟则属于益鸟，它们有的还能除掉人工难以捕捉的天牛的幼虫，建议对这些益鸟有领导有计划地加以保护。农业部的这两位负责人把鸟类专家的意见及时向中央有关方面负责人作了汇报。中共中央对此很重视，于12月10日转发了农业部负责人的调查报告。

根据各地征求来的意见，毛泽东将"十七条"的内容扩充到四十条，并定名为《1956年到1967年全国农业发展纲要（草案）》（简称"农业发展纲要四十条"或"农业四十条"）。原"十七条"中的第十三条在作了文字上的修改后，变成第二十七条。这一条的内容仍然是"除四害"，要求从1956年开始，分别在5年、7年或者12年内，在一切可能的地方，基本上消灭老鼠、麻雀、苍蝇、蚊子。1956年1月23日，中共中央政治局会议向最高国务会议正式提出了"农业发展纲要四十条"草案。25日，最高国务会议讨论并通过了这个文件。第二天，《人民日报》将"农业发展纲要四十条"草案全文发表。就这样，麻雀就与老鼠、苍蝇、蚊子作为世人皆知的"四害"之一，成了最迟在12年的时间里被坚决消灭的对象。

之所以要消灭麻雀，是因为那个时候麻雀数量多，随处可见。满天飞的麻雀无疑被农民认为是糟蹋粮食的害鸟。庄稼快要成熟的时候，成群的麻雀飞到田地里，啄吃禾谷，使庄稼受到损害。至于麻雀在其他时候对消灭害虫所起的作用，农民们自然没有看到。所以农民和"农业发展纲要四十条"草案的起草者将麻雀当作害鸟看待，也是情理之中的事。

按理，科学家对麻雀的看法应该公平一些，可是，不知是研究条件的限制，还是其他原因，竟有科学家公开撰文，论证麻雀属于害鸟，应当消灭。就在"农业发展纲要四十条"草案正式公布之前，中国科学院动物研究室的一位鸟类专家，在中国影响最大、权威最高的报纸《人民日报》发表了《麻雀的害处和消灭它的方法》一文，除了介绍麻雀的一般特征外，还大谈麻雀的害处。这位专家说，麻雀两翅短小，不能远飞，只能在短距离间上下乱窜。它的脚轻捷，在地面上不善于步行，而善于跳跃，所以有"雀跃"的借喻。它平时住的地方靠近人家,匿藏在屋舍或庙宇的瓦檐中间,因此也有人叫它瓦雀、宾雀等。秋季谷物成熟的时候,它们成群结队地飞到农田、粮仓等地方,啄食谷粒,造成很大的损失。

这位专家还说,据他们饲养试验,一只体重约六钱的麻雀,每天所吃的谷子约二钱,为它体重的四分之一强。根据这个数字推算,每只麻雀一年中消耗谷物约四斤。在野外活动的麻雀,因为终日飞翔跳跃,食量当更大,被它们吃掉和糟蹋掉的粮食一定更多。麻雀在育雏期中,也兼吃虫类,但从全年的情况来看,麻雀的为害远远超过它对农林的一些益处。而且麻雀的繁殖力强,每年4、5月间开始产卵,到7、8月为止。一对麻雀每年至少繁殖两窝到三窝,在南方温暖的地方产卵期更长,一年可能繁殖五六窝。每窝产卵四五个以至七八个不等。按照这个数字计算,每一对麻雀一年可以产生八个,多至三四十个小麻雀。一只麻雀在一年内连吃加糟蹋掉的粮食,若仅以三升计算,那么一家"雀口"一年消耗的粮食至少二斗多,多的要达到一担以上。因此,绝不要以为麻雀形小,无足轻重,其实它的为害是相当严重的。

专家接着介绍了消灭麻雀的诸多办法,除了用常用的铁丝夹、铁丝笼捉,用张网或拉网捕,用筛子、竹篦或木板扣,用弹弓或鸟枪打,用胶粘或用毒饵诱杀等方法外,还特地介绍了"简单易行的几种方法",如手捕法、毁巢法、巢箱诱歼法等,并对如何具体操作作了详尽的说明。[1]

其实,在"农业发展纲要四十条"草案正式公布之前,一些

---

[1]《麻雀的害处和消灭它的方法》,《人民日报》1956年1月8日。

地方和部门就已将麻雀作为消灭的对象，并列出消灭它的具体时间表。1955年11月底，山西省卫生厅召开全省冬季卫生工作会议，讨论和确定全省农村卫生工作规划，要求在12年内消灭蚊、蝇、老鼠及麻雀等。同年12月，农业部召开全国农业工作会议，会议的主要任务是确定1956年的农业生产任务，讨论第二和第三个五年计划期间农业生产的远景规划。会议具体提出，7年内，要在全国范围内消灭一般水旱灾害，做到主要作物普遍使用良种，并且基本上消灭蝗虫、粘虫等十大主要的农作物病虫害和牛瘟、猪瘟等兽疫，同时还要基本上消灭为害农作物的麻雀、田鼠等鸟兽。同月召开的中共浙江省第五次代表会议也要求全省在7年以内，消灭一般水灾、旱灾、虫灾和老鼠、麻雀、苍蝇、蚊子。

与此同时，消灭麻雀的行动也已开始。1956年12月，甘肃省武山县郭槐乡组织全乡1500多名青少年，利用门板压、弹弓打、枷笼夹、砖头砸、马尾网套、铁猫捉等办法，在两天时间内消灭麻雀8368只。"根据郭槐乡的捉麻雀经验和当地麻雀为害的严重性"，青年团甘肃省委发出号召，要求在全省组织100万青少年，在冬春两季开展大规模的消灭麻雀的活动，到1956年1月底基本上把乡村周围和城镇的工厂、机关、学校周围的麻雀窝消灭干净，争取在1956年夏收以前把全省麻雀全部、彻底地消灭掉。[1]按照团省委的号召，甘肃省高台、永宁、银川等十多个县市的青少年出动8万多人，组织了2400多个消灭麻雀的突击

---

[1]《武山县郭槐乡青少年开展消灭麻雀的运动》，《人民日报》1955年12月18日。

队和突击小组,在1955年最后一周内共消灭了23万多只麻雀。[1]

无独有偶,陕西省富平县也组织了全县9万名青少年,组成突击队,采取白天在家里支筛子、摆枷笼,晚上搭梯子、爬房檐等办法,在两天内消灭麻雀77000多只。青年团陕西省委为此发出号召,要求全省500万青少年开展一个"消灭麻雀运动月",在1956年内把全省的麻雀全部消灭。[2]

青年团北京市委亦在1956年1月7日召开了打麻雀突击运动动员大会。团市委负责人在会上作动员报告,号召全市青年广泛发动群众,普遍组织打麻雀青年突击小组,立即开始灭雀行动。从1月7日起开展一个打麻雀突击运动周,在一周内把城区和郊区的麻雀基本消灭掉。[3]

北京市城区的麻雀自然没有在一周内被消灭掉,但有一点是可以肯定的,随着"农业发展纲要四十条"草案的正式公布,包括消灭麻雀在内的除"四害"运动也就进入了高潮。

二、关于麻雀利害的学术讨论

1956年4、5月间,针对苏联在学术问题上的一些错误做法,毛泽东多次表示学术研究中要坚持"百家争鸣"的方针。他表示:"艺术问题上的百花齐放,学术问题上的百家争鸣,我看应

---

[1]《甘肃省青少年一周内消灭23万只麻雀》,《人民日报》1956年1月8日。
[2]《富平县九万青年少年,两天内消灭七万多只麻雀》,《人民日报》1956年1月6日。
[3]《北京市最近一周内将基本消灭麻雀,江苏省举行广播大会动员全省人民除"四害"》,《人民日报》1956年1月8日。

该成为我们的方针。""讲学术,这种学术也可以讲,那种学术也可以讲,不要拿一种学术压倒一切。你讲的如果是真理,信的人势必就会越来越多。"[1]随后,中共中央宣传部部长陆定一专门给科学家作了有关"百花齐放,百家争鸣"的报告,强调文学艺术工作和科学研究工作中"有独立思考的自由,有辩论的自由,有创作和批评的自由,有发表自己的意见、坚持自己的意见和保留自己的意见的自由"。[2]受此鼓舞,一度沉闷的学术界开始活跃起来。

声势浩大的消灭麻雀运动开始后,一些生物学家对此是有不同看法的。张作人(上海动物学会理事长、华东师范大学教授)、薛德焴(华东师范大学教授)和朱洗(中国科学院实验生物研究所所长)三位科学家就认为,麻雀和其他益鸟一旦被消灭,将会对生态环境产生严重后果。但是,消灭麻雀是毛泽东和中共中央作出的决策,他们又觉得对此不宜贸然提出异议。"双百"方针提出之后,他们的态度发生了变化,认为麻雀问题也是一个学术问题,应当而且可以就此展开争鸣。1956年10月,张作人、薛德焴、朱洗三位科学家参加中国动物学会在青岛召开的第二届全国代表大会,在会上提出了探讨麻雀问题的建议,并认为应用缜密的科学态度来研究麻雀的利害。但由于与会者观点不一,没有取得一致意见。[3]

---

[1]《毛泽东文集》第7卷,人民出版社1999年版,第54—55页。

[2] 陆定一:《百花齐放,百家争鸣——5月26日在怀仁堂的讲话》,《人民日报》1956年6月13日。

[3] 参见文汇报史研究室编写:《文汇报史略(1949.6—1966.5)》,文汇出版社1997年版,第106页。

上海《文汇报》记者许鲁文在获悉这一情况后,特地对张作人进行了采访,约请他就此问题撰文谈谈自己的看法。张作人在同朱洗商量后,共同推荐动物学界的老前辈薛德焴执笔撰写关于麻雀问题的文章。1956年12月3日,薛德焴撰写的《谈谈麻雀问题》一文在《文汇报》上公开发表,并由此引发了一场关于麻雀问题的学术讨论。

文章首先介绍了麻雀的概况,认为麻雀是和人类生活最有密切关系而又最有适应性的一种鸟类,接着着重谈了麻雀的利害问题。在此之前,1955年第12期和1956年第5期的《生物学通报》,曾发表关于麻雀属于害鸟的两篇文章。文章认为麻雀是害多利少,主要依据是文章作者曾养了4只麻雀,体重平均19克,养了10天,每天吃带皮小米5.5克。如此推算,一年中一只麻雀就要吃掉3升小米。另据湖南农学院观察,双季稻受麻雀害的稻穗平均有35%。薛德焴认为,鸟的食性是可以随着环境和季节的变化而变化的。养在笼中的鸟的试验结果,与它在大自然的情况迥然不同,所以只能作为参考,不能据以为凭。参考国外专家调查麻雀食性的报告,麻雀在春夏两季嗜食鞘翅目、鳞翅目、直翅目的昆虫和幼虫,在秋冬两季兼食粟、米等农作物和杂草的种子。如果麻雀的食物中谷物的分量有100的话,杂草的种子就有137。在雏雀的食物中,昆虫类占50%,谷物类占30%,杂草种子占20%。因此,麻雀对害虫和杂草的去除,有很大的作用。

文章举了历史上的四个事件来说明有无麻雀的利害。一是普鲁士国王腓特烈大王,喜食樱桃,可果园中的樱桃几被麻雀啄食殆尽,乃下令扑灭麻雀,并规定杀死一只麻雀可得六个PfemingoR的奖金。于是人民争相捕捉,不仅将麻雀除尽,就是几种与麻雀相似的小鸟也被无辜捕杀。政府付出巨额奖金的结果是樱桃树上长满了毛毛虫，不但樱桃看不到，就是树叶也光了。最后国王不得不收回成命，并被迫从国外输入雀种加以繁殖和保护，情况才得以改变。二是美国本不产麻雀，因而害虫猖獗。1851年从欧洲引入麻雀后，各地害虫逐渐减少，许多植物的叶子得以保存下来。三是1861年法国农作物歉收，为研究原因，法国农务部组织专家进行调查，发现原因就在于人们罗猎雀鸟食用成风，致使小鸟锐减，害虫猖獗，粮食减产。四是1895年俄国西伯利亚的阿卡推林堡（今译叶卡捷琳堡）遭遇空前的大饥荒，后来调查发生饥馑的原因，是由于当时这个地区大量向欧洲输出小鸟的羽毛，作为妇女帽子上的装饰品，从而导致滥捕小鸟，失去自然界的平衡，致使害虫猖獗而不可收拾。

　　作者最后认为，对待麻雀问题值得慎重考虑。麻雀对于谷类固然有显著的害处，但鉴于春夏食虫期和秋冬食杂草种子的效果，不应轻易作出"肃清一切麻雀"的结论。这位令人尊敬的老学者提醒同行说："麻雀虽小，问题却不简单，我们动物学者事前既不大胆地提意见，事后又不详加检查和讨论，这种态度对今后科学进军会不会成为一种绊脚石呢？"

　　薛德焴的文章发表后，立即在读者中引起了很大反响，并纷纷给《文汇报》编辑部来信，发表他们对麻雀问题的看法。扬州苏北农学院教授林冠伦认为，麻雀列入"四害"是确当的。理由是，麻雀虽然在一定时期是有益的，如夏天吃棉田的害虫，但在麦收及收稻季节活动频繁，为害甚烈。特别是庄稼中的早熟品种及晚熟品种，因麻雀集中为害，损失更大。麻雀往往成群结队，蜂拥而至，扬州郊区的农民咸以为害鸟，作物成熟时，不惜工本，雇工捕雀。

所以,"麻雀在一定时期内(如哺育幼鸟时)是有些益处的,但在庄稼收获季节是有害的"。权其利害关系,终究益少害多。

南京大学附设工农速成中学的袁傅宓则认为,在城市里特别是大城市里,市区内栽培谷类作物是极其少有的事情,麻雀在这些地方必然是以昆虫、杂草种子等为主要食物。这样对消灭城市树木上的害虫和清除杂草是会有一定好处的。今天我们的城市除了要求清洁、整齐外,还应该注意美化。麻雀的鸣声虽不十分悦耳,但也能为城市带来一些生气,是绿化地带最好的装饰品。而且麻雀是留鸟,并不作远距离的迁移,不会从城市飞到郊区为害和盗食农作物。因此,在城市里不必消灭麻雀。

山东北镇中学教师杨世泽在来信中反映,他们那里灭"四害"工作曾是轰轰烈烈,麻雀被消灭得很彻底。他们学校的教师下乡找麻雀,十几个人下去一个晚上连一只麻雀也没有找到,说明麻雀已经被消灭干净了。可在麻雀绝迹的同时,白杨树的叶子也不见了,上面布满了皮虫,呈现冬枯现象。专署林业机关曾动员附近的团体和学校扑灭皮虫,花了不少力气,也收到了一定效果,但由于皮虫太多,终究未能全数扑灭,杨树的灾情依然严重。他认为,出现这种现象的原因,很可能与麻雀被捕杀尽有关。因此,"麻雀对我们的利害关系是值得考虑的"。[1]

当时,有许多人急于了解麻雀到底是害鸟还是益鸟,以及如何判断鸟类的害益。应《文汇报》之请,薛德焴再次发表题为《怎样断定一种鸟是害鸟或益鸟》一文。文章在对鸟类食性的研究方法作了简要的介绍后,举云雀为例说,1万只云雀,一年间

---

[1]《也谈麻雀问题》,《文汇报》1956年12月18日。

食掉 2.5 吨的谷物，对于农家是有害的。反之，它又替农家驱除了 3000 万只害虫、3 万条蛞蝓，这些害虫与蛞蝓给农作物的损害，数字相当大。因此，他认为要认定一种鸟是害鸟或益鸟，在科学上不很简单，必须经过长期细致的野外观察，并在各个地方各个季节经过许多次的消化管剖检和研究，制成严密的统计表，然后才能断定它是害鸟还是益鸟。否则会造成人力物力的浪费，结果使国家受到严重的损失。[1]

1957 年初，农业部植物保护局召开鸟兽害防除工作汇报会，各地区的代表就麻雀的害益问题进行讨论。结果，各地代表一致认为，应将麻雀列为农作物的害鸟作为捕打的对象。至于城市中是否应打麻雀的问题，则需要进一步研究。这次会议仍旧将麻雀列为农作物害鸟名单的第一名，但又认为，这个名单将请专家进一步研究，并由各地区讨论补充。[2]

与此同时，中国科学院动物研究室也开始进行麻雀益害的对比研究，并决定在河北省昌黎地区从 1 月至 12 月的不同时期，捕捉 1000 多只麻雀，解剖检查其胃，从雀胃中所含谷物和杂草种子的多少来判断麻雀全年中为害为益的比例。

张作人、朱洗等科学家了解这一情况后，既为麻雀问题已引起有关部门和科研单位的关注并着手进行研究而高兴，但同时也感到，如果在研究方法上不对头，也难以得出正确的结论。正是在这种情况下，张作人又在《文汇报》上发表了《对麻雀问题提一点参考意见》一文。他认为，对待麻雀问题，必须以科学的态

---

[1]《怎样断定一种鸟是害鸟或益鸟》，《文汇报》1957 年 1 月 3 日。
[2]《害鸟害兽名单提出》，《文汇报》1957 年 1 月 19 日。

度，在科学研究上最忌有成见。扑灭麻雀许多人误以为是国家政策，在青岛动物学代表大会上，就有许多专家不愿发言。其实这与猪肉、粮食分配一样，是行政上的事务，应当可以修正。麻雀问题不是一个简单的事情，决不能单顾目前的、片面的原因，便采用一种方法。对付麻雀希望采取多种方法，按照时间、地点、条件分别来处理。他还说，麻雀有害，数量众多是一个原因。是否可以在产卵期、哺雏期因为它们能捕食害虫任其自然，在秋季谷子成熟期施行捕打？他提出可以把麻雀作为控制对象，而不要作为捕灭的对象。[1]

接着，薛德焴又发表了《再谈麻雀问题》。文章以大量的事实说明，麻雀在春夏两季主要食物是昆虫，在秋冬虽然为害庄稼，但也啄食虫卵和杂草种子。在鸟类中要寻出一种和老鼠有同等资格的害鸟，实在是不可能。多数是在某季节有益，在另一季节有害；或者是有时限于异常增殖而群栖时有害。因此，所谓害鸟的种类，临到要根本驱除或根本扑灭的时候，就要特别慎重，就要全盘考虑它的利害，不宜草率从事。文章最后提出，采取"防害增益"的策略最为贤明。麻雀与其他多数候鸟一样，春夏两季有益，秋冬两季有些害，要采取根本扑灭法，需要慎重考虑。宁可在为害最重的时候，设法把它驱除，暂时减轻其为害的程度，在有益的时候，要尽量利用它来驱除害虫。[2]

1957年5月7日，在中国访问的苏联科学院自然保护委员会委员、生物学家米赫罗夫在接受《文汇报》记者的采访时，也

---

[1]《对麻雀问题提一点参考意见》，《文汇报》1957年1月30日。
[2]《再谈麻雀问题》，《光明日报》1957年2月11日。

发表了对麻雀问题的看法。他说，麻雀对于人类有益还是有害的问题，不能一概而论，要看麻雀生活在什么地方而定。苏联的情况是，在北部和森林地区，田少树林多，麻雀对人益多害少。城市里麻雀多半吃害虫，对人完全有益。以上地区的麻雀苏联人民不予消灭。在苏联南部田野间，如遇成群麻雀食谷，苏联人也常作小规模斗争。他又说，麻雀在田野间是否完全有害，也不能肯定，特别是森林田野相连，麻雀对人同时有益又有害，故只在成群食谷时消灭才是对的。[1]

不知是科学家对麻雀的意见起了作用，还是苏联专家的看法引起了有关方面的重视，反正在1957年10月八届三中全会通过的《1956年到1967年全国农业发展纲要（修正草案）》中，对原来的"除四害"条文略作修改，规定为："从1956年起，在12年内，在一切可能的地方，基本上消灭老鼠、麻雀、苍蝇和蚊子。打麻雀是为了保护庄稼，在城市里和林区的麻雀，可以不要消灭。"也就是，对城市和林区的麻雀可以网开一面。

三、大打一场消灭麻雀的人民战争

八届三中全会以后，农业生产的"大跃进"正式启动。随着"大跃进"的开展，人们的头脑开始发热，"农业发展纲要四十条"修正草案规定的各种目标实现的时间也就大大缩短。消

---

[1]《麻雀益害视地方而定，苏联生物学家米赫罗夫发表意见》，《文汇报》1957年5月9日。

除"四害"的时间表随着一再提前,各地纷纷提出要在最短的时间内"除尽四害"。山西省的大仁、河曲等10县的19个乡提出,最快的在二年、最慢的在五年内要把"四害"基本消灭光。祁县、定襄两县则表示争取在六年内成为"四无"县。[1]

进入1958年后,各省市都相继宣布实现"四无"的具体时间,都比"农业发展纲要四十条"修正草案规定的12年大大提前。如广东省宣布,要在11年内成为"四无"省。吉林省则表示,除地僻人稀的地方外,要力争在两三年内基本上除尽"四害",消灭危害人民最严重的疾病,变吉林省为"四无"省。江西省提出的规划是三年突击,二年扫尾,五年消灭"四害"。到1958年2月,宣布比"农业发展纲要四十条"修正草案提前实现"四无"的省市有北京(两年)、河南(三年)、上海(三至五年)、江苏(四年)、山东、山西、浙江、福建、广东、云南、甘肃、辽宁、黑龙江(五年)和安徽(五至八年)等。宣布在年内将实现"四无"的县市则有江苏的南京、常州、镇江、南通,山东的济南、阳信、单县,河南的郑州、开封、洛阳、焦作、登封,甘肃的兰州,山西的屯留,河北的蠡县、河间。根据这种情况,中共中央、国务院于1958年2月12日发出《关于除四害讲卫生的指示》,认为一个"以除四害为中心的爱国卫生运动的高潮已经在全国形成",并且"从最近时期的情况看来,消灭老鼠、麻雀、苍蝇、蚊子和基本上消灭危害人民最严重的疾病的要求,不但可以在十年内实现,而且完全可能提前实

---

[1]《山西冬季爱国卫生运动大规模展开》,《人民日报》1957年12月30日。

现"[1]。

随着这个指示的发出,一个群众性的除"四害"运动在全国迅速兴起。在这"四害"中,麻雀最易发现,且比老鼠、苍蝇和蚊子要好对付。于是,麻雀就成了人们重点清除的对象。

翻查当年报刊,发现率先展开大规模消灭麻雀运动的是四川省。报载:"春天正是麻雀产卵繁殖的季节。四川全省正在展开一场声势浩大的突击围剿麻雀的战斗。这次战斗所采取的方法是最近从群众中总结出来的,就是利用麻雀不能作远距离和持久飞行的弱点,人人动手,分片负责,穷追猛打,不让麻雀在任何地方停歇、栖息,不让麻雀得到一粒粮食、一滴饮水,使麻雀饥饿疲乏,不能飞翔;同时配合捕打、毒杀,达到歼灭麻雀的目的。"

为了打好这场麻雀歼灭战,中共四川省委于这年3月17日召开了全省14个专区和2个市的电话会议。四川省委书记处一位书记在会上作了全面灭雀的布置,有的专区和市县实际上从14日就已经开始了灭雀之战。

四川的这次麻雀歼灭战取得了辉煌战果,仅温江专区17个县就组成了258万人的灭雀大军,在1万多平方公里的川西平原上,向麻雀展开全面围剿。14日到16日3天中,共打死、饿死、累死和活捉麻雀100多万只,并获雀蛋5600多个。成都市从14日起,有40多万人参加灭雀。城内各个街道、院落、屋顶、墙头和郊区的树林、竹丛、田野、坟坝等处,整天都有人站岗放

---

[1] 中共中央文献研究室编:《建国以来重要文献选编》第11册,中央文献出版社1995年版,第166页。

哨，严密监视麻雀的行迹。较高的地方到处装置了稻草人和各种响器，从早到晚，响声、吆喝声此起彼落，在4天时间里消灭麻雀7万多只。

与此同时，安徽阜阳县苏集区也展开了灭雀大战，并且"在除四害战斗中运用新的战术，四处布下天罗地网，向残余麻雀展开总攻击，创造了一举将麻雀歼灭殆尽的奇迹"。

那么，这个奇迹是如何创造的？请看当年的报道："随着除四害运动深入展开，麻雀越来越狡猾，白天见人就远走高飞，夜间不敢归窝，苏集区除四害指挥所研究了敌情以后，决定采用新的战术来对付敌人。他们把全区六万多战斗员，以庄为单位，分别组成追击队、侦察队、守营队等组织，向麻雀展开了声势浩大的五次大围剿，一次总攻击。全区处处树上都绑有草人，吓的麻雀不敢上树，地上平均每三亩地便有一人在监视和追击麻雀，各突击队分片分段手持土枪、弹弓、竹竿等武器投入战斗。2月15日上午8时，一声号令下，霎时锣鼓喧天，枪鸣四野，喊声震耳，吓得麻雀晕头转向，树上不敢落，村庄不敢停，加上它不能远飞，只好从天上掉下来，俯首就擒。这样，经过三天三夜总攻击，全区捕捉麻雀一万四千多只，所有残余麻雀一扫而光。"[1]

四川温江专区的灭雀经验，给北京市的有关领导以很大启示，于是北京决定组织全市群众大打一场彻底消灭麻雀的人民战争。为了保证这场"战争"的胜利，北京市爱国卫生运动委员会组织参观组，于1958年3月底千里迢迢前往四川，学习了温江

---

[1] 严威等：《四川人民突击围剿麻雀，阜阳蚌埠开展全线总攻》，《人民日报》1958年3月25日。

专区围剿麻雀的经验。4月上旬，又在京郊丰台区黄土岗乡进行了试点，在那里3天共消灭了3000多只麻雀。接着，北京市于4月14日成立了以副市长王昆仑为总指挥的围剿麻雀总指挥部，将全市划分成大大小小的"战区"。总指挥部通过北京人民广播电台指挥灭雀。各区、乡也成立了指挥部，街道办事处和镇成立了指挥组，居民委员会和农村农业合作社则成立了突击队，有些地区还根据人力情况，分别组织了机动队、轰赶队、弹弓队、音响队、搜捕队。有关部门准备了大批毒饵、爆竹、竹竿等灭雀工具，要求家家户户收集各种能敲打出声的响器。4月18日，即灭雀统一行动的前一天，城郊各区还进行了轰、毒、打、掏的灭雀演习。

4月19日清晨4时左右，北京300万剿雀大军拿起锣鼓响器、竹竿彩旗，开始灭雀行动。据《人民日报》报道：在全市830多个投药区撒上了毒饵，200多个射击区埋伏了大批神枪手。5时正，北京市围剿麻雀总指挥一声令下，全市8700多平方公里的广大地区，"立刻锣鼓喧天。鞭炮齐鸣，枪声轰响，彩旗摇动，房上、树上、街上、院里到处是人，千千万万双眼睛监视着天空。假人、草人随风摇摆，也来助威。不论白发老人或几岁小孩，不论是工人、农民、干部、学生、战士，人人手持武器，各尽所能。全市形成了一个声势浩大的'麻雀过街，人人喊打'的局面。被轰赶的麻雀在天罗地网中到处乱飞，找不着栖息之所。一些疲于奔命的麻雀被轰入施放毒饵的诱捕区和火枪歼灭区。有的吃了毒米中毒丧命；有的在火枪声里中弹死亡"。[1]

---

[1]《人民首都不容麻雀生存，三百万人总动员第一天歼灭八万三》，《人民日报》1958年4月20日。

为了摸清麻雀的情况，围剿麻雀总指挥部还派出30辆摩托车四处侦察。解放军也派了神枪手前来支援歼灭麻雀。中国科学院有2000多名科学家和工作人员参加灭雀行动。北京的所有机关除留一部分人值班外，其余人员全部参加，中央和北京市的许多党政领导干部也参加到了灭雀战斗的行列。据北京市围剿麻雀总指挥部的统计，在4月19日至21日3天的时间里，全市共消灭麻雀401160只。

当年的《人民日报》曾发表一首题为《大战麻雀》的短诗，写的就是北京市的这场麻雀消灭战。诗曰："四月十九，鸡叫起床，英雄人民，磨拳擦掌。城乡内外，战旗飘扬，惊天动地，锣鼓敲响。数百万人，大战一场。成群麻雀，累断翅膀。漫山遍野，天罗地网。树桠屋角，不准躲藏。昼夜不休，张弓放枪，麻雀绝种，万石归仓。"[1]

4月27日，上海也展开了大规模的群众性灭雀行动。按照上海市灭雀总指挥部的统一指挥，全市共消灭麻雀251624只，捣毁雀窝110621个。

据各地不完全统计，1958年全国共捕杀麻雀21亿余只。[2]

1958年夏以后，"大跃进"进入全民大炼钢阶段。特别是这年9月的北戴河会议决定全年钢产量要比1957年翻一番，达到1070万吨。从这以后，确保全年钢产量的完成成为压倒一切的任务，时称"钢铁元帅升帐"。随后，全国男女老少齐上阵大炼钢铁，对于小小的麻雀自然顾不上了。

---

[1] 吴视：《大战麻雀》，《人民日报》1958年4月18日。
[2]《卫生部长李德全在二届人大一次会议上的发言》，《人民日报》1959年4月30日。

四、麻雀终于获准平反

1959年上半年,针对"大跃进"和人民公社化运动中存在的问题,毛泽东和中共中央开展了一定程度的纠"左"工作,停止了一些过"左"的做法,人们发热的头脑也有了清醒。但是好景不长,在这年7、8月间的庐山会议上,毛泽东发动了对彭德怀的错误批判,随后又在党内开展所谓反对"右倾机会主义"的斗争,使一度有所缓和的形势再度紧张起来。

在庐山会议上,毛泽东在谈到"农业发展纲要四十条"的修改时,特地讲到了麻雀问题。他说:有人提"四害"不行,除"四害"放松了,还要搞,麻雀现在成了大问题,还是要除。于是,庐山会议后,消灭麻雀的工作继续在进行。1959年10月,北京市在部署冬季爱国卫生运动时,就决定在12月开展卫生突击运动,要求发动全市人民用毒杀和扑打相结合的办法,消灭麻雀、过冬蚊蝇和进行新年前的大扫除。1959年12月,中共中央防治血吸虫病九人小组在上海召开了南方13个省、市、自治区的除害灭病工作会议。会议经过讨论认为,除"四害"必须集中力量,首先将居民区和居民常到地区对人们危害最大的"四害"彻底消灭,并再次将麻雀列为"四害"之首。

就在庐山会议后"反右倾"的紧张气氛中,仍有一些正直的科学家为麻雀鸣不平。上海的几位科学家依据"农业发展纲要四十条"修正草案中有关"在城市里和林区的麻雀,可以不要消灭"的条文,对上海市不执行这个规定,在城市消灭麻雀提出自己的意见。

前面提到的生物学家朱洗说:德、法等国都是保护麻雀的,日本是春天保护冬天打。苏联也是保护麻雀，除了麻雀成群危害作物外，一般不打麻雀。中国历史上没有有组织地打过麻雀。吃虫的鸟类很多，但到城市里生活繁衍的种类不多，如白头翁、喜鹊、麻雀，前两类数量相对较少，最多的是麻雀。麻雀可以打，但要在适当时间和适当地区打，如秋天打一批，不是打光，不能全城动员打。

中国科学院生理研究所研究员兼所长冯德培说：麻雀对人世间是害多抑或益多还是个问题，而老鼠、苍蝇、蚊子对人是有百害无一利的。把麻雀与老鼠、苍蝇、蚊子同等看待列为"四害"之一不公平。

中国科学院生理研究所研究员张香桐说：麻雀在果园和森林地带益多害少。即使对农作物来说，益害比例还需进一步研究。一只麻雀吃的粮食有限，而它吃了害虫可以减少庄稼的许多损失。如果算一笔账，还是保护麻雀为好。

1959 年上半年，以郭沫若为首的一批历史学家，曾发表文章为曹操翻案，当时影响很大。中国科学院生物化学研究所研究员徐京华说：为麻雀翻案，比替曹操翻案意义大。[1]

科学家对麻雀问题的不同意见，引起中共中国科学院党组的重视。1959 年 11 月 27 日，科学院党组书记、副院长张劲夫写了一份《关于麻雀问题向主席的报告》，呈送给了毛泽东。《报告》反映，关于麻雀问题，科学家大体有三种意见：（一）麻雀是益鸟还是害鸟，国内外科学家意见不完全一致，一般都认为时

---

[1] 参见薛攀皋：《历史教训 决策镜鉴——为麻雀翻案的艰难历程》，《炎黄春秋》1998 年第 12 期。

空不同,益害也不同。(二)有些科学家倾向于提消灭雀害,而不提消灭麻雀。(三)许多生物学家都认为修改后的"农业发展纲要四十条"的规定还是比较合适的,但是有些人认为有的城市没有很好地执行这个规定。《报告》还附了有关麻雀益害问题的一些资料,其中包括外国关于麻雀问题的几个历史事例、目前国外科学家的一些看法、我国科学家的一些看法等。11月29日,毛泽东将这个报告印发给了正在杭州参加中央工作会议的有关人员,麻雀问题引起了中央高层的重视。

按照中国科学院领导的指示,中国科学院生物学部于1959年11月29日和1960年1月9日,两次召开麻雀问题座谈会,商讨有关麻雀的研究工作计划和组织各地力量分工协作开展麻雀研究的相关事宜。3月4日,农业部、林业部、卫生部、教育部、全国爱国卫生委员会、中国医学科学院、军事医学科学院、中国农业科学院、中国科学院动物研究所和昆虫研究所的代表,共同组成了"麻雀研究工作协调小组",由中国科学院生物学部主任童第周任小组主任。[1]

1960年3月16日,毛泽东为中共中央起草了《关于卫生工作的指示》,要求各地大搞群众性的卫生运动,"大造声势,大除四害"。关于"四害"的对象,毛泽东特地写道:"再有一事,麻雀不要打了,代之以臭虫,口号是'除掉老鼠、臭虫、苍蝇、蚊子'。"[2]

---

[1] 参见薛攀皋:《关于消灭麻雀以及为麻雀平反的历史回顾》,《自然辩证法通讯》1994年第3期。
[2] 《建国以来毛泽东文稿》第9册,中央文献出版社1996年版,第81页。

同年 4 月 6 日,中共中央书记处书记、国务院副总理谭震林在二届全国人大二次会议上所作的《为提前实现全国农业发展纲要而奋斗》的报告中,特地对麻雀问题作了说明。他说:"除四害、讲卫生的运动,成绩之大是有目共睹,有口皆碑的,山西省稷山县和广东省佛山市就是基本上除掉了四害的县、市的典型。麻雀已经打得差不多了,粮食逐年增产了,麻雀对于粮食生产的危害已经大大减轻;同时,林木果树的面积大大发展了,麻雀是林木果树害虫的'天敌',因此,以后不要再打麻雀了,纲要所说的除四害中,应当把麻雀改为臭虫。"[1]

中共中央的指示和谭震林的报告,等于公开为麻雀平了反。

---

[1] 谭震林:《为提前实现全国农业发展纲要而奋斗》,《人民日报》1960 年 4 月 7 日。

七千人大会与反分散主义

1962年1月11日至2月7日,中共中央在北京召开扩大的工作会议,参加会议的有中央和省、地、县委四级主要负责人以及部分大型厂矿和军队负责人共七千余人,史称七千人大会。对于此次会议的研究,已经出版或发表了不少相关成果[1],本文试图从大会为何将主题确定为反对分散主义作一点简要的分析。

一、反分散主义为何成为会议的主题

1961年11月上旬,中共中央召开各中央局第一书记会议,专门讨论1962年的粮食征购和上调任务问题。邓小平在会上提出,1962年全国粮食上调任务有120亿斤、150亿斤和180亿斤三个方案。如果上调120亿斤,就不得不加大粮食进口;上调150亿斤,日子勉强可过,但仍需进口一部分粮食;只有上调180亿斤,才可不进口粮食并有部分调剂。受"大跃进"和人民

---

[1] 如张素华所著的《变局——七千人大会始末》(中国青年出版社2006年版)一书,利用大量的档案材料和访谈资料,对这次大会作了全景式描述与分析,是迄今为止学术界关于七千人大会最详细的研究。

公社化运动的影响，加上自然灾害的因素，1959年以来粮食产量连年下降。1958年全国粮食总产量为4000亿斤，1959年下降到3400亿斤，1960年进一步下降到2870亿斤。1961年开始调整农村政策，特别是出台了"农业六十条"，情况有所好转，全国粮食总产量为2950亿斤，比1960年有所增加，但粮食紧张的局面并没有根本好转。对于各个中央局的负责人而言，吃饭问题是必须解决的头等大事，如果上调的粮食多了，就意味着本地留粮将会减少。因此，对于邓小平提出的150亿斤和180亿斤的方案，中共中央华东局第一书记柯庆施首先提出质疑，表示如果按150亿斤的方案，华东难以一下子调出那么多的粮食。其他中央局书记也表示不能打包票，只能回去之后做工作。这时，中共中央中南局第一书记陶铸提议，与其回去做工作，不如将全国的地委书记找到北京来，召开地委书记会议，打通思想。

11月12日晚，毛泽东听取邓小平对中央局第一书记会议情况的汇报，提出干脆把县委书记也召集来开会。他说：全国人大决定不开了，召集县委书记来开个会。时间在中央工作会议之后。一个县来两个人，地委来三个人，省市来四个人，中央局也来四个人。要把这次会议当作小整风。这几年来中央在工作上犯了什么错误，要讲。全局观念、纪律、先整体后局部后个人，要讲。现在小天地太多，一个县也是小天地。中央的账要讲清楚。我们交了心，才能要求他们交心。他还说，现在气不壮，很沉闷。收购不到东西，粮食状况不好，要两三年转过来。现在不是没有东西，猪是少，但其他有，就是收不上来。要鼓气，就是总结经验、鼓足干劲八个字。总结经验就是讲清道理，好坏经验都找。会议搞十天，大会套小会，中央、大区同志都讲讲话，搞思想一致,解决小天地太多的问题、集中统一问题,[1]这便是七千人大会的由来。

在七千人大会之前,即 1961 年 12 月 20 日至 1962 年 1 月 1 日,中共中央召开了一次工作会议,为七千人大会作准备。在中央工作会议的第一天晚上,毛泽东召集中共中央政治局常委和各中央局第一书记开会,讨论中央工作会议的议题和开法。当周恩来谈到需要加强集中统一时,毛泽东说:"我起初是支持地方的,后来我看不对头,现在要支持集中了。过去民主革命,证明集中统一才能打胜仗。"[2]在此前后,邓小平也一再强调要反对分散主义。他在 1962 年 12 月 11 日的中共中央书记处会议上说:"现在中央同地方的矛盾相当突出,怎么解决?应当强调集中统一,强调全局。全党服从中央是核心。"在 12 月 18 日的中共中央书记处会议上,邓小平又说:"最近要强调集中统一。现在权力下放过多,全国有几十万个小天地,各有打算,各留后手,东西拿不上来,积重难返。"[3]可见,召开七千人大会的最初动机,是为了解决地方粮食上调问题,并且解决地方的"小天地"即分散主义问题,同时也对这几年来工作中的经验教训进行总结。

中共中央为召开这次会议发出的通知中,明确指出:"今年

---

[1] 中共中央文献研究室编:《毛泽东年谱(1949—1976)》第 5 卷,中央文献出版社 2013 年版,第 47—48 页。

[2] 中共中央文献研究室编:《毛泽东年谱(1949—1976)》第 5 卷,中央文献出版社 2013 年版,第 61 页。

[3] 中共中央文献研究室编:《邓小平年谱(1975—1997)》(下),中央文献出版社 2009 年版,第 1675、1678 页。

以来，我国的经济形势，特别是农业情况，部分地区已经有了显著好转，但困难还没有渡过。在我们实际工作中间，还存在着一些不正确的观点和作风，例如，分散主义状况，本位主义观点，不讲老实话的作风，在执行国家收购农产品任务上不照顾大局，片面只顾本地区或者只照顾农民一头，缺乏朝气，缩手缩脚的畏难情绪，等等。"这次会议的目的，就是要克服这些情绪，加强纪律性，全党团结一致，尽快地克服当时的困难。七千人大会正式召开前，由刘少奇和邓小平主持起草大会的报告稿。这个报告稿的中心内容就是反对分散主义，并且得到了毛泽东的赞成。他在大会召开前一天向邓小平等人表示，报告的中心反对分散主义不能变动，必须坚持。[1]

1962年1月11日，七千人大会正式召开。与以往不同的是，大会并没有在开幕时即由中央领导人作报告，而是把刘少奇将代表中共中央所作的报告草稿先发给与会人员讨论。七千人大会是在"大跃进"和人民公社的问题充分暴露，国民经济调整已经进行但成效尚不显著的情况下召开的。1958年起，全国上下以前所未有的热情开展"大跃进"和人民公社化运动，期待一步跨入共产主义的奇迹出现。可三年"大跃进"的结果是，连吃饭都成了大问题，人们自然而然地要对"大跃进"和人民公社的问题进行反思。因此，在会议分组讨论过程中，这几年工作中的是非得失就成为与会者议论最多的话题。在当时的历史条件下，与会者不可能对"三面红旗"本身的正确性提出质疑，但1958年以来

---

[1] 中共中央文献研究室编：《毛泽东传（1949—1976）》（下），中央文献出版社2003年版，第1192页。

的各种问题毕竟又是在"三面红旗"下发生的,于是上下都认为是在执行"三面红旗"的过程中出现了偏差。对于中央决策层而言,他们感到这几年来一些地方和部门贯彻中央政策不力,并且自作主张、各自为政,把"三面红旗"的真经给念歪了,许多问题是下边存在分散主义,甚至对上级的方针政策阳奉阴违造成的。而且由于分散主义的存在,地方搞自己的"小天地",中央的集中统一受到影响,导致国民经济的调整不力,必须大张旗鼓地反对分散主义。

但是,对于省、地、县几级的干部而言,他们是"三面红旗"的具体贯彻者和执行者。在他们看来,本地区出现的问题,主要是上级主观主义、命令主义造成的,是上级提出了许多无法完成的高指标、脱离实际的政策,搞乱了本地区的工作,造成了严重困难。如果"大跃进"以来的主要问题是分散主义,这就意味着地方要对这几年的困难局面承担主要责任,这恰恰是地方(特别是省一级)难以接受的。因此,他们对于把反对分散主义作为会议主题颇有看法,认为几年来发生的问题,主要在于上级的主观主义和命令主义,即使有点分散主义,也是在中央各部委而不是下面。对此,1962年1月15日的杨尚昆日记有所透露。他写道:"几天来忙于开会,文件压了一大堆,今天上下午都集中力量看了一些,特别着重看了各小组的简报,可以看出:实际上有一种不同意反对分散主义的意见存在,而主要是存在于省级干部中间。他们的意见是:工业中有分散主义,农业中则是集中过多,不是分散主义。而工业中的分散主义又有各种理由,似乎非此不可,否则就会恢复到1957年以前,不能鼓气,而是泄气了!"杨尚昆感觉问题严重,当晚又花了三个半小时听取汇报，越加证实了自己的判断，因为中共湖北省委竟然将到底有没有分散主义作为问题来讨论，而中共中央中南局第二书记、中共湖北省委第一书记王任重甚至在发言中否定有分散主义一说。[1]

命令主义违背了民主集中制的民主原则，分散主义违背了民主集中制的集中原则。在中央领导层看来，会议进行过程中地方干部对反对分散主义的这种态度，更加证明反分散主义的必要性。在1月18日的大会报告起草委员会会议上，邓小平指出："反分散主义是向全党提问题，一定要这样抓。下面只看到小天地，这不怪他们。我们要用正确的思想去引导他们。"[2]那么，如何对这些干部"用正确的思想去引导"？办法就是给中高级干部讲民主集中制的道理，对他们进行民主集中制的教育。

二、"工作中的分散主义是相当厉害的"

按照预定的议程，中共中央的报告在各小组讨论并修改后，由刘少奇在大会上宣读。1月26日，毛泽东主持召开中共中央政治局常委会，讨论大会的安排问题。毛泽东提出，刘少奇在作报告时，已经起草好的报告稿就不要念了，可以对报告稿中涉及的一些问题另外加以发挥和说明。

---

[1]《杨尚昆日记》（下），中央文献出版社2001年版，第112—113页。
[2] 中共中央文献研究室编：《邓小平年谱（1975—1997）》（下），中央文献出版社2009年版，第1684—1685页。

第二天，大会举行全体会议，由刘少奇作口头报告。刘少奇在口头报告中对几年来在工作中发生错误的原因作了分析，认为主要是两个原因。一是因为在建设工作中的经验还不够。而在建设工作中犯一些错误，是不可避免的。可以说这是一条客观原因。二是"不少领导同志又不够谦虚谨慎，有了骄傲自满情绪，违反了实事求是和群众路线的传统作风，在不同程度上削弱了党内生活、国家生活和群众组织生活中的民主集中制原则"。这是一条主观原因。刘少奇接着说："因为我们这几年提出的过高的工农业生产计划指标和基本建设指标，进行一些不适当的'大办'，要在全国建立许多完整的经济体系，在农村中违反按劳分配、等价交换的原则，刮'共产风'，以及城市人口增加过多等等，都是缺少根据或者是没有根据的，都没有进行充分的调查研究，没有同工人和农民群众、基层干部和技术专家进行充分的协商，没有在党的组织、国家组织和群众组织中严格地按照民主集中制办事，就草率地加以决定，全面推广，而且过急地要求限期完成，这就违反了党的实事求是和群众路线的传统作风，违反了党的生活、国家生活和群众组织生活中的民主集中制的原则。这是我们这几年在某些工作中犯了严重错误的根本原因。"[1]应当说，刘少奇对这几年犯错误原因的分析还是比较透彻的。

可是，刘少奇不论是书面报告还是口头讲话，谈及民主集中制问题时，更多的是对分散主义进行批评。认为分散主义最突出的表现，是存在许多各自为政的"小天地"。这些"小天

---

[1]《刘少奇选集》下卷，人民出版社1985年版，第424页。

地",对中共中央闹独立性,对人民群众、对下级独断专行,压制民主。这些"小天地",只顾局部利益,不顾整体利益,只顾眼前利益,不顾长远利益,不坚决执行中央的统一政策,不严格执行国家的统一计划,等等。经集体起草并反复修改的刘少奇向大会所作的书面报告中,将分散主义的危害性归纳为四条:"在政治上,损害党的统一";"在经济上,损害全民所有制,使国家计划不能正确地制定和执行";"在思想上,滋长个人主义、本位主义,损害共产主义";"在组织上,损害民主集中制,破坏党的纪律,削弱党的战斗力"。报告指出:"显然可见,加强民主集中制,加强集中统一,反对分散主义,这是摆在全党面前的重大任务。"[1]在"大跃进"和人民公社化运动中,有的地方别出心裁,贯彻上级精神打折扣,执行政策走样,搞各自为政的"小天地"现象固然有,但从上到下的命令主义也客观存在。对于这个问题,报告和讲话虽然都提到了,但基本上是一句带过。

1月30日,毛泽东在七千人大会上讲话,中心话题是强调民主集中制问题,核心内容是要让群众讲话。他说:"看起来,我们有些同志,对于马克思、列宁所说的民主集中制,还不理解。"认为不论党内党外,都要有充分的民主生活,都要认真实行民主集中制。要真正把问题敞开,让群众讲话,哪怕是骂自己的话,也要让人家讲。现在的问题是有些人"很怕群众开展讨论,怕他们提出同领导机关、领导者意见不同的意见。一讨论问题,就压抑群众的积极性,不许人家讲话。这种态度非常恶劣。民主集中

---

[1]《刘少奇选集》下卷,人民出版社1985年版,第382页。

制是上了我们的党章的，上了我们的宪法的，他们就是不实行"。毛泽东还说，要解决人民内部的矛盾，就是要使用批评和自我批评的方法，而且这是唯一的方法。除此以外，没有别的方法。但是，如果没有充分的民主生活，没有真正实行民主集中制，就不可能实行批评和自我批评这种方法。他还讲到了党委如何加强民主集中制的问题，对一些党委由第一书记说了算的现象提出批评。毛泽东说："党委的领导，是集体领导，不是第一书记个人独断。在党委会内部只应当实行民主集中制。第一书记同其他书记和委员之间的关系是少数服从多数。拿中央常委或者政治局来说，常常有这样的事情，我讲的话，不管是对的还是不对的，只要大家不赞成，我就得服从他们的意见，因为他们是多数。听说现在有一些省委、地委、县委，有这样的情况：一切事情，第一书记一个人说了就算数。这是很错误的。"在毛泽东看来，民主集中制在中央决策层是坚持得比较好的，但在执行层面的省、地、县几级党委，则有第一书记"一言堂"的现象。因此，就全党而言，主要是反对分散主义。毛泽东强调："克服困难，没有民主不行。当然没有集中更不行，但是，没有民主就没有集中。"[1]从这里可以看出，毛泽东虽然论述了民主与集中的关系，但所强调的也是加强集中的问题。

2月6日，邓小平在七千人大会上讲话，中心问题是发扬党的优良传统。他认为，当时党的生活是有严重缺陷的，造成严重缺陷的原因有多种。这几年指标过高，要求过急，既助长了分散主义，又助长了命令主义，民主集中制也就有了相当大的削

---

[1]《毛泽东文集》第8卷，人民出版社1999年版，第290、292—295页。

弱。有许多事情，形式上似乎比过去更集中，但在实际上，分散主义的现象却是很严重的。另外有许多事情，形式上似乎比过去民主，但在实际上，命令主义、少数人或个人独断专横的现象却是十分严重的。因此，这次会议提出要加强民主集中制，发扬民主，加强集中统一，反对分散主义。这是很必要很适时的。邓小平也着重对分散主义作了批评，指出：这几年，"工作中的分散主义是相当厉害的。同志们可以细细想一想，在集中正确意见的基础上，统一认识、统一政策、统一计划、统一指挥、统一行动，这五个统一究竟怎样呢？究竟是过去革命战争时期更集中，胜利以后前几年更集中，还是这几年更集中呢？应该指出，这几年，形式上比过去集中得多，但在五个统一方面，却不如过去了！这就是说，分散主义发展了"[1]。因此，对分散主义必须坚决克服。

七千人大会上，刘少奇、毛泽东、邓小平在报告或讲话中，对民主集中制问题作了许多论述，可以说对于民主集中制问题的认识达到了那个年代的最高水平，其基本观点对今天健全民主集中制仍有重要意义。但是也应看到，虽然他们都强调既要发展党内的民主生活，也要反对分散主义，但是又都认为，个人说了算，第一书记专断的问题，没有发生在中央而是在地方，所以当时健全民主集中制，主要的是要加强中央的集中统一，反对地方的分散主义。

---

[1]《邓小平文选》第1卷，人民出版社1994年版，第305页。

三、必须坚持民主与集中的辩证统一

对于中国共产党这样的大党、中国这样的大国，强调中央的集中统一是十分必要的。中国共产党是在分散的农村游击战争中成长起来的，当年各个根据地在很大程度上是各自为政，不但财政由各根据地自己独立解决，而且干部的任用一定程度上也是各地自己说了算。因此，在革命即将在全国胜利的1948年，大张旗鼓地反对分散主义，加强中央的集中统一有其特殊的意义。自"大跃进"运动以来，一些地方难免有分散主义，如自己地区的工业要多办点，粮食要少调出等，但"大跃进"之所以风行全国并造成严重后果，很大程度上与命令主义有关。几年间接连不断自上而下的电话会议和三级、四级、五级干部会议，各种形式的评比、竞赛，给各级干部造成了很大的压力，等于是变相的命令主义。此外，"大跃进"过程中所谓的"秋后算账派""右倾保守"的帽子，"插红旗、拔白旗"的做法，庐山会议后全党范围的"反右倾"，都是命令主义的表现。因此，造成这些年民主集中制贯彻不力或者说破坏民主集中制的，既有命令主义也有分散主义，既有民主发挥不够的问题也有集中不够的问题。

虽然七千人大会上毛泽东、刘少奇、邓小平等反复强调要坚持民主集中制，毛泽东更是强调要真正把问题敞开，让群众讲话，哪怕是骂自己的话，也要让人家讲，但七千人大会本身并没有从根本上解决让人讲话的问题。原因是1958年以来党内民主生活逐渐不正常，客观上毛泽东的个人专断作风在发展，在许多重大问题上是个人说了算。1956年开展的反冒进，本是中共中央集体作出的决定，是多数中央领导人的主张，并且是得到中共八大认可的，但在发动"大跃进"的过程中，毛泽东却一再对反冒进进行批评和指责，"大跃进"很大程度上就是通过批评反冒进发动起来的。在1959年的庐山会议上，作为政治局委员的彭德怀对"大跃进"的问题提了一些自己的看法，却被打成所谓"右倾机会主义分子"，使党内正常的民主生活遭到严重破坏。因此，在七千人大会上，虽然与会者发言积极，也讲了许多过去不敢讲的话，讲出了许多过去不敢说的情况，但会议开展的批评基本上只发生在对省一级或中央部委一级。

毛泽东曾要陈云在大会上讲话，陈云没有讲，成为大会上唯一没有讲话的中共中央政治局常委。陈云没有讲话的理由是"不调查清楚他不讲话"，言下之意他还要调查。毛泽东问他哪一年可讲？陈云说半年以后。实际上没有半年就讲了。2月7日七千人大会闭幕，2月21日至23日，除毛泽东外的中央政治局常委在中南海的西楼举行扩大会议，陈云在23日作了长篇讲话，离七千人大会闭幕只有半个月。关于为何在七千人大会上不讲话，陈云后来解释说："1962年七千人大会，毛主席要我讲话，我不讲话，主要是和稀泥这不是我陈云的性格，同时也不能给毛主席难堪。"[1]既不愿和稀泥，又不能让毛泽东难堪，唯一的办法只能是不讲话，而西楼会议因毛泽东没有出席，也就不存在使其难堪的问题。

朱德虽然在七千人大会上讲了话，但纯粹是表态性质，"主要讲反对修正主义斗争的问题"，并且"会后中央在下发中央常

---

[1] 中共中央文献研究室编：《陈云传》（下），中央文献出版社2005年版，第1292页。

委讲话时，他的讲话没有下发"。[1]朱德之所以讲一通与大会主题没有多大关系的话，显然对庐山会议仍心有余悸。朱德在庐山会议批彭德怀时态度不够鲜明，甚至多少有些袒护彭德怀，故而他的发言被指责为隔靴搔痒。在随后召开的中共中央军委扩大会议上，朱德被迫作了检讨，并且还遭受错误批判。尽管七千人大会宣布"不打棍子，不抓辫子，不扣帽子"即"三不主义"，但朱德还是担心这"三不主义"靠不住，只得讲一些无关痛痒的话。

在七千人大会上，毛泽东对几年来出现的失误表示要承担领导责任。他在发言中说："凡是中央犯的错误，直接的归我负责，间接的我也有份，因为我是中央主席。我不是要别人推卸责任，其他一些同志也有责任，但是第一个负责的应当是我。"[2]但与会者在发言中都小心翼翼地避开毛泽东的责任问题，对社会主义建设总路线、"大跃进"和人民公社这"三面红旗"高度肯定。只有彭真 1 月 18 日在报告起草小组会议的发言中，批评毛泽东犯了超越发展阶段和推动公共食堂的错误。彭真说：我们的错误，首先是党中央书记处负责，包括不包括主席、少奇、中央常委的同志？该包括就包括，有多少错误就是多少错误，毛主席也不是什么错误都没有。三五年过渡问题和办食堂，都是毛主席批的。说到这里，他又担心引起别人误会，连忙又说，毛主席的威信既是珠穆朗玛峰，也是泰山，拿走几吨土，还是那么高。话的意思是即便承认有一些错误，也不会影响毛泽东的光辉形象，要在

---

[1]中共中央文献研究室编：《朱德年谱（新编本）》（下），中央文献出版社 2006 年版，第 1825 页。
[2]《毛泽东文集》第 8 卷，人民出版社 1999 年版，第 296 页。

党内形成一种敢于提意见，敢于检讨错误的风气。不料陈伯达得知后第二天便气势汹汹来质问彭真：我们做了许多乱七八糟的事情，是不是要毛主席负责？是不是要检查毛主席的工作？彭真连忙解释说，他的意思是不要给人一种印象，别人都可以批评，就是毛主席不能批评，这不好。[1]对于毛泽东的责任问题，周恩来在这天的报告起草小组会议上也说：在讲责任方面，要从我们自己身上找原因。在目前困难时期，要顶住，承担责任，全世界都指望我们。主观上的错误，要着重讲违反毛泽东思想，个别问题是我们供给材料、情况有问题，应由我们负责，不能叫毛主席负责。如果不违反"三面红旗"的思想、毛泽东思想，的确会成绩大些。还说：主席早发现问题，早有准备，是我们犯错误，他一人无法挽住狂澜。现在全党一心一德，加强集中领导，听"舳公"的话，听中央的话，中央听毛主席的话。这是当前工作的主要问题。[2]周恩来为何要讲这样的话？联想到发动"大跃进"时毛泽东对1956年反冒进的批评，或许能作出某种解释。作为主要负责经济工作的领导人，周恩来在1956年积极主张反冒进，结果在1958年发动"大跃进"的过程中，受到了毛泽东措辞严厉的批评，不得不一再为此作检讨。从根本上讲，"大跃进"以来，党内民主生活遭到很大的破坏，使许多人变得谨小慎微。

民主集中制虽然是七千人大会的中心问题，但由于反分散主义的历史背景，所以会议对于这个问题实际上强调的是集中统

---

[1] 薄一波：《若干重大决策与事件的回顾》下卷，中共中央党校出版社1993年版，第1026页。

[2] 张素华：《变局——七千人大会始末》，中国青年出版社2006年版，第109—110页。

一，而对如何进一步发展党内民主没有足够重视，这就使得民主集中制"后来也没有能够真正的贯彻实行，相反，却逐步地背离了这个基本原则"[1]。由此观之，民主集中制是一个好制度，切实认真地实行这一制度，不但可以充分发展党内民主和人民民主，由人民切实行使自己当家作主的权利，同时也有利于维护党和国家的集中统一，保证中央的权威和政令畅通。民主与集中的相互关系，并不是一个难以理解的问题。对于在中国为什么既要发扬民主，又要有集中统一，也不难解释。民主集中制的核心问题是"制"，就是要建立起一套保证既发扬民主又能维护集中的制度，特别是应规定哪些该民主，哪些应集中，如果违背了民主原则怎么办，违背了集中原则又怎么办。既不能让民主去为集中服务，把民主当作一种摆设，或者把民主单纯理解为上级虚怀若谷，容许下级讲话；也不能以民主为理由为所欲为，各自为政搞"小天地"，搞上有政策下有对策。必须要有一套健全的、人人遵守的制度，既保证每个人的民主权利也保证党和国家的集中统一。

---

[1] 中共中央文献研究室编：《毛泽东传（1949—1976）》（下），中央文献出版社2003年版，第1206页。

农业学大寨运动始末

1964年兴起的全国范围的农业学大寨运动，曾对中国农村经济社会的发展产生巨大而长远的影响。对这一问题的研究，是农村人民公社历史甚至是20世纪六七十年代中华人民共和国史研究的重要内容。

一、农业学大寨运动的兴起

大寨曾是我国农业战线上一面鼓舞亿万农民的旗帜。它是山西昔阳县的一个小山村，人口不足百户，虽然离县城只有几里地，但自然条件很差，有七沟、八梁、一面坡之称。1952年大寨成立了初级农业合作社，全村人都入了社。1956年，转入高级社。1958年农村人民公社化后，大寨成为大寨人民公社下的一个生产大队。

公社化后，大寨大队在党支部书记陈永贵的带领下，在发展生产的同时，制订了一套行之有效的管理制度。1959年12月，中共晋中地委在大寨召开现场会，号召全地区学习大寨的管理经验。1960年2月，中共山西省委批转了晋中地委在全地区学习陈永贵和大寨大队党支部的决定，并且号召全省农村基层干部"学习模范支部书记陈永贵"。同时，《山西日报》配发《陈永贵——

党支部书记的好榜样》的社论，在山西全省引起了很大反响。

1963年8月，大寨遭受了百年不遇的特大洪灾，农业合作化以来经过十多年艰苦努力整修的土地全被冲垮，社员70%的房屋被冲塌，长势正旺的庄稼水泡倒伏。在严重的困难面前，大寨人没有退缩，他们在党支部的领导下，提出了"三不要、三不少"（不要国家救济粮、救济款和救济物资，交国家的统购粮不少、社员口粮不少、社员收入不少）的口号，自力更生，艰苦奋斗，以战天斗地的精神战胜了洪灾。这年秋天，大寨粮食平均亩产达到了700多斤，总产量达到了20多万斤，除了留足口粮、种子粮和饲料外，还卖给国家余粮12万斤。大寨大灾之年夺高产的事迹，引起了中共山西省委的重视。1963年11月，山西省委发出通知，号召全省各级党组织向大寨学习，并在全省开展大规模的学习大寨的运动。

20世纪60年代初，是我国经济严重困难的时期，但这也是一个英雄辈出的年代，大庆、大寨、王进喜、陈永贵、雷锋、焦裕禄等，都是这一时期涌现出的先进集体和先进人物。1963年后，虽然中国的经济已经走出了低谷，但还未实现根本的好转。此时特殊的国际环境，自力更生、艰苦奋斗的精神显得特别重要。大寨的事迹传出后，的确感动了许多的人，中国需要更多的大寨，中国农村的发展需要大寨精神。1964年1月19日，应中共北京市委的邀请，陈永贵在人民大会堂向首都一万多名干部、群众介绍大寨抗灾夺丰收的事迹，中央人民广播电台向全国播放了现场录音。2月10日，《人民日报》发表了新华社记者莎荫、范银怀采写的长篇通讯《大寨之路》，并配发了《用革命精神建设山区的好榜样》的社论，号召全国人民学习大寨的革命精神。

1964年3月29日，毛泽东在邯郸车站听取中共山西省委、河北省委"四清"情况汇报时，山西省委第一书记陶鲁笳介绍了大寨抗灾自救、重建家园的情况，讲到陈永贵创造了一个好的劳动管理办法，特点是"有制度、不烦琐，有差别，不悬殊"，引起了毛泽东的重视。回到北京后，他详细阅看了大寨的有关材料。4月20日，受周恩来的委托，陶鲁笳到大寨作了20天的实地调查，于5月25日向毛泽东、周恩来报送了《大寨大队调查报告》，并对大寨精神和大寨经营管理的经验作了初步总结。《报告》将大寨精神概括为六个方面：（一）树雄心、立斗志，不断革命；（二）始终坚持着依靠贫农、下中农的阶级路线；（三）不仅有陈永贵这样的好当家人，更重要的是有一个比较好的领导班子；（四）干部参加劳动，大公无私，以身作则；（五）冲天的革命干劲同严格的科学态度相结合；（六）自力更生，艰苦奋斗，爱国家、爱集体，爱社会主义。[1]

5月10日、11日，毛泽东听取国家计委领导小组关于第三个五年计划设想汇报。当议论到建设四五亿亩高产、稳产田时，毛泽东插话说："要自力更生，要像大寨那样，他也不借国家的钱，也不向国家要东西。"[2]这是毛泽东对大寨的第一次公开肯定。

同年12月，周恩来在三届全国人大一次会议上所作的政府工作报告中，介绍了大寨的先进事迹，认为大寨"是一个依靠人

---

[1] 黄道霞等主编：《建国以来农业合作化史料汇编》，中共党史出版社1992年版，第797—798页。

[2] 黄道霞等主编：《建国以来农业合作化史料汇编》，中共党史出版社1992年版，第793—794页。

民公社集体力量，自力更生进行农业建设、发展农业生产的先进典型"，并将大寨的基本经验作了进一步的总结和概括，指出："大寨大队所坚持的政治挂帅、思想领先的原则，自力更生、艰苦奋斗的精神，爱国家爱集体的共产主义风格，都是值得大大提倡的。"[1]1965年起，全国农村掀起了农业学大寨运动的高潮。广大农村以大寨为榜样，开展大规模的兴修水利和发展高产、稳产田的建设。在这个过程中，涌现出了一批大寨式的先进典型，如山东黄县的下丁家大队、内蒙古赤峰县的当铺地大队、福建连江县的东升渔业大队、湖南岳阳县的毛田区、河南的林县等。

为检验农业学大寨运动的初步成果，推广大寨式农业单位的先进经验，进一步把学大寨运动引向深入，在周恩来的亲自过问和谭震林的直接指导下，1965年11月，在北京全国农业展览馆举办了"全国大寨式农业典型展览"，参加展览的共52个大寨式先进典型。这次展览引起了巨大反响，推动了农业学大寨运动向纵深发展，促进了1965年、1966年两年农业生产取得了较好的收成。

大寨成为全国农业战线上的一面红旗，是大寨人实实在在干出来的。大寨精神是时代的产物，大寨成为典型也适应了时代的需要。大寨艰苦创业、自力更生的精神，不论过去、现在，还是将来，都是值得肯定和应该发扬的。"文化大革命"前的农业学大寨运动，对于激发广大农民的生产干劲，推进农田基本建设的开展，改变当时我国农村的落后面貌，都起了积极作用。

但是，也应该看到，大寨成为全国农业战线的旗帜之际，正

---

[1] 黄道霞等主编：《建国以来农业合作化史料汇编》，中共党史出版社1992年版，第794页。

值以"阶级斗争为纲"的"四清"运动进入高潮之时。因此，对大寨精神的总结，就不可避免地带上这场运动的某些烙印。如上面提到的陶鲁笳总结的大寨精神的第二条，就具有明显的阶级斗争色彩。陶鲁笳在1965年的《红旗》杂志第11期上发表的《让大寨精神遍地开花——山西农村开展学大寨运动的初步总结》一文中，更是提出大寨"在互助组、初级社、高级社、公社化的各个时期，从没有放松过对资本主义势力的斗争"，并认为"学大寨的运动，不仅是一次生产革命的运动，实际上也是一次社会主义教育运动"。在"阶级斗争为纲"思想的影响下，大寨人自己也在有意识地强化这种观点。1966年3月，陈永贵在介绍大寨的劳动管理经验时，着重提出："首先要抓住阶级斗争这个纲"，"坚持社会主义方向，防止资本主义影响，使集体经济得到巩固和发展，这是一切工作的纲"。[1]这种情况，到了"文化大革命"时期，大寨也就逐渐地演化为抓阶级斗争的范例，使农业学大寨运动失去了原有的意义。

二、农业学大寨运动的政治化

1967年2月，陈永贵领导昔阳县的"夺权"后成为昔阳县的主要领导人，后来又成为晋中地区、山西省革命委员会的领导成员之一，从一个劳动模范成为一名有相当影响的政治人物，被称为"毛主席的好学生"。同时，大寨的经验也为适应形势的需要，不断地政治化。1967年6月，昔阳县革命委员会在大寨召开县、

---

[1]《突出政治的生动一课》，《人民日报》1966年3月22日。

社、大队、生产队四级干部农业学大寨现场会。陈永贵在讲话中提出，农业学大寨运动要坚持四条基本经验：第一，用毛泽东思想统帅学大寨，学大寨必须突出无产阶级政治；第二，高举革命的批判大旗，以革命的大批判为动力，推动学大寨运动；第三，建设革命化、战斗化、群众化的领导班子，把政权掌握在革命派手里，才能学到大寨经验；第四，坚定不移地贯彻毛主席的革命路线，大搞革命的群众路线。[1]这四点大寨经验中，没有哪一点是与生产相关的。就这样，在"文化大革命"特殊的政治环境下，大寨由原来的农业生产的先进典型变成了政治斗争的典型，大寨的经验也演化成阶级斗争的经验。

1967年9月10日至17日，山西省革委会在昔阳召开学大寨现场会，即第一次全省农业学大寨现场会。会上，时为中共山西省核心小组成员、革委会副主任兼昔阳县革委会主任的陈永贵，作了《红太阳照亮了大寨前进的道路》的长篇发言，系统地总结了大寨"两条路线斗争"的经验。会议结束时，《山西日报》发表社论，称会议是"全省农业学大寨运动的一个伟大起点，是一个新的里程碑。它标志着全省学大寨运动已经发生了一个质的飞跃，开始了一个崭新的阶段"。社论中的话也确有一定的道理，因为从这时起，山西和全国的学大寨运动的确发生了质变。

次年10月15日至11月2日，山西省革委会在昔阳召开第二次全省农业学大寨现场会。参加这次会议的除了山西的代表外，还有全国27个省、市、自治区和中央有关部门的代表，实

---

[1] 晋中地区史志研究院编：《中国共产党山西省晋中地区历史纪事（1949—1999）》，中共党史出版社2000年版，第233页。

际上是一次全国性的农业学大寨会议。这次会议是学习大寨的"新成就、新经验",其实也就是"阶级斗争"和"斗私批修"的经验。会议提出,学大寨根本是要活学活用毛泽东思想,要大抓狠抓两个阶级、两条道路、两条路线的斗争,深入持久地开展"革命大批判",也要学大寨坚持政治挂帅、思想领先的原则,发扬自力更生、艰苦奋斗的革命精神和爱国家、爱集体的共产主义风格。会议期间,《人民日报》发表了《农业学大寨》的社论,认为大寨经验第一位的是"用伟大的毛泽东思想教育人",至于经营管理、生产技术等一些具体的东西则是第二位的。社论同时强调,"把大寨经验迅速推开,必须紧紧抓住阶级斗争这个纲","只有始终抓住阶级斗争不放,才是抓住了推广大寨经验的要点"。这次会议继续和发展了山西第一次全省农业学大寨现场会的"左"的错误,产生了严重的后果。

"文化大革命"期间,原来许多的先进典型已风光不再,唯有大寨成为一面不倒的旗帜,谁也不能对学大寨有异议,不但如此,大寨经验也成了不得违反的金科玉律。在当时,反对学大寨,是严重的政治问题。1970年11月,中共山东省革命委员会核心小组向中共中央、国务院报送了《关于山东全省农村工作会议报告》,其中提出:"学大寨就是走社会主义道路,不学大寨就是搞歪门邪道","反对学大寨,就是走资派"。"学大寨,必须狠抓阶级斗争","不抓阶级斗争,学大寨是一句空话"。[1]这几句话,可谓抓住了"文化大革命"期间学大寨运动的本质。

---

[1]《山东省农业合作化史》编辑委员会编:《山东省农业合作化史料集》上册,山东人民出版社1989年版,第541页。

本来，大寨精神和大寨经验最本质的东西，就是自力更生、艰苦创业。"文化大革命"期间学大寨的过程中，虽然也提这个问题，但却变成了"阶级斗争"的附属物，而且将一些大寨特殊的、不具备普遍意义的做法，也当作大寨经验去学习和推广，使得农业学大寨运动具有强烈的"左"倾色彩。

第一，没收或减少社员自留地，限制家庭副业。应该承认，大寨的集体经济在当时是搞得比较成功的，这应归功于大寨有一个能力强的带头人和一个有号召力的党支部。对陈永贵如何进行评价是另一个问题，但陈永贵与大寨大队党支部对大寨所作的贡献，是不能抹杀的。也正因为集体经济比较好，大寨才可以在1963年特大洪灾之年利用社员对集体的高度信赖和建设社会主义新农村的渴望，趁机取消了自留地和家庭副业。取消自留地和家庭副业，本是与"农业六十条"的要求不符的，但大寨较雄厚的集体经济和较好的集体生产，使社员能够接受这个事实。

然而，全国大多数农村，并不具备大寨这样的条件，自留地和家庭副业在社员的收入和生活中都有着不可或缺的地位。在"文革"期间开展农业学大寨运动的过程中，在"多一分自留地就多一分私心"的"左"倾思想支配下，人们夸大社员种自留地与从事集体生产的矛盾，错误地认为"谁的自留地种得好谁的私心就重"，并联系实际进行的所谓"斗私批修"，将社员的部分自留地收回，仅黑龙江阿城县在1969年的9月至10月，就收回社员的自留地、小片开荒地44000亩。也有一些省、市、自治区将社员自留地由原来占总耕地的7%降至5%。[1]山西长治地区85%以上的农村的自留地被收归集体代种,每个社员年终发给不足30斤的"自留粮"。有20%的农村则干脆取消自留地,也不发给"自留粮"。与此同时,社员的家庭副业也被视为"资本主义复辟的温床"和"资本主义尾巴"加以严格限制。一些地方规定社员只能每人养一只家禽,一户只能养一头猪。有的地方甚至取消社员养猪、养蚕、养蜂、养兔等家庭副业,代之以集体统一经营。

第二,在批判"工分挂帅"中平均主义泛滥。从1963年开始,大寨逐渐形成了"标兵工分、自报公议"的计酬制度。这种计酬制度的具体做法是:在日常劳动中,记工员只记每个社员的工别和出工天数,到月底总结评比。方法是先看这一段数哪个社员劳动态度最好,出勤最多,干活质量最高,就评定这个社员为标兵;其余的社员按照自己体力强弱、技术高低、劳动态度好坏,自己报自己应得的工分,大家评议。评议没有意见的按自报记工,自报不合适的,经评议后修正。

1967年2月陈永贵领导昔阳的夺权后,乃将大寨"标兵工分、自报公议"的劳动管理制度推广到昔阳全县,并改名为"一心为公劳动、自报公议工分",而将此前昔阳大多数生产队实行的劳动定额制度斥为"修正主义、工分挂帅"。同年5月,中共晋中地区核心小组在昔阳举办大寨劳动管理训练班,接着在全地区推行了这种劳动管理办法。1967年9月和1968年1月,农

---

[1] 朱荣、郑重等主编:《当代中国的农业》,当代中国出版社1992年版,第256—257页。

业部生产领导班子两次在大寨召开全国学大寨劳动管理经验现场会，全国除西藏、台湾外的各省、市、自治区都派代表参加了会议。1968年4月3日，农业部向各省、市、自治区革委会、军管会印发了两次会议的纪要，强调"以'一心为公劳动、自报公议工分'为特点的大寨劳动管理经验，是在两条道路、两条路线和两种思想作斗争中产生的，是在批判烦琐复杂的定额包工制度的基础上建立起来的"。大寨的劳动管理经验，"是不让旧的剥削阶级复辟、不让新的剥削阶级产生，不让集体经济迷失方向，不让贫下中农变质，不让无产阶级江山变色的问题"，要求"把推行大寨劳动管理经验的群众运动引向高潮"。[1]结果，大寨这种劳动管理办法被广泛推广。到1968年9月，山西、山东、黑龙江、上海、天津、广东、广西、湖南等省、市、自治区，推广这项经验的社、队都占到全部社、队的半数以上。[2]

这种"自报公议"的计酬方法，在劳动力紧张、社员觉悟比较高的个别地方可能是行得通的，它确实在一定程度上克服了劳动定额烦琐、评工记分麻烦的不足。但是，当时大多数的生产队并不具备实行"自报公议"的条件。而且在"文化大革命"一切都要"突出政治"的情况下，政治思想好不好成为评议工分的重要依据。那些劳动力弱、技术水平低、劳动贡献少的社员可以以"政治思想好"而得到较多工分，而劳动力强、技术好、贡献大的社员，却又因不能搞"工分挂帅"而得不到应得的工分，实行

---

[1] 朱荣、郑重等主编：《当代中国的农业》，当代中国出版社1992年版，第261—262页。
[2] 《全国农村广大干部和社员学大寨运动空前广泛深入》，《人民日报》1968年9月27日。

这种制度的生产队评出来的大多是"大概工"。批判"工分挂帅"严重地损害了按劳分配的原则，助长了分配中的平均主义，大大挫伤了广大社员的生产积极性。

第三，合并基本核算单位，"穷过渡"风再度刮起。"文化大革命"期间农业学大寨过程中，一些地方违背"农业六十条"修正草案中关于以生产队为基本核算单位至少30年不变的规定，大搞社、队合并。

"农业六十条"修正草案虽然规定人民公社以生产队为基本核算单位，但也规定允许部分地方实行以大队为核算单位。在"文化大革命"之前，大寨就一直是以大队为核算单位的。大寨坚持以生产大队为核算单位有其特殊性。一是大寨大队的人口并不多，1964年，大寨大队只有2个生产队，83户，359人，这只相当于一个较大的生产队的规模。二是大寨多年来形成了一个比较有战斗力的领导班子，大队党支部书记陈永贵在群众中有号召力，党支部有凝聚力。三是大寨从1959年起就一直是昔阳县和晋中地区的先进典型，集体经济有较大的发展。

"文化大革命"开始后，大寨的一切都具有神圣的光环，对全国农村产生特殊的影响。1966年11月，大寨所在的大寨公社就提出了向公社所有制过渡问题，并提出了"建立起革命左派政权，大寨式党支部"等四项过渡条件，及有利于"彻底消灭资本主义根子"等十大好处。1967年上半年，昔阳县革命委员会建立后，即在全县推行大寨以生产大队为基本核算单位的做法，将之作为学习大寨"坚持无产阶级专政下继续革命"的一项重大措施。同年11月，中共昔阳核心小组扩大会议提出，"以生产队为核算单位，已经适应不了生产需要，狭小的生产范围，从某种程度上说，已经限制了生产力的发展"，因此，"由生产队一级核算单位变为生产大队一级核算，已成为人心所向，势在必行"，并总结了以生产大队为基本核算单位的九大好处，要求全县在这年11月内"把变革核算单位搞下来"。[1]

在大寨和昔阳的影响下，一些地区又开始进行社、队合并和不顾条件改变基本核算单位。山西长治地区1962年23.2%的地区以生产大队为核算单位，1970年上升到62.8%。湖南长沙县1970年11月至1971年1月，合并生产队1512个，占全县生产队总数的12%。河南南阳地区1970年比1967年生产队减少了1018个，生产大队减少了243个，公社减少了175个，其中公社减少了近50%。据山西、河北、北京、上海、江苏、浙江等11个省、市、自治区的统计，1962年人民公社基本核算单位下放后，仍有5%的生产大队为核算单位，到1970年上升到14%。其中山西以大队为核算单位的超过半数，浙江有四分之一的社、队实行了以生产大队为核算单位。

三、"普及大寨县"

"文化大革命"后期，全国的农业学大寨运动进入了"普及大寨县"的阶段。

1970年8月下旬到10月上旬，国务院在北京召开北方农业会议。会议重申了"农业六十条"所规定的基本政策保持不变，

---

[1]《中共昔阳县核心小组扩大会议关于全县学大寨问题的讨论纪要》，1967年11月11日。

对于纠正人民公社一些过左政策，稳定农民思想，发展农村经济起到了积极作用。但这次会议的主题却是以两个阶级、两条路线斗争为纲推动农业学大寨运动的发展。为了配合这次会议的召开，《人民日报》发表了《农业学大寨》的社论，首次提出了建设大寨式的县的问题。社论说："为了更快地发展我国社会主义农业，加强我国的经济力量和国防力量，进一步巩固无产阶级专政，我们决不能满足于已经出现了成千上万个大寨式的先进大队，满足于部分县、地区和几个省、市跨过了《纲要》，那是远远不够的。我们要进一步深入开展学大寨的群众运动。昔阳经验之所以可贵，就在于它提供了在一个县的范围，全面学大寨，用毛泽东思想武装人，以比较快的速度跨《纲要》的范例。"社论向县一级领导班子提出了一个十分尖锐的问题："昔阳能办到，你们难道不行吗？一年不行，两年不行，三年行不行？四年、五年总可以了吧！"[1]同一天，《人民日报》还发表了《从大寨大队到昔阳县——山西省昔阳县学大寨的调查报告》的文章，称"昔阳县已成为大寨式的县"，并介绍了昔阳县成为第一个大寨式的县的经验。

大寨所在的山西省率先开始了"普及大寨县"的步伐。1971年9月，中共山西省委、省革委在太原召开全省农业学大寨经验交流会。会议认为，"坚持执行毛主席的革命路线是学大寨、赶昔阳的根本"，"县委领导班子革命化是建设大寨式的县的关键"。抓住了这两条，就抓住了学大寨、赶昔阳的根本。这次会议标志着山西的学大寨运动由建设大寨式的社、队发展成为建设大寨式

---

[1]《农业学大寨》，《人民日报》1970年9月23日。

的县。[1]

1973年2月下旬至3月上旬，山西再次在昔阳召开全省农业学大寨经验交流会，学习大寨在九一三事件后批林整风过程中总结出来的"新套套""新经验"。会议将学大寨运动的新认识总结为三条：第一，学大寨，首先必须坚持党在社会主义历史阶段的基本路线，向农民群众不断灌输社会主义思想，批判资本主义倾向。第二，搞社会主义农业，必须坚持党的社会主义建设总路线。第三，建设大寨式的县，关键在于建设一个坚决执行毛主席的无产阶级革命路线的领导班子。[2]

九一三事件后，在批林整风过程中，主持中央日常工作的周恩来将批判林彪集团的罪行与批判极左思潮结合起来，强调"运动与业务不能对立"，政治挂帅"就要挂在业务上"，在农村要贯彻落实"农业六十条"的基本政策，学习大寨不能搞形式主义。这期间，在农业学大寨运动中一些"左"的做法有所纠正，对于一些学大寨运动中的先进典型的介绍和报道，也着重是在如何带领群众发展生产方面。1973年7月26日，《人民日报》报道了江苏吴江县学大寨赶昔阳的事迹，介绍吴江县是如何抓好粮食生产和搞好多种经营的。报道通篇都没有以往学大寨经验中不可缺少的如何抓阶级斗争的内容。这就在一定程度上恢复了大寨经验、大寨精神的本来面貌。

但是，这段时间延续并不是很长。周恩来对极左思潮的批判

---

[1] 山西省志研究院：《中国共产党山西历史（1949—1978）》，中央文献出版社2001年版，第533页。

[2] 《鼓足干劲学大寨，加快步伐赶昔阳》，《人民日报》1973年3月31日。

和对"文化大革命"一些"左"倾错误的纠正，遭到了江青一伙的阻挠和破坏。他们利用毛泽东在谈话中曾提出批判林彪要同批判中国历史上的孔子和儒家、推崇法家联系起来，鼓动毛泽东发动批林批孔运动，并借机大反所谓"复辟回潮"，大批"唯生产力论"。由于"四人帮"的干扰，农业学大寨运动又重复过去"左"的一套。

1974年8月31日，为纪念农业学大寨运动十周年，《人民日报》发表的文章，将昔阳学大寨的"新的认识"总结为两点：（一）办社会主义农业，不是简单的人和物、人和自然的关系，不是简单的土地、肥料加技术。只有不断同阶级敌人斗争，同修正主义路线斗争，同资本主义斗争，坚持社会主义方向，才能办好社会主义农业。（二）必须注意抓好意识形态领域里的阶级斗争，教育农民和旧的传统观念决裂，树立起为革命种田的思想，社会主义农业才会越办越好。这样，"大寨不是一个生产典型，而是所有制变革以后，农村如何继续革命的一面旗帜。学大寨，首先要抓好阶级斗争和路线斗争，解决走什么道路的问题"。[1]大寨和昔阳还总结出了一套消灭资本主义的经验："把资本主义从山上赶到坡上，从坡上赶到村里，从村里赶到房前屋后，从房前屋后赶到家里，从家里赶到每一个人的头脑里，再专好头脑里的资产阶级思想的政，彻底消灭它。"[2]按照这一思路，许多农村又大搞"割资本主义尾巴""堵资本主义的路"活动，收回社员

---

[1]《无产阶级文化大革命促进了昔阳县的农业学大寨运动》，《人民日报》1974年8月31日。

[2]朱荣、郑重等主编：《当代中国的农业》，当代中国出版社1992年版，第291页。

自留地，限制家庭副业，取消农村集市等。

自1970年提出建设大寨式的县以后，几年时间过去了，真正称得上是"大寨式县"的也就是山西昔阳。为了加快建设大寨县的进程，1975年9月15日至10月19日，中共中央先在昔阳、后在北京召开全国农业学大寨会议。会议期间，大寨大队党支部书记郭凤莲、昔阳县委副书记王金籽分别介绍了大寨和昔阳的经验。会上，大寨的经验被概括为："根本的一条就是我们在生产资料方面的社会主义改造基本完成后，一天也没有放松过两个阶级、两条道路的斗争，一天也没有停顿过在政治、思想、经济领域里的社会主义革命，一天也没有放松过无产阶级对资产阶级的专政。"[1]昔阳学大寨的经验，就是"紧紧抓住这两个阶级、两条道路斗争这个主要矛盾，大批资本主义，大干社会主义的经验"。[2]会议结束时，华国锋作了总结报告。报告提出了有一个坚决执行党的路线和政策、团结战斗的县委领导核心，树立了贫下中农的阶级优势，能够对资本主义活动进行坚决斗争，对阶级敌人实行有效的监督改造等建成大寨县的几条标准。并提出要加强农田基本建设，加快农业机械化步伐，要在1980年基本实现机械化，要发展与农业机械化相适应的农业机械工业和地方"五小"工业，发展公社和大队企业，促进人民公社的进一步发展。要求苦战五年，到1980年，全国三分之一以上的县建成大寨县，其他的县也都要建成更多的大寨式的大队和公社。

---

[1]《坚持大批资本主义，坚持大干社会主义——大寨大队党支部书记郭凤莲在全国农业学大寨会议上的发言（摘要）》，《人民日报》1975年9月25日。

[2]《学大寨不断革命，抓根本坚持斗争——中共山西省昔阳县委副书记王金籽在全国农业学大寨会议上的发言（摘要）》，《人民日报》1975年9月28日。

这次全国农业学大寨会议，是在邓小平主持全面整顿和"四人帮"正准备发动"反击右倾翻案风"的背景下召开的。由于"左"的干扰，提出了一些不切实际的设想和目标，大寨和昔阳的经验，也都继承并发展了过去农业学大寨运动中的"左"的东西。但是，会议也提出了一些比较正确的东西，如要加强农田基本建设，改善生产条件，发展社队工业等，这对于农业的发展是有积极作用的。然而，这场声势浩大的普及大寨县运动，还未来得及全面铺开，就被随之而来的所谓"批邓、反击右倾翻案风"运动冲淡了。

当然，也应该看到，"文化大革命"期间的农业学大寨运动，在农田基本建设及农业机械化等方面，还是取得了一定成效。1966年至1976年，全国有效灌溉面积每年递增110万公顷，10年共增50%；农机总动力1970—1978年间年递增24%，1978年是1970年的5.4倍；机耕面积年递增11%，1978年是1970年的2.2倍，1979年全国农田机耕率达到了42.4%。[1]

四、农业学大寨运动的终结

1976年10月，党依靠人民的力量粉碎了"四人帮"，结束了长达十年的"文化大革命"。十年"文革"留下了大量政治的、经济的、思想的问题，各个领域都必须进行拨乱反正。经过多年来的社会动荡和经济停滞之后，广大人民群众迫切需要一个稳定

---

[1] 程漱兰：《中国农村发展：理论和实践》，中国人民大学出版社1999年版，第231—232页。

的政治环境，热切期待生活的改善。对于广大农民来说，人民公社化以来，这种"一大二公"的体制的长期束缚，严重地窒息着他们的积极性和创造性的发挥。但是，"文化大革命"虽然结束，由于受历史条件的限制和"两个凡是"的影响，粉碎"四人帮"后头两年，农业战线的最大举措，就是继续强化学大寨运动和普及大寨县。

1976年12月10日至27日，第二次全国农业学大寨会议在北京召开。会上，时任中共中央政治局委员、国务院副总理的陈永贵作了《彻底批判"四人帮"，掀起普及大寨县运动的新高潮》的报告。报告认为："一年来，围绕坚持农业学大寨还是反对农业学大寨的问题，我们党同'四人帮'进行了一场严重的斗争。这是无产阶级同资产阶级的激烈的大搏斗。"重申"在农村深入进行党的基本路线教育，是建成大寨县的根本保证"。报告提出：到1980年要把三分之一以上的县建成大寨县，全国基本上实现农业机械化，切实做到平均每个农业人口有一亩旱涝保收、高产稳产农田。会议结束当天，华国锋作了讲话，重点是布置1977年全党的工作。关于学大寨问题，华国锋在讲话中表示："学大寨、学大庆，就要坚持以阶级斗争为纲，彻底揭发批判'四人帮'。"这实际上也是此次农业学大寨会议的主题。在这样的主题之下，农业学大寨运动也就不可能回复到它的本来意义，而只能是延续"文革"期间学大寨运动中"左"的那一套。

1976年底，大寨所在山西晋中地区全面推广昔阳由基本生产队所有制到基本大队所有制的过渡"经验"，认为"由生产队核算过渡为以大队为基本核算单位，是经济领域革命的一项重要内容，是今冬农业学大寨、党的基本路线教育运动中的一个重要课题"。[1]晋中各县纷纷加快过渡步伐，已实现基本大队所有制的昔阳则开始向公社所有制过渡的试点。

人民公社的所有制过渡问题也引起了华国锋的重视。1977年11月，根据华国锋的指示，中共中央召开普及大寨县工作座谈会。会议共讨论了12个问题，形成了《普及大寨县工作座谈会讨论的若干问题——汇报提纲》。《汇报提纲》仍坚持"以阶级斗争为纲"的观点，提出要把揭批"四人帮"的斗争同普及大寨县结合起来，开展"一批二打"运动（揭批"四人帮"，打击阶级敌人的破坏活动，打击资本主义势力的进攻），认为这是进行党的基本路线教育的最好形式。《汇报提纲》最显著的特点是重提所有制的过渡问题。座谈会根据原定的1980年实现农业机械化和每人建成一亩旱涝保收、高产稳产农田的目标，认为以生产队为基本核算单位已不适应农业生产的发展，"实现基本核算单位由生产队向大队的过渡，进一步发挥人民公社'一大二化'的优越性，是前进的方向，是大势所趋"。因此，"各级党委应采取积极热情的态度，做过细的工作，因势利导，努力创造条件，逐步向以大队为基本核算单位过渡"。[2]12月19日，中共中央原则上同意了《汇报提纲》，并转发给各省、市、自治区"认真研究执行"。中共中央同时在通知中强调，"加速发展我国农业，最根本的还是要靠学大寨，要真学大寨，高质量地学大寨"。[3]

---

[1] 中共和顺县委农村政治部：《关于核算单位过渡工作的意见》，1976年11月20日。

[2] 黄道霞等主编：《建国以来农业合作化史料汇编》，中共党史出版社1992年版，第871页。

[3] 黄道霞等主编：《建国以来农业合作化史料汇编》，中共党史出版社1992年版，第867页。

第二次全国农业学大寨会议前后,再一次刮起一股由以生产队为基本核算单位过渡到以大队为基本核算单位之风。大多数省、市、自治区开始了基本核算单位过渡的试点,更有一些地方不顾条件大搞"穷过渡"。在这轮"过渡风"中,陕西特别是其所属的渭南地区尤为突出。该地区至1978年5月底,全部4161个生产大队中,原来以大队为基本核算单位的有120个,1977年冬至1978年春过渡的有1184个,其中为上级正式批准过渡的1155个,自行过渡的29个。全地区以大队为基本核算单位的共有1304个,占大队总数的31.3%,并有40个公社全部完成了生产队向大队的过渡。[1]从1977年12月下旬至1978年3月底,该地区的韩城县抽调290名干部组成过渡工作队、组,先后到全县77个大队开展基本核算单位由生产队到生产大队过渡的试点。加上5个自行过渡和5个已经过渡的大队,共有87个大队实行以大队为基本核算单位,占全县大队总数的32.6%。[2]临潼县1977年冬至1978年春,从县、公社和企事业单位,抽调634名干部,到21个公社的337个大队,具体领导过渡的工作,并组织34个公社、镇的党委书记和118个大队的党支部书记,去山西大寨、昔阳"学习搞好大队核算的经验"。临潼全县的354个大队中,有341个生产大队基本核算单位由生产队向大队过渡,加上原有的4个,全县以生产大队为核算单位者占97%。[3]据1978年5月的统计,1977年冬至1978年春,渭南地区各县都推行基本核算

---

[1]《渭南地区大队过渡情况表》,1978年5月30日。
[2] 中共韩城县委农村工作部:《关于第一批过渡大队试点工作的总结报告》,1978年4月30日。
[3] 中共临潼县委:《关于发展和过渡成果的工作报告》,1978年7月4日。

单位由生产队向生产大队的过渡,实现过渡少者如合阳县,全部329个生产大队中,原以大队为核算单位的17个,占大队数的5.17%,新过渡54个,占大队数16.4%;渭南县全县的502个生产大队中,原本以大队为核算单位的14个,新过渡的132个,已过渡者占全部大队数的29.1%;富平县共有生产大队327个,完成过渡者83个,占大队总数的25.4%。多者如上述的临潼,仅有3%的生产大队仍以生产队为基本核算单位。此外,大荔县的342个生产大队中,原以大队为核算单位的有7个,此次新过渡了172个,以大队为基本核算单位者占52.34%。

所幸,这次所有制过渡风还未来得及在全国范围内刮开,1978年5月起,关于真理标准问题的大讨论开始了。这场大讨论极大地解放了人们的思想,按照解放思想、实事求是的要求,人们开始重新审视农业学大寨运动。

作为学大寨运动的发源地的晋中地区,从1978年下半年开始,就按照实践是检验真理的唯一标准,对农业学大寨运动进行了回顾总结。1979年10月,中共晋中地委向中共山西省委报送了《关于联系农业学大寨运动开展真理标准问题讨论的情况报告》,认为在农业学大寨运动中,指导思想上犯了主观主义和形而上学的错误,在实践中违背了发展农业生产的自然规律和客观规律,妨碍了党在农村各项经济政策的落实,妨碍了广大群众建设社会主义的积极性。1979年底,中共昔阳县委向晋中地委和山西省委报送了《关于彻底肃清我县农业学大寨运动中极左流毒和影响的报告》。《报告》总结了极左路线对学大寨运动的影响和危害:一是在批资批修中,批了社会主义;二是在向共产主义的口号下,搞了平均主义;三是在大干社会主义中,办了一些违背自然规律的事情；四是整党整风中有乱批乱斗现象。

1980年8月，中共山西省委作出了《关于全省农业学大寨经验教训的初步总结》，明确指出："在'文化大革命'中，大寨成为农业战线上推行'左'倾路线的典型，因而学大寨运动也就离开了正确的路线、方针、政策，给全省人民的政治生活和经济生活带来了严重的危害。"同时，《总结》对大寨作出了客观的评价，认为在"文化大革命"以前，"它的确是山西农业战线上的一个先进典型，是山区生产建设的先进典型"。在"文化大革命"中，"'左'倾路线需要一个体现它的典型；大寨由于其代表人物的关系，也就很自然地走向反面，成为农业战线推行'左'倾路线的典型"。

11月23日，中共中央转发了山西省委的《总结》，并在批语中说："'文化大革命'以来，在山西境内推行大寨经验的错误以及由此而造成的严重后果，山西省委已经承担了责任。就全国范围来说，主要的责任，在当时的党中央。应当指出，全国各地学大寨的农业生产典型绝大多数在生产上、建设上都是有成绩的，有贡献的。同样，大寨和昔阳县的多数干部和群众，在农业战线上也做出了贡献。'文化大革命'前，大寨的确是农业战线上的先进典型。"[1]开展真理标准问题讨论以后，各种形式的农业生产责任制在农村普遍推广，各地的农业学大寨运动无形终止。山西省委的《总结》和中共中央对《总结》的批语，对大寨和农业学大寨运动作出了客观公正的评价。从此，大寨和全国一样，进入了一个新的历史发展阶段。

---

[1] 黄道霞等主编：《建国以来农业合作化史料汇编》，中共党史出版社1992年版，第883—884页。